U0083190

古代歷史文化研究輯刊

二 編

王 明 蓀 主編

第 1 冊

《二 編》總 目

編 輯 部 編

先秦兩漢的擇居文化與風水術之形成

江 達 智 著

國家圖書館出版品預行編目資料

先秦兩漢的擇居文化與風水術之形成／江達智 著 — 初版 —
台北縣永和市：花木蘭文化出版社，2009〔民98〕
目 2+206 面；19×26 公分
（古代歷史文化研究輯刊 二編：第 1 冊）
ISBN：978-986-6449-78-9（精裝）
1. 堪輿　2. 先秦史　3. 秦漢史
294.092　　　　　　　　　　　　　　　　　　　98014028

ISBN - 978-986-6449-78-9

古代歷史文化研究輯刊
二 編 第 一 冊　　　　　　　ISBN：978-986-6449-78-9

## 先秦兩漢的擇居文化與風水術之形成

作　　者　江達智
主　　編　王明蓀
總 編 輯　杜潔祥
出　　版　花木蘭文化出版社
發 行 所　花木蘭文化出版社
發 行 人　高小娟
聯絡地址　台北縣永和市中正路五九五號七樓之三
　　　　　電話：02-2923-1455／傳眞：02-2923-1452
網　　址　http://www.huamulan.tw 信箱 sut81518@ms59.hinet.net
印　　刷　普羅文化出版廣告事業
初　　版　2009 年 9 月
定　　價　二編 30 冊（精裝）新台幣 46,000 元　　　版權所有・請勿翻印

目 錄《劇二》

編輯部 編

# 《古代歷史文化研究輯刊》二編　書目

# 《古代歷史文化研究輯刊》二編
# 各書作者簡介・提要・目錄

## 第 一 冊　先秦兩漢的擇居文化與風水術之形成

### 作者簡介

　　江達智，男，廣東蕉嶺人，1964 年生於台灣高雄縣。大學、碩士班分別畢業於國立臺灣大學歷史學系、國立成功大學歷史語言研究所。2003 年，獲國立臺灣師範大學歷史學系博士學位。目前擔任國立成功大學歷史學系助理教授，專長為中國上古史、中國古代生命禮俗史、中國道教史。

### 提　要

　　風水術形成於戰國、秦漢時期，並且在日後流行極廣、影響極深。本文試由三方面，討論風水術形成之因。首論先秦至兩漢時期之擇居文化，由此歸納先民的選址原則，以明當時人們如何對居住地點進行選擇；次論都城的選址與佈局，經由「擇中立國」與「象天法地」的選址與佈局原則之敘述，以明先秦至兩漢時期都城之規劃與營建對於後世的影響；三則藉由知識經驗之積累、數術發展之影響與生態環境之破壞，論述風水術形成之原因。

　　經由以上三者之論述，瞭解到戰國、秦漢時期風水術之形成，除了累積人們對於都邑、居址選擇與營造之經驗與重視外，尚與當時封建秩序解紐有關。

由於政治、社會、經濟之變動劇烈，人們對於未來充滿著未定感，故轉而祈求數術，以達趨吉避凶、逢凶化吉之目的，藉以維繫個人、家族乃至國家之存續與發展。在此時代背景下，加以氣候變化、土地開發、大興土木以及戰爭之破壞，造成生態環境嚴重之惡化，故而陰陽家創造出「風水術」，藉由人們畏天命、敬鬼神、重禁忌之心理，以達到生態保護之目的。

## 目　次

# 第 二 冊　北亞遊牧民族與中原國家之關係研究——以突厥為例

## 作者簡介

　　陳欽育，民國 42 年（1953）生，臺灣雲林縣人，文化大學史學博士。目前任職於國立故宮博物院專門委員（曾分別於民國 69、73 年，通過國家考試——普考、高考「博物館人員」類），並兼任大同大學通識教育中心副教授，專攻歷史、藝術及博物館學。曾發表多篇與臺灣史、中國史及博物館學等相關文章，為學界所引用。近年來，更熱衷於臺灣鄉土踏查，包括臺灣史蹟、文化活動及原民後裔等探訪，以貼近鄉土，想像及還原、復振臺灣昔日人文風情。自認為接觸及研究文、史、藝術等，係其人生最踏實且永不渝的志業。

## 提　要

　　西元六世紀中葉，中北亞掘起一個空前強盛的突厥遊牧行國，它是繼匈奴、鮮卑、柔然等族之後，所興起的一個橫跨歐亞的大汗國，疆域遼闊，南疆正與中國接壤，因此在中古時代，中原國家皆與之發生密切的關係；尤其突厥不時南侵，嚴重影響中國之安全，其降附歸化者，遍居中國，並深入中國核心區，與北魏為鞏固國家安全而加以設限者迥異，加以中國對外政策並未嚴夷夏之防，視「華夷如一」，以至中唐時代爆發安史亂階，盛唐乃逐漸步入衰運，斯則與唐之安邊等外交政策，有密切的關係。

　　本論文內容共分六大章，都二十萬餘言，內容如下：

　　第一章緒論：敘述本論文研究動機、研究方法及範圍，兼及內容大要。

　　第二章中古時期北亞遊牧民族之新形勢：中世紀時代，突厥未掘起前，柔然乃塞外草原遊牧區的霸主，兼併諸部，南與拓跋魏相抗衡，成為北魏嚴重之邊害。柔然末年，因內部分立及羈屬之諸部相繼叛難，國力漸削，乃予突厥有機可乘，成為塞外草原遊牧世界的新主人。

　　第三章突厥與中原國家之軍事衝突及我方備邊之道：自突厥掘起後，不時南侵中國，其南侵動機主要可歸諸於經濟、環境、政治、地理及意識型態上的差異等因素，而其中以「冀得財貨」的經濟因素為主因，中原國家為防患胡族入寇，所採行的備邊之道，以修築長城、設置烽模及移民實邊等措施為主，亦頗能收到防禦之效。

　　第四章突厥與中原國家之互動關係：突厥立國後，即與中原國家往來頻

繁，其原因在華夷雜處，接觸頻繁，乃造成對彼此事物之好奇與興趣，因而發生文化上之融合。第四章突厥與中原國家之互動關係：突厥立國後，即與中原國家往來頻繁，其原因在華夷雜處，接觸頻繁，乃造成對彼此事物之好奇與興趣，因而發生文化上之融合。

　　第五章突厥系族入居中國之分布及其管理：中原國家對胡族一向棄持「華如一」的外交政策，故胡族徙居中國者眾，其徙居中國之地理分廣，華夷雜處嚴重，其結果形成許多弊端，得窺中國之民情及國力虛實等，更是嚴重威脅到中國的安全。

　　第六章結論：在中國歷史上，胡漢關係誠至爲複雜，處置方法上，如何拿捏得宜，適得其要，洵屬至爲重要的課題。爲期知所因應，庶免備預無方，勢須先瞭解胡漢間之關係及彼方盛衰之策略運用，俾免偏執一方而不知所權變，斯爲董理夷務之要也。第六章結論：在中國歷史上，胡漢關係誠至爲複雜，處置方法上，如何拿捏得宜，適得其要，洵屬至爲重要的課題。爲期知所因應，庶免備預無方，勢須先瞭解胡漢間之關係及彼方盛衰之策略運用，俾免偏執一方而不知所權變，斯爲董理夷務之要也。

## 目　次

# 第 三 冊　仰觀俯察天人際：中國中古時期天文星占之歷史研究

## 作者簡介

鄭志敏，1966 年出生於臺灣西海岸雲林縣臺西鄉的偏遠漁村，在嚴酷海風與熾熱豔陽中成長。1986 年自臺北工專電子工程科畢業後，因本身志趣，決定轉換人生跑道，插班考進大學歷史系就讀。1996 年自中興大學歷史研究所碩士班畢業，2001 年取得臺灣師範大學歷史學博士學位，目前任教於高雄縣私立輔英科技大學人文教育中心。重要著作有《Hello！臺灣史》、《杜聰明與臺灣醫療史之研究》等書及〈二二八事件前高屏地區的傳染病防治──以霍亂、天花爲中心的探討〉、〈日治時期高雄地區臺籍醫師的政治與社會參與（1920～1945）〉等多篇論文。

## 提　要

「觀乎天文，以察時變；觀乎人文，以化成天下」，自古以來，「天人合一」、「天人相感」的觀念，普遍存於中國人心，自漢代以來的歷朝正史，莫不將天文曆法的志書，列爲必要篇章，相關的天文觀測與紀錄機構，更是歷久不衰，形成中國重要的科學傳統。歷代爭天下的群雄與治天下的帝王，莫不企望天意垂愛，天象徵驗要朝對自己有利的方向作解釋，以確保天命在己。爲求解釋各種複雜的天象，中國社會發展出極其獨特的天文星占解釋學，其影響所及，涵括政治、軍事、經濟民生等等。時至今日，即使進入民主選舉，仍有不少好事者喜以天意推民意，預估選舉結果。天文星占之學，可說是數千年來，深植中國人心靈，影響華人社會最深遠的一種不可知卻力大無窮的知識傳統。

本書試圖展現，此種淵遠流長的天文星占知識體系，在中國中古時代，自東漢三國迄隋唐時期的歷史影響力，分別就天文機構的組織、天文伎術人員的

管理、天文星占與政治發展、天文星占與軍事作戰以及天文伎術人員的社會地位等層面，作其歷史影響之討論。結論認為，天文星占在中古時期，其論說政治社會異象、祈禳避災等傳統，並無改變，軍事作戰方面，將領也更能以理性來處理天文星象的徵應，但是在天文機構之專業化、天文禁令之頒布、天文伎術者之管理等方面，則有其承先啟後之歷史地位，多數規範自此之後，成為宋元明清等後代王朝遵循的楷模。

## 目　次

# 第 四 冊　商周南土政治地理結構研究

## 作者簡介

　　陳珈貝，台灣省台北市人，1980 年生。政治大學歷史碩士，現就讀政治大學歷史系博士班，專長領域為中國上古史、楚文化。近年研究聚焦於先秦江漢流域的政治結構與物質文化變遷，希冀能以此為出發點，探索先秦族群的交流互動。

## 提　要

　　殷商時代，商人已將王畿外東南西北四個方向的土地稱為「四方」或「四土」。其後周人承襲商代以「四土」指稱疆域的觀念，亦將王朝四方區域冠以四土或四國之名。而所謂「南土」，亦稱為「南國」，《左傳‧昭公九年》記載：「及武王克商、蒲姑、商奄，吾東土也，巴、濮、楚、鄧，吾南土也。」《國語‧鄭語》亦言：「當成周者，南有荊蠻、申、呂、應、鄧、陳、蔡、隨、唐。」其義泛指王朝疆域中心以南的全部疆土。

　　南土這塊區域自殷商開始便深受中原民族關注，其後周人嘗試擴展勢力至南土失利，待春秋時期楚人於南土拓殖，方得掌握該地。在這段以諸夏為中心

的南土經營歷程，先秦江南地區多元的地區性文化，以及其與中原文化的折衝交流亦不容忽視，史籍所缺載之江漢各族與周人、楚人間的政治聯繫，實為理解先秦南土發展的關鍵課題。本書以商周南土局勢的長期發展為討論重心，嘗試釐清南土組成本質，並於討論中探索長江中游先秦文化發展的面貌；藉此勾勒殷周民族和楚人政權疆土的輪廓，以及南方族群與中原文化接觸互動的實際情形。

# 目 次

# 第 五 冊 商周交會在齊國：齊文化與齊學術的研究 甲編：先秦齊文化的淵源與發展

## 作者簡介

陳復，本名陳正凡，西元一九七二年（民國六十一年）出生於台北市，祖籍福建省南平市。國立台灣師範大學科學教育中心博士後研究員，國立清華大學歷史學博士與碩士，私立中國文化大學哲學博士候選人，私立東吳大學中文系學士（輔系歷史）。目前任教於國立交通大學與國立台灣科技大學，開設中國與東亞文明史課程。在學術圈師承於三位聲譽卓著的大師：陳啓雲教授，韋政通教授與陳鼓應教授。學術專業在歷史領域有中國上古史、中國思想史與中國文化史，並精於中國與台灣書院教育文化史；在哲學領域有先秦儒學、黃老思想與宋明儒學，尤精於陽明心學思潮；在科學教育領域因襄贊國家科學委員會從事於科教政策研究計畫，而精於台灣科學教育研究政策史。發願從事於生命實踐與振興文化的志業，長年在社會講授心學，積極引領受苦的人離開生命的幽谷。

## 提 要

本書計有五章：

第一章〈東夷族與商王朝對先齊文化的影響〉：本章討論東夷族與其擴張發展出的商族，共同在齊地醞釀出的風俗（尤其是他們主要經營畜牧與漁獵產生的風俗），這是齊國設立前的先齊文化的源頭。

第二章〈姜太公封國於齊面臨的處境與應變〉：本章釐清姜太公不能僅被視作一個人，其生平更該反映出身於炎帝民族的姜族，由西戎區域遷徙至東夷區域的歷史。姜太公治理齊國採取「因其俗，簡其禮」的政策，既有因應夷俗來改革的遠因，更對後來的齊文化產生巨大的影響。

第三章〈地理環境對文化與產業發展的影響〉：本章討論氣候寒暖交替對於政治發展可能帶來的影響；並釐清齊國在不同時期的疆域輪廓（從而認識氣候如何影響天然環境）；再接著認識齊國濃厚的宗教信仰與天然環境的關係；

最後則討論這種天然環境如何影響齊國特別著重於工商業。

第四章〈兼容並蓄的社會風氣對齊學的醞釀〉：本章釐清由於齊國夷夏兩種文化並存，使得齊國呈現兼容並蓄的社會風氣，這尤其體現在齊國的婚姻制度裡。齊人的日常娛樂如打獵與投壺，喜歡音樂與舞蹈，善於飲酒並好吃水產。齊相管子與晏子都有徹底務實的治國態度，這是夷夏兼容特有的齊風。

第五章〈開明的政治傳統催化稷下學術興起〉：本章討論齊國人民因經營工商而致富，而能影響政局，使得齊國呈現某種程度的「民主」。由姜齊至田齊，齊國歷任君主都在積極號召各國的賢士來齊國出仕，稷下學宮因此會設立。

# 目　次

# 第 六 冊　商周交會在齊國：齊文化與齊學術的研究　乙編：戰國齊學術的特徵與影響

## 作者簡介

同第五冊

## 提　要

本書計有五章：

第一章〈眞理與制度：齊學的黃老思想〉：本章釐清夷商文化對鬼神的信仰，使得齊學產生特有的眞理觀，這種眞理觀常體現在對現實議題的關注，眞理如何產生制度（道生法），這幾乎是齊學最主要的思想特徵，而「黃老」就是這種思想特徵的體現，這股思潮的產生，與田齊政權成立前後的政治需要有關。

第二章〈包容兼攝百家暨自由架構民主〉：本章討論齊人的自由意識，使得齊國表現出自利的國風，這更使得齊學能兼容並蓄百家的思想，並指出齊國民主思潮會產生的最原始因素，就在於統治者與受治者利益的平衡。

第三章〈眞理觀如何孕育出兵學的思維〉：本章釐清深受齊學影響的五本兵書：《孫子兵法》、《孫臏兵法》、《吳子》、《六韜》與《司馬法》，冀圖瞭解其各自內蘊的眞理觀，這些兵書都體現出「道生法」在人事佈局裡的務實態度。

第四章〈齊學其他層面的應用型態思想〉：本章討論齊學在應用型態的思想，舉出縱橫、經濟、醫學與科技這四個層面，指出齊學並不僅關注著實踐，其學術傾向確實有著濃厚的理論熱忱，能發展出抽象的知識，來對其實踐做出統攝。

第五章〈戰國齊學對當時與後世的影響〉：本章釐清戰國齊學對六國的影響，可由學術與政治這兩個層面來思考，前者宜注意鄒衍的陰陽五行說，後者可注意齊國中央官制的影響。齊學在經濟領域的理論與實踐同樣影響巨大。齊學的真理觀對於中華文化的蛻變，尤其架設符合秩序的社會，當發揮可觀的貢獻。

# 目　次

# 第 七 冊　西周封國之自主與交融——周代封建性質的再檢討

## 作者簡介

　　王瑞傑，國立臺灣大學歷史系、國立臺灣師範大學歷史研究所碩士班及博士班畢業，現於國立中央大學等幾所公私立大學擔任兼任助理教授，講授中國上古史等相關課程。專長中國上古史、禮制史、思想史及史學史等方面，在臺灣及韓國等地學術期刊發表過〈周官源流歷代考辨述要〉等多篇論文，並在博士班研讀期間獲得臺灣師範大學劉眞獎學金殊榮。在歷史教育方面，曾參與教

育部歷史文化學習網及高三歷史教科書編寫。

## 提　要

　　本論文的論述有兩條主軸，一是討論封國的自主，可說是屬於「政治」的層面，從第一章「封國秩序的建立與重整」及第二章「封建王權下封國之自主」等內容可以看出當時周王與封國之間地位之消長。大致來說，西周中後期的封國在內政上都能維持穩定而高度的「內自主」，如君位的繼承、土地的控制權等，但「外自主」，即與周王之間的互動關係，卻隨著王室的盛衰而有所變化。另一則討論封建性質，可說是屬於「文化」的層面，在第三章「周文化的特性與『文化殖民』」及第四章「『文化殖民』下封國之交融」，則充分論述了周人如何透過「文化殖民」的方式以達到周人政權的「長治久安」，並對於春秋時代所出現的諸夏意識所起的積極作用。這兩條主軸的關係可說是互為表裡，透過這兩個部份的討論，即可看出西周至春秋前期的封國既有政治上「自主」的一面，也有文化上「交融」的一面，而後者則跟周人「文化殖民」的政策有相當的關係。因此，在周人封建「文化殖民」的影響下，使得西周的封建制度遂具有「分化」及「同化」的兩大功用，中原地區的封國雖然是一個個「自主」的政治體，但卻又是相互「交融」的文化體，這對促進華夏民族的形成與擴大起了相當大的作用。

## 目　次

# 第 八 冊　東周喪葬禮制初探

## 作者簡介

　　李淑珍，1961 年生於台灣新營。台灣大學歷史學學士，台灣師範大學歷史學碩士，美國布朗大學歷史學博士。目前任教於台北市立教育大學，以史學從事生命教育。

　　《東周喪葬禮制》原為師大碩士論文（1986 年完成），由杜正勝、王仲孚

二位教授聯合指導。其後研究工作轉向「新儒家徐復觀與當代台灣文化」、「歷史意識與自然意識」、「中國／台灣現代思想史」等不同領域，但基本關懷則始終如一：探索人如何追尋安身立命之道，並思考儒學對當代世界的可能意義。

## 提　要

　　本書研究春秋戰國時代喪葬禮制，以探討周人面對死亡的態度。此外，也就此一具體、個別典禮，審視禮制的一般性原則，並從歷史中觀察周禮之實際運作及其所遭遇的困境。

　　從喪葬禮制來看，周代人在面對團體成員死亡時，一方面要遞補其人亡故後所造成的身份地位空缺，另一方面則透過喪服制度，重新強調親疏之分、上下之別，以恢復既有生活秩序。當時人對屍體的處理，採用全屍土葬方式；這固然出於慎藏遺體的孝慈之心，更與「死者有知」的信仰有關。不過，儒家喪禮理論對鬼神之說存而不論，轉而強調生者情感的抒發與節制，以多數人的心理為基準，教人去惡盡哀、致哀教孝，並節哀順變。

　　根據以上對具體典禮的探討，禮的抽象原則可以作如下了解。周禮包括廣狹二義。狹義之禮是指具體典禮，廣義之禮則包括典章制度、人倫關係、情感調節表達等三個範疇。禮具有明顯的等差精神，家庭中的「親親」是出於天性，而政治上的「尊尊」則出於政治力強迫。但行之日久，「周文疲弊」，奢侈踰制層出不窮。

　　孔子攝禮歸仁，希望使僵化的禮再度恢復生機；墨子基於功利觀點，另制薄葬短喪之法；莊子則認為，毋須拘執形軀生滅，喪禮大可取消。諸子各有喪禮主張，但戰國社會大眾則繼續流行短喪厚葬。「禮制」如何因革損益，成為歷代重大課題。

## 目　次

# 戰國時代泗上十二諸侯考

## 作者簡介

　　姓名：林天人。籍貫：台灣　苗栗。學歷：國立台灣師範大學歷史學博士。經歷：國立故宮博物院圖書文獻處助理研究員、副研究員。現職：國立故宮博物院圖書文獻處研究員。

　　近五年著作及主編之專書：

1.《中國通史》（先秦部分），五南書局出版。

2.《戰後台灣的歷史學研究 1945～2000 年（先秦史）》，台灣大學出版中心，2004 年。

3.《先秦三晉區域文化研究》，五南古籍出版社，2004 年。

4.《治水如治天下——故宮所藏河工圖檔》，國立故宮博物院，2004 年。

5.《重修臺郡建築圖說》，國立故宮博物院出版，2007 年。

6.《筆畫千里——故宮輿圖特展》，國立故宮博物院出版，2008 年。

7.《捲起千堆雪——赤壁文物特展》，國立故宮博物院出版，2009 年等十餘種。

　　近五年期刊及會議論文：

1.〈坐看天下小　故宮新藏地圖芻議〉，《經緯天下——飯塚一教授捐贈古地圖特展圖錄》，故宮博物院，2005 年。

2. 〈橫看成嶺側成峰──五十年來台灣地區先秦史研究學述〉，輔仁大學《歷史學報》，第十七期，2007 年。

3. 〈清初治理黃河成績的檢討──以靳輔治河爲考察中心〉，國立台灣師範大學地理系《地理研究》，四十五期，2007 年。

4. 〈十七世紀的會通──以故宮博物院所藏中西輿圖爲討論中心〉，「第四屆文化交流史國際學術研討會」，輔仁大學史研所，2008 年。

5. 〈《史記‧貨殖列傳》論先秦區域文化〉，「第二屆史記學國際學術研討會」，佛光大學史研所，2008 年。

6. 〈黃河遠上白雲間──關於河源認識之探討〉，「空間新思維──歷史輿圖國際學術研討會」，國立故宮博物院，2008 年。

7. 〈捲起千堆雪──赤壁之戰與三國的形成〉，《捲起千堆雪──赤壁文物特展圖錄》圖錄，國立故宮博物院出版，2009 年等十餘篇。

## 提　要

歷史進入了春秋以後，幾千年來的政治、社會、經濟、思想等種種型態，面臨前所未有的崩解與轉型；同時經過了這段時期的丕變與整合，中國歷史從此進入了另一段流程。這個巨變當時人已能體會若干。

不過，若將春秋與戰國兩者變動的程度做比較，則戰國時代變動的劇烈，顯然高過於春秋時代。以宏觀的角度來看，春秋時代的變，尚處於保守型的變；進入戰國以後，時代趨於解放，而邁向開放型的變。兩者之間最大的差別，在於春秋的變，大致迫於形勢的推移，而不得不使然。但戰國時代，則是日睹時代在轉變，因而思變以求新，其變在於自發性。

列強從春秋進入戰國後，國際情勢因三家分晉的影響，權力結構有些轉變。春秋時期原爲晉、楚的南北對抗；但到了戰國時期南北對抗的態勢依舊，但代表北方中原的抗拒楚國北上的重心，已由齊與三晉的魏國分擔肩負了。齊、楚兩國長期的對峙，從雙方對泗上地區的爭奪，頗能說明這一時期歷史特色。同時藉由雙方在此地區激烈的爭奪，更能說明泗上地區獨具戰略地位的意義。

本文研究的目的，在於探討戰國時代存在於泗上地區的若干諸侯國。這些弱小諸侯國，在列強環伺、紛攘中，並不具有左右局勢的地位，但因其地分布在齊、楚與三晉等列強的交戰之區；因此，這些弱小諸侯除了扮演列強之間的緩衝地區以外，別無其他選擇。而這一個角色，也讓這些諸侯國勉強的倖存下

去。另外，環四周的列強動輒以「左縈右拂，泗上十二諸侯」（《史記‧楚世家》），來抬昇某種象徵的意義。本文即探討戰國時代泗上地區的諸侯國與列強之間的互動，藉此說明戰國史的時代特色。

本文考証得出，「泗上十二諸侯」分別是：魯、宋、衛、陳、蔡、鄒（邾）、費、郯、邳、滕、薛、郳（小邾）。蓋「十二諸侯」歷來從無定說，文獻載籍或多語焉不詳，有謂「十二爲虛指」；亦有謂「十二爲實指」，但皆無法具體求得實際諸侯國。因此，本文對此係透過文獻與考古遺存的考証，得出文獻中「十二諸侯」，爲分布在泗水地區的弱小諸侯國。

## 目　次

# 第 九 冊　西漢前期政治思想的轉變及其發展——從黃老思想向獨尊儒術的演變

## 作者簡介

　　李昱東，民國 38 年次出生，台中市人。民國 61 年畢業於國立高雄師範大學國文系，分發至省立沙鹿高工任教。民國 74 年考入私立東海大學歷史研究所，77 年畢業，獲史學碩士學位，79 年轉入國立台中商專服務。87 年考入國立中興大學歷史系博士班，95 年獲得博士學位。現已退休，擔任亞洲大學和朝陽科技大學兼任助理教授。著有《試探東漢定都洛陽之得失》與《西漢前期政治思想的轉變及其發展——從黃老思想向獨尊儒術的演變》並曾在《大興史學》發表〈匈奴核心部族的考證〉以及《空大學報》發表〈陸九淵的尊德性與朱熹的道問學〉兩篇論文。

## 提　要

　　本論文主要探討西漢前期從黃老思想向獨尊儒術的轉變過程，西漢的道家與儒家所呈現的風貌，已非原創時期的面目，這是自春秋戰國以來，各家思想互相激盪，互相涵蘊所鎔鑄的性格，展現了向更高層次整合的趨勢，這是儒道兩家「因應時勢」所做的轉變。黃老道家首先得志於文、景兩朝，而後漢武接受董仲舒之議，獨尊儒術，藉推尊官學而擴張皇權，遂有「陽儒陰法」的舉措，儒學趁機躍上政治檯面，成為統治國家的主流文化思想。

　　第一章　從先秦王權的發端與茁壯，探討名教思想的濫觴，蓋中央集權的君主專制制度，貫穿中國歷史兩千多年，其產生的社會原因，實根源於中國特有的宗法血緣文化和與其相適應的自然經濟，及農業大國的特殊環境，因此，儒家的尊君思想，成了名教的濫觴，而戰國時代，基於天下大一統的需要，君主專制的學說，更為實際政治推波助瀾，終於形成法家尊君卑臣的理論，在漢代儒法結合之後，更成了名教的核心。背離了原始儒家君君、臣臣的相對主張，塑造了往後君主臣客的歷史地位。

　　第二章　探討從道法向儒法轉變的歷史背景；就中國古代諸子百家而論，其目的都在救國淑世，故其核心思想皆務為治者也，黃老新道家之興起，乃「以道生法」改造原始道家，為法治覓得形而上的依據，遂成戰國中末期的一大學派，也為道家的治國用世開創了契機，在漢初終於成就了黃老治術，奠定了漢朝強盛的基礎，但因為種種缺陷，和內外機緣的喪失，不得不讓位於儒家，而董仲舒所推崇的公羊春秋，畢竟是儒法相摻，並挾以陰陽的學說，雖適應了大一統的需要，獲得武帝的獨尊，但已非原儒的本來面貌。

　　第三章　先秦之所謂「道」，涵義甚廣，亦包含君人南面之術，故君道之理論，由來久遠，本章即討論漢代君道思想的轉變與君權的開展，黃老道家為了適應春秋、戰國以來從禮治向法治的轉變，不得不改造原始道家的理論，而以道全法，將法、禮、刑，重新鎔鑄為新的君權理論，視養生與治國為一體，主張君道深藏周密，而在實際運作上力求知時知變與因任和刑名，文景兩帝的君道實踐是最好的典範，從此，皇帝制度成為中國人可以接受的理想，遠離了秦代的夢魘。後來雖有漢武復古更化的新皇權，近乎踵武秦皇，但漢初迥異秦政的表現，始終予漢人一線之期望。而昭宣之後，終於完成王霸並用的君道思想，且為後世所遵循。

　　第四章　探討武帝因尊官學而崇儒所建立的名教思想，由純儒逐漸走向禮法整合的道路，其中包含儒學的法家化，和法律的儒家化，而儒家的三綱五常則成為法律的指導原則，至於法家的反智與愚民，也滲入名教之中，儒法的整合，藉著經學入仕，使五經成為新的帝王學，士人變成了新官僚集團，名教思想本來即與傳統的宗法血緣組織互相適應，具有非常強的社會基礎，如今又透過依禮施行法令，重新塑造封建法制，在思想傳播與施行政法之間，充分地體現了禮法合一。使政治與社會再度凝結為一體。

　　第五章　討論從無為的經濟向中央集權的經濟轉化的過程，黃老道家對經濟思想缺少強大的創造性，主要的是繼承了原始道家回歸自然經濟與放任自理的經濟思想，這對漢初凋敝的社會確實起了復甦的作用，但在面對匈奴戰爭時所產生的財政危機，和土地兼併的問題時，顯得手足無措。這就授予法家興利之臣崛起的機會，桑弘羊遂在武帝充份信任之下，行重本禁末的政策，而以鹽、鐵專賣和酒榷酤做為其經濟集權中央的核心，配以平準均輸的施行，壟斷全國的工商財政，從此，政治集權才有了經濟集權做為其基礎，這才是名符其實的專制主義。自此之後，國營專賣制度就成為歷代封建王朝的主要經濟制度。

　　本文結論，是站在皇權專制的制高點論述中央集權體制的經濟基礎，和思想統制的必要性，不但政治要大一統，連學術也要大一統，學術的大一統，實為思想的封閉和窄化，而名教之尊與經典政治的推行，則相輔相成，成就了道統與政統的密切結合，最終形成政教合一的新體制。這是中國兩千年來的皇朝典範，這種政治、經濟、文化結構，即使歷經改朝換代，也可立即再生和重建，形成了超穩定的結構，但也妨礙了歷史的進步，這是中國始終停滯不前的根因。

# 目　次

# 第 十 冊　西漢儒家政治思想與現實政治的互動——以奏議爲中心的考察

## 作者簡介

盧瑞容，台灣省台中縣人。國立台灣大學中文系學士、中文研究所碩士，日本國立九州大學中國哲學研究所博士。現任國立宜蘭大學教授兼通識中心主任。

著有：期刊論文多篇及《前漢經世思想研究》（1996 年，博士論文。國科會第 31 屆科技人員進修獎助）、《中國古代「相對關係」思維探討——「勢」「和」「權」「屈曲」概念溯源分析》（台北：商鼎文化出版社，2004 年 6 月）等專書論文；榮獲多次國科會研究獎勵。另有多篇日文學術論著翻譯。

## 提　要

自古以來，明君英主大多以任賢求言爲治道之最。先秦以前，貴族爲政治舞台之活躍份子，平民身分的讀書人難登政壇；有滿腔抱負，亦難直接上達人君、實現理想。隨著時代的轉變，西漢知識份子取得了正式參與政治活動的機會。這些大部分來自民間的讀書人，藉「奏議」這條途徑，自陳理想；凡施政得失、社會隆污、經濟騰抑、人心振靡、君德、建嗣、禦邊、拓疆、……，內容無所不至，然撮其要，又以社會民生爲最大關懷。此種諤諤之言可視爲史實之別種記載，值得後學者深入研究。

「道」爲先秦諸子所共具，雖則各有主張，概不外爲淑世的最初根據與最後的目的，因此清朝學者章學誠說：「……而諸子紛紛則已言道矣，……皆自

以爲至極，而思以其道易天下者也。」(《文史通義》，〈原道〉中)，其中尤以儒家的「道」最注重歷史文化傳統的繼往開來，且以儒家最具以道自任的精神。本文是透過西漢之奏議，探討當時的知識份子如何以儒道自命，來針砭時政，謀求改革，期望在大一統帝國的統治下，能發揮輿論效用，達到治國平天下的理想。

秦以法家之效率席捲天下，復以法家之苛暴倏忽滅亡，繼秦而起的西漢，記取前車之鑑，二百二十年未敢再言法；但我們細翻史頁，卻在漢初六十年「黃老之治」及武帝之後一百六十年「獨尊儒術」的表相之下，發現它一貫的法家治術的本質。這與以儒者自許的西漢知識份子的心願相違。因此西漢的奏議內容，許多都含有儒法之爭的意義。本文著眼於：在「法」的陰影籠罩下的西漢知識份子，如何秉持儒家之道，與統治者之法家治術相抗，以維持帝國的長治久安。本文將以奏議爲主，佐以西漢思想家著作，來考察西漢政治的本質，及因時弊而起的奏議內容相應地有何種變化？他們的主張對西漢政治究竟有無作用？對後代政治產生何種影響？以明西漢知識份子「學而優則仕」，介於學術與政治之間，到底扮演了何種角色，而決定了他們在政治思想史上的地位。

第一章將探討西漢的奏議內容及西漢知識份子心目中的儒家之「道」；第二章將分析表現歷史意識、以秦亡爲儆鑑的奏議內容；第三章將深究漢初「黃老之治」的實際內容，確定西漢政治的統治方向；第四章將以董仲舒爲主體，考察「黃老學說」對整個西漢及西漢以下學術與政治思想的影響；第五章將探討陰陽五行之說對西漢政治的影響；第六章將回顧從政的西漢知識份子對儒道的掌握，及其儒法之爭的實際效果。本文將循此順序探討西漢儒家政治理想與西漢政治現實間的激盪情形。

## 目　次

# 第一十冊　西漢游俠的活動特色及其社會關係

## 作者簡介

　　鄭宗賢，1980 年生於臺灣臺北，淡江大學歷史系學士、碩士。現在國立臺灣師範大學歷史系攻讀博士，兼授淡江大學、東吳大學的通識課程。主要的研究時間斷限爲秦漢時代，目前重點研究主題是社會人物、歷史地理與簡牘學等。生活以閱讀、寫作和運動爲樂趣，化名「久保」混跡數位世界，拿歷史來玩樂人生。

## 提　要

　　快意恩仇、刀光劍影、輕功過人、濟弱鋤強是俠的普遍印象，他們不只活在虛擬的小說故事或電視影劇裡，還曾經真實存在於秦漢時代……。有別於通史性的俠文化介紹，本書以《史記》、《漢書》的文獻記載出發，僅討論西漢時代的俠文化。

　　藉由西漢時代「俠」的種種行為，勾勒他們的人物性格是如何造就，他們又抱持著什麼樣的「俠義」，作為處世的價值觀？究竟是人在江湖身不由己，還是游俠想表現獨特言行，展現追求自我信譽的主動作為？藉著他們的人際關係與活動空間，體現游俠極為重視個人名譽，吸引不少群眾追隨，卻也因此深陷其間，難以掙脫江湖恩怨的泥淖。

　　帶著江湖味的游俠們，與國家政權相遭遇時，不能再以我行我素的方式因應，仍得嚴肅地面對統治者。對此本書從統治當局與國家法律的視野，論述眾多「俠行」的潛在風險，省思歷史上唯一的一波任俠風潮，提供我們鑑戒日常生活中，偶見幫派組織、角頭老大、流氓地痞的事情。

## 目　次

# 兩漢人口移動之研究

## 作者簡介

　　洪武雄，1961 年生，台灣省彰化縣人。1983 年東吳大學歷史系畢業、1987年東海大學歷史研究所碩士班畢業。曾任東海大學、弘光科技大學、大葉大學兼任講師。現任中國醫藥大學通識教育中心副教授。著有《蜀漢政治制度史考

論》及相關論文數篇。

## 提　要

　　兩漢時期，在一般情況下，人民並沒有遷徙的自由，但人口移動的現象卻史不絕書。在眾多人口移動的例子中，如果加以分門別類，可以分為：（一）強幹弱枝政策下的遷徙、（二）罪犯的遷徙、（三）飢餓導致的遷徙、（四）戰亂導致的遷徙。如以遷徙的動機而言，則前兩類是來自朝廷既定政策下的強制執行；後兩類則是天災人禍下，因生存環境遭受破壞後所導致。就遷徙的人數而言，後兩類遠超過前兩類，尤其是飢餓導致的遷徙更是屢見不鮮。天災誠然是農民流亡的最直接因素，但商人剝削、貪官污吏和賦稅制度的不合理，卻是腐蝕農民無力抵抗天災的根本原因。西漢時，藉著遷徙各種人力至關中和西北地區，得以解決內亂和外患的兩大隱憂，就當時的政策目的而言是成功的。但強制的力量消退後，溫高雨多的江南和嶺南地區，無疑才是飢民求取溫飽、免於凍餒的首選。三國以後，南方的奮起，可由兩漢時期人口的移動中得其端倪。

## 目　次

# 第十二冊　西漢宮廷婦女形象研究

## 作者簡介

　　黃淑貞，國立高雄師大國文學系博士、碩士，現任亞洲大學通識教育中心助理教授；計有博士論文《西漢宮廷婦女形象之研究》、碩士論文《《淮南子》天道觀之研究》，及單篇論文〈台灣老人的見證者——談黃春明及其《放生》〉、〈試述杜十娘與莘瑤琴一悲一喜的人生結局對現代通識教育的啟示〉、〈試述后妃參政之影響〉、〈盛妝下的控訴—劉蘭芝與杜十娘最後尊嚴的捍衛〉、〈柳宗元傳記散文之作法與藝術特色〉上下、〈漢樂府詩中的婦女問題〉、〈論漢初學術發展之因由〉、〈「醉臥古藤陰下，了不知南北」——論秦觀詞的悲愴情調〉、〈淺析〈救風塵〉中所呈現的主題〉、〈陶淵明〈飲酒〉詩試探〉等等。

## 提　要

　　本論文共分為六章，並附錄參引書目及附錄，各章內容簡述如下：

　　第一章〈緒論〉：本章分為五節說明本論文的研究動機、研究目的、研究範圍、研究步驟及論文架構。

　　第二章〈西漢參政類宮廷婦女之形象〉：本章分為四節，第一節探討西漢宮廷婦女「以孝立國」及「母權至上」的參政背景，與「積極爭取」、「間接搧惑」及「被動利用」的參政手法；第二節將西漢參政的宮廷婦女分為「主導朝政型」、「干涉人事型」、「謀略操控型」及「政治糾葛型」四類；第三節論述西漢宮廷婦女參政的成敗原因，及史家的評論；第四節則是論述西漢宮廷婦女參政的結果對後世的影響，其中「外戚權力高漲」影響深遠。

　　第三章〈西漢哀怨類宮廷婦女之形象〉：本章分為三節，第一節敘述西漢宮廷婦女哀怨肇因，分為五點分析：妻妾成群、育子之悲、巫蠱迷信、重親婚姻及和親外交；第二節則是將西漢宮廷婦女哀怨分為三類型：「深宮怨婦型」、「異域悲涼型」及「含冤而死型」；第三節則是敘述唐朝文人士大夫以西漢宮廷婦女為主題所作的詩歌，從中見其悲情。

　　第四章〈西漢荒淫類宮廷婦女之形象〉：本章分為三節，第一節主要是探

討西漢宮廷婦女荒淫的原因：情慾的放縱與傳宗接代的壓力；第二節則是敘述西漢宮廷婦女荒淫的代表型人物：「淫亂致禍型」的宣帝敬武公主，與「奢侈荒淫型」的成帝趙氏姊妹。第三節主要是以趙氏姊妹的荒淫所造成的影響爲論述要點：女禍之說的完成，及劉向《列女傳》成書之由正是因爲趙氏的荒淫無道，並且闡述《列女傳》的思想內容及其對後世的影響——中國婦女逐漸受到條文規範。

第五章〈西漢才德類宮廷婦女之形象〉：本章分爲三節，第一節婦女才德思想的探源，這是上層社會對婦女的教育；第二節將西漢宮廷婦女才德類分爲五類：「仁善無爭型」、「謹慎無寵型」、「外交才女型」、「才德兼備型」及「婉癕有節型」；第三節分析班昭依西漢之前的才德觀念與女教情形，撰寫《女誡》七章，從此明文確立中國妻範母儀的典型，卻也開始中國婦女成爲次級人類的命運。

第六章〈結論〉：綜合敘述本論文的研究心得，一來自我檢視，二來則作爲日後研究的方針。

# 目　次

# 第十三冊　北魏文學與漢化關係之研究

## 作者簡介

　　王美秀，台灣南投縣人。台灣大學中國文學研究所碩士、英國里茲大學東亞系博士（*PhD of the Department of East Asian Studies, University of Leeds, the U. K.*），目前任教於國立大學。研究領域爲中古時期文學與歐洲漢學，長期經由文學作品的觀察，研究歷史變動所激顯的文化特質、異質文化碰撞與交涉的情形，以及文士在變動不居的歷史洪流中的身分選擇與建構問題。本書之外另著有《劉伯溫——時代更迭中的勇者》、《玄奘——取經傳譯的典範》、《歷史、空間、身分——洛陽伽藍記的文化論述》，以及英文著作 *Cultural identities as reflected in the literature of the Northern and Southern dynasties period (4th -6th centuries A.D.)* 等書。

## 提　要

　　魏晉南北朝時期雖政治黑暗，災禍不息，社會不安，但文學發展卻極爲蓬勃。然而，中國文學史每提及此一時期蓬勃發展的文學，多僅止於南朝文學，北朝文學相對上長期爲學界所忽略。以政治、經濟、文化等各方面衡諸當時南北情勢，文學史家重南輕北固有其「自然如此」之因，但爲力求文學史之完整視域，北朝文學實不應長期見棄於一隅。魏晉南北朝文學保存至今者不多，屬於北朝者更爲稀少，但諸如《木蘭辭》、《顏氏家訓》、《水經注》、《洛陽伽藍記》等經典名著，已然昭示世人北朝文學自有其發展與成果。爲進一步理解北朝文學的面貌，本論文嘗試以北魏爲時間斷限，研究北魏文學與北魏漢化之間的關係。

　　本論文內容主要有三：一、拓跋珪建國以前的北方文學。二、北魏前期文學與漢化的關係。三、北魏後期文學與漢化的關係。綜合本研究所得，北魏文學與漢化的關係如下：一、北魏原有文學，但因漢化而加速文學發展，其文學風格則與漢化的內容息息相關。二、北魏前期文學爲因應漢化過程的實際需要，側重於實用性書寫，因而加強了現實主義精神之顯現，初步奠定其質朴文

風。三、北魏後期文學因孝文帝的儒家政策與儒家文學觀影響所及，而深化其現實主義精神，因而更確立其質樸風格。四、北魏文學自孝文帝太和年間即受南朝文學的影響，但在南北通好以前，由於政治因素與民族自尊之維持，而呈現文風上取的情形，這種情形使北魏文學風格雖日漸綺美，卻始終比同一時間的南朝的文風淳樸。

## 目　次

## 第十四冊　東晉初期政治勢力的成形與推移

### 作者簡介

　　馬以謹，一九六一年生於臺灣省臺中市。靜宜大學外文系學士、東海大學歷史系學士、臺灣大學歷史研究所碩士、中正大學歷史研究所博士。

　　曾任逢甲大學通識中心、靜宜大學通識中心、朝陽科技大學通識中心、勤益科技大學通識中心、玄奘大學歷史系等諸校兼任副教授。

　　研究領域為中國婦女史、魏晉南北朝史。

### 提　要

　　東晉肇建，恃大族之支持以成事，其中尤以王家居功厥偉，遂有「王與馬共天下」之說。「王與馬共天下」包含「王與馬共成天下」與「王與馬共治天下」雙重涵義，非其他家族能夠代換之政治模式，因爲彼等對司馬氏無共成天下之協贊，即不具有共治天下之條件。故「王與馬共天下」僅是司馬氏與王家間之默契，無法援引或施用在其他家族，也因此造就開國之初王家勢傾朝野，獨領風騷的局面，其他家族無有能出其右者。

　　晉元帝欲逐步收回君權，爲「王與馬共天下」帶來變數，王敦遂採「清君側」之兵諫手段。這場亂事，眞正獲利最大者爲大族，也註定東晉一朝與門閥大族相始終的局面，等同宣告門閥大族社會之成型與凝固。

　　元帝駕崩後，明帝概括承受「王與馬共天下」之事實，其後徐圖潛謀，以太子時期僚屬組成對抗王敦之班底，王敦第二次興兵犯順，結果兵敗，結束「王與馬共天下」。明帝在位僅三年，其主政期間幾項政績，對東晉國祚之賡續，功不可沒。其中影響最深者，爲政治架構之設計與導引。東晉主弱臣強，賴此架構發揮勢力平衡之作用，是延續國祚之主因。

　　成帝咸康六年以後之政局發展，基本上仍是東晉初期政治勢力推移之變體，及至最後二十年，打破政治勢力均勢，東晉政治方有新發展。

# 目　次

# 第十五冊　唐代淮南道研究

## 作者簡介

　　朱祖德，台北市人，中國文化大學史學研究所博士。現為環球技術學院通識教育中心專任助理教授，並任淡江大學歷史學系及中原大學通識教育中心兼任助理教授。主要學術專長為隋唐史、三國史、中古經濟史、中西交通史及區域研究等領域。目前已在學術性期刊上，發表有關中古經濟史、區域及城市經濟研究及中西交通史等方面學術性論文十餘篇，另通識教育方面論文三篇。

## 提　要

　　本文旨在探討唐代淮南道的政治、經濟地位；並就淮南節度使的設置及其所發揮的作用；淮南道角色蛻變的原因與影響作深入的探討，全文共分六章，十四節，約十四萬言，並附圖五幀，表十八種。

　　第一章「緒論」：旨在說明本文研究動機、目的及方法。

　　第二章「淮南地區的地理形勢及行政區劃」：凡分二節，主要探討淮南地區的自然、戰略地理形勢及行政區劃沿革，並就淮南節度使的建置、轄境變遷作論述。

　　第三章「淮南道的政治、經濟分析」：凡分四節，分別就歷任節度使、使府僚佐組織；人口變化；交通及漕運之發展與淮南的農、工、商業作論述。

第四章「揚州對淮南道的政治、經濟作用」：凡分四節，首論揚州在唐代以前的發展，次論唐代揚州的盛況及促使揚州繁榮的原因及背景，再就揚州的衰落原因作深入分析，最後就唐代揚州對淮南道的政治、經濟作用作論述。

第五章「安史亂後淮南道的蛻變」：凡分四節，分別就淮南道對唐中央的重要性；淮南藩帥與中央關係之疏離及楊行密據淮及其擴張作論述；最後，就淮南道角色轉變的原因及其結果作深入探討。

第六章「結論」：對前述各章作一綜合性檢討；並探討楊吳──南唐政權在唐宋之際的歷史意義。

# 目　次

# 第十六冊　唐玄宗時期黃河流域中下游水患

## 作者簡介

　　黃若惠，嘉義縣人，從小生長在農村，平時喜歡閱讀，對歷史及大自然深感興趣。高中畢業後，北上進入輔仁大學夜間部歷史學系就讀，完成學業後，任職於基隆崇右企業管理專科學校。工作之餘，仍以閱讀爲樂，有感於學識的不足，在睽違大學十五年後，以不惑之年，進入中國文化大學史學研究所就讀，三年後以《唐玄宗時期黃河流域中下游水患》獲得碩士學位，並於隔年考上史學研究所博士班，目前爲博士候選人，崇右技術學院通識中心專任講師。

## 提　要

　　黃河流域是中華文明的發源地，孕育了中華悠久的歷史文化；自古以來黃

河即以水患聞名，黃河水患對歷代政府與百姓帶來嚴重的威脅與傷害。而黃河
的泛濫絕大多數爲自然災害，和少數的人爲因素。根據史料的記載，歷代黃河
水患次數，除明代 246 次、清代 209 次，居歷代之冠、亞軍外，就以唐代 153
次爲多；唐代黃河水患中，除一次人爲決堤外，其餘皆爲自然災害，每一次都
奪去數百或千萬人的生命，流離失所者更是不計其數。

唐代黃河水患 153 次中，玄宗時期佔了 27 次，爲唐代之冠。黃河水患雖
多，卻不影響玄宗時期的社會安定與經濟繁榮，且再創唐代的第二盛世，其主
因爲：唐代政府水利管理、防洪建設與救災政策雙管並行。平時對倉廩儲藏的
重視，除了政府備有義倉、常平倉，做爲防災、救災之準備，更鼓勵百姓豐年
造倉貯糧；且在災後確實進行救災工作，安撫百姓，恢復生產，賑恤、蠲免及
然後重建措施確實達到成效。

以唐朝科技和交通，都不如現代發達與便利，對於防災或賑恤都有其局限
性，而唐玄宗時期水患頻繁，卻仍能創造出唐代政治、經濟的第二盛世，是非
常值得研究，也是本文研究的動機。本文研究重點爲：玄宗時期黃河中下游水
患形成因素、水患災情、水利建設、救災措施、黃河水患對政治、經濟造成的
影響。

# 目　次

# 第十七冊　足崖壑而志城闕──談唐代士人的眞隱與假隱

## 作者簡介

林燕玲，台灣雲林人，私立東海大學中文研究所畢業，國立中興大學中文研究所博士。

唐代文學一直是最感興趣的領域，喜歡針對時代現象做觀察。

碩士論文完成後，一直任教於國立台中技術學院，擔任國文科目教學工作。

2002 年中技成立應用中文系，轉任應中系專任教師。

博士論文：唐人之隱──文學社會學角度的觀察。

## 提　要

在中國社會中，仕與隱是知識份子解決其出處進退的思想與行爲方式，自孔子以來，中國傳統知識分子便被塑造成一種固定的生命形象──以參與政治、一展所長、抱負爲生活目標。然相對立場的政治體制、條件卻不一定給與士人參政的機會，一些挫敗的士人基於「有道則現，無道則隱」的原則選擇了退隱以進德修業，此後隱逸便成了士大夫性格、情操的一部分。隱逸行爲由先秦乃至秦漢南北朝，大抵不脫消極反抗時政、逍遙自適、避亂等模式，只是其方式是溫和的。到了唐代，由於唐人尚功利，原來或求逍遙或養眞志的目的於是再蒙上「求仕」的渴望，使得唐人的隱逸行爲內涵愈形複雜。

一般論述唐代隱逸風氣是功利的，其實未必如此，「隱逸求仙」是唐代文人社會的一大特色，由唐代隱者的身分形形色色，可知隱者涵概了唐代社會的各階層，且他們各自所懷的目的也可能甚爲複雜，用「功利」的印象概括唐人的隱逸行爲，是不甚合理的。本論文的完成，乃基於對唐代此一特殊的現象的好奇心理，因此利用了基礎的統計、分析的方式，爲唐代的隱逸風氣做了分類，並藉由數字的呈現，探究在此一風氣下，士人投跡幽隱時其內心的眞假及實質內涵，發現功利固然爲唐代普遍社會風氣，然士人選擇隱逸卻不可以偏概全的

都視爲別有用心，在唐代，隱逸行爲背後的因素複雜，不同於其他朝代，是不爭的事實，於是針對唐代隱逸風氣進行觀察。

本論文以兩唐書中的〈隱逸傳〉、〈文苑傳〉、〈文藝傳〉、〈方伎傳〉、以及《唐才子傳》等所收列人物爲基本憑藉史料，並參以《全唐詩》、《全唐文》與《唐詩紀事》、《太平廣記》及《唐代筆記小說》等，從中選出五八四人爲採樣的範圍，剔除其重複荒誕者，資料不足以窺見其畢生行逕者，最後才得出一九五人作爲樣本。選擇《兩唐書》與《唐才子傳》、《唐詩紀事》等作爲材料的根據，是因爲論文欲分析主角是知識份子，而此四部書正是記載唐代人士行跡的主要參考資料，應可作爲整個唐代文人社會的雛型，並期望透過統計方法的分析，可以呈現出唐人隱逸內在性格的不單純，與眞隱、假隱的具體面貌。

考慮到歷代論者對於隱逸的分類都失之浮泛，本論文改以隱逸事實來歸納類別，且不設數量、等第上的限制，再依分類結果與隱者的畢生行逕及當代或後人之評論來分辨眞隱、假隱。經過多次的分組之後，得到較滿意的分類型態爲十一組，除了眞隱、假隱可以絕對判別的類型外，也有眞、假隱交集的呈現，故在敘述分類結果時，第一章敘述唐代隱逸風氣形成之歷史背景，第二章論述眞隱一類，第三章則論述眞假隱類型中有「交集」的內容，第四章則以假隱類型爲主。末章（第五章）乃就統計的人數、類別加以說明，唐人之隱逸確實以假隱居多數，約占百分之七十。故唐代士人藉終南捷徑而登仕途者委實不少，然而就時代價值而言，眞、假隱並不完全可以作爲批判隱逸行爲高尚與卑下的標準，這是必須強調的。

## 目　次

# 第十八、十九冊　晚唐暨五代禪宗的發展——以與會昌法難有關的僧侶和禪門五宗爲重心

## 作者簡介

賴建成教授，宜蘭蘇澳人，文化大學史學研究所博士。民國 73 年，依明復法師修習佛教史與禪學，擔任過獅子吼雜誌、佛學譯粹編輯，並在海明佛學院、蓮華山淨土專宗佛學院、華嚴蓮社、圓光佛學院，教授中國佛教史等課程。又於華嚴蓮社、法光禪寺、景文科技大學、開設禪學、華嚴與禪、禪修與氣功等講座，專長除了氣功、術數之外，多著重在晚唐宋初的禪宗與天台教史之上，發表的論文有三十多篇。出版的專書，有《吳越佛教之發展》、《藝術與生活美學》。民國 96 年 2 月，以《台灣民間信仰、神壇與佛教發展之省思—台灣宗教信仰的特質》一書爲主著作，升等爲正教授。

## 提　要

「禪」是一種「靜慮」或稱爲「思維訓練」的工夫，非起源於佛教，也非佛教所能專擅。其雖爲佛教戒、定、慧三學之一，但在印度卻沒顯明的資料記載其獨立成爲一個宗派。然在中國，隨著教下諸宗的形成，以及達摩的東來傳法，禪宗因應而生。禪宗受中國宗法制度的影響，有一代只許一人「付授」的說法，并由達摩與慧可的故事，向上追溯到「釋迦拈花迦葉破顏」的故事，形成諸多的紛爭。爲了避免這些紛爭，導致謗法、謗佛而生種種因果，古來禪德就說這是達摩口授的。後來師說形成，尤其是慧能下的南禪僧人競以師說爲家，這些傳說就有時代意義。禪的意義，也隨著禪門師家的發展，而擴大到日用行事之上，非僅在打坐觀想的禪與智之上。

達摩之法遞傳慧可、僧璨、道信、弘忍，弘忍會下的神秀、慧能系演變成南、北兩宗。安史亂起，北方佛教遭受打擊，又經會昌法難以及晚唐五代的離亂，教下諸宗與北禪宗勢力頓衰，而南禪宗青原、南嶽兩系則因之繁興，師家甚多，蔚爲風潮，禪僧到處參方，以體得佛法因緣爲大事。當時有傳法不傳座的現象出現，但以學有師承宗旨，乃有溈仰、臨濟、曹洞、雲門、法眼五家的

成立，應合達摩「一花開五葉結果自然成」的說辭。禪門五家各有其門庭施設，以接物利生，然在本質上是不異曹溪宗旨～「直指當前一念本來解脫自在」（無住）與「藉師示道」以悟「自性」的。禪門的五宗分燈，與教下諸宗的成立、達摩之東來、會昌法難有關，其中又以慧能與會昌法難更具有關鍵性，所以本文就分爲八章來探討禪宗興起的背景、會昌法難與禪門五宗之成立，以及其間禪法的演變。

第一章「緒論」：概述禪的起源、禪法的流變、禪宗形成的背景以及會昌法難前後禪門五家宗派的興起，來說明何以禪門五家宗派與義學師說、慧能以及會昌法難有密切關連。

第二章「師說的形成與禪門的初行」：凡四節，內容包括佛教輸入中國、義學與師說的傳習、東山法門與禪宗的初創、南北禪宗的對立，來探討會昌法難前教下諸宗以及禪宗的情勢。由此章可見禪宗的發展，同佛教義學在中國的發展是相應的，且在互相輝映中展現禪與智的中國化色彩以及國人對文化的創進。

第三章「禪宗的興起與會昌法難」：凡四節，內容包括隋唐佛教的盛況、王法與佛法、會昌法難、會昌法難下禪門的志行，來探討會昌法難前後教下諸宗與禪門的處境，并探討禪門五家宗派的興起與會昌法難的關聯。

第四章「溈仰宗的師資」：凡四節。此宗在會昌法難前已形成，對後來他家的形成有助因。內容包括禪門的師承宗旨、溈山靈祐與仰山慧寂、溈仰兩師門下、溈仰宗的門庭與情勢，以探討此宗的興起、宗風、師資及其情勢。

第五章「臨濟宗的師資」：凡四節。此宗在會昌前的黃蘗希運已醞釀，待到會昌後義玄的出世，才標舉一家玄風。內容包括臨濟義玄的雄風與施設、臨濟義玄的門下、興化存獎及其門下、臨濟宗的門庭，來探討宗風的形成、對禪門其它宗派的影響及其盛況與局限性。

第六章「曹洞宗的師資」：凡四節。此宗也在會昌後形成，內容包括洞山良价及其交遊、洞山的門下、曹山與雲居會下、曹洞宗的門庭，來探討此宗的緣起、宗風及其流傳與法運的情勢。

第七章「雲門宗的師資」：凡三節。此宗由遭會昌法難的雪峰義存法子雲門文偃提舉。內容包括雲門文偃的禪風、雲門文偃的門下、雲門宗的門庭，來探討此宗宗主禪風的形成、門庭施設及其法運。

第八章「法眼宗的師資」：凡四節。此宗由與雪峰道法異路的玄沙師備導出，至法眼文益出世才大振玄沙道法。內容包括玄沙師備與羅漢桂琛、法眼文

益及其法嗣、天台德韶與永明延壽、法眼宗的門庭,以探討此宗緣於雪峰義存何以提舉玄沙師備的道法,及此宗唯心之旨來自玄沙師備何以到法眼文益纔興盛,并論述此宗在江南弘化及其衰落的情形。

　　第九章「結論」:就禪宗興起的背景、禪門的特質、南北禪宗的形成,以及會昌法難下禪門五宗的緣起、宗風、師資、參遊與其流佈的情勢,作一概括性的描述。由此窺知,禪宗何以由楞伽印心轉變到奉持金剛經的教法,由「教意」轉變成「祖意」,甚至有「超佛越祖」、「學與師齊減師半德」、「學過於師方堪傳授」及「宗門出不是家珍」的思想出現,也就是說因義學的發展,中國學人發展出「直指本心」的各種接機的教法,崇尚以己之根性去領會「從上宗風」。而這些「作用見性」的教法,雖部分為救一時之蔽而設,也展現出對文化的融匯與創進。

## 目　次

# 第二十冊　唐代道教重玄派研究

## 作者簡介

　　張憲生，台北人。就讀文化大學史學系、史學研究所碩士、博士。大學時代對於思想史有興趣，試圖接觸文史哲諸多領域，試圖對於三教問題進行初步接觸。碩士論文爲唐代曆數相關問題的討論，其中涉及佛道術數與曆法編制種種相關問題，試圖以科學思想與宗教思想理解曆法觀念。博士以佛道二教的交互對立與學習中，觀察道教如何在學理上逐步完善，建構完備的心性與修證意義的宗教體系。目前在慈濟大學專任教職，擔任通識課程，並協助指導宗教與文化所學生撰寫碩士論文數篇。主要學術領域爲唐代思想史與宗教史、術數史。

## 提　要

　　重玄派基本上是繼承魏晉以來道教老子神話與學說的探索，以玄學的有無

之辯，繼之佛學的眞空，妙有的觀照，於鳩摩羅什引入中國的中觀體系後，道教在兩教對立論難上也相應產生進一步的反省，產生援佛入道的教義探索，確立以老子爲核心的體系建構之路。

本文首先論本際經的創發，對佛教學理進行初步的消化，並且重新檢視傳統的道教修練觀點，成爲隋唐時代重要的教義典籍。之後在成玄英，李榮的老子相關註解中，充分發揮關於老子學說的體悟，在世學與修身上並立，成爲道教學術的高峰。民間則有王玄覽的玄珠錄，以自己修練的基礎領悟傳統經典中的內涵，和成，李二人交互輝映。

唐玄宗時期出現司馬承禎，吳筠等思想，將人人皆可成仙加以體系化的說明，使得坐忘論經由重玄思想的啓發，開展道教修練體系上的一個重要建設。玄宗時期的道德經註疏中，則以理身，理國作爲焦點全面吸收前人觀點，與傳統道教有相當距離，在方法上則承續了成，李的思辯架構，開展不同的探索空間，重點離開道教，而偏向哲學的進展。

杜光庭則爲唐末重要的重玄派學者，一方面重新省思玄宗註疏，一方面重新肯定道教的修練意涵，成爲唐代道教的重要結論。之後下開宋眞宗徽宗等帝王醉心道教老子學說的研討，也對於道教性功修練提供一條可行的觀點。

# 目　次

# 第二一冊　北宋汴河的利用與管理

## 作者簡介

　　粘振和，臺灣彰化人。1962 年生。東海大學歷史學研究所碩士。現任國立高雄餐旅學院通識教育中心副教授、滿族協會理事。研究領域為宋史、飲食文化，目前致力於茶文化之研究。著有《亂世臣節的困境：兩宋交替之際君臣反應的探討》、《北宋汴河的利用與管理》等書，暨發表學術論文二十餘篇。

## 提　要

　　本書旨在研究北宋汴河的利用型態與管理政策之間的互動關係，範圍包括汴河的規模、設施、管理機關的沿革，以及利用觀念與管理政策的發展。全書凡分八章：第一章緒論，旨在說明當前的研究概況、研究方法與限制，並界定汴河在文獻上的意義。第二章研究汴河的規模、設施，以及維護管理制度的設計。第三章闡明汴河的管理機關及其沿革。第四章檢討北宋中期以前汴河的利用政策與管理問題，指出汴河引黃河為水源基礎，是一切問題的根源，宋廷以此確定漕運實施轉般法，容許衍生的問題，視汴河相關缺失所導致的成本耗費問題為漕運的成本之一。第五章探索神宗時期汴河利用政策，此期除開發附加

價值、降低對汴河的依賴外，更加強改善汴河的條件，由固定汴口、不閉汴口，到實施導洛通汴工程的決策過程，以及相關課利事業的規劃。第六章分析哲宗朝宣仁太后垂簾聽政，重新檢討汴河利用政策，進而發現導洛通汴工程造成黃河中游易於泛濫，以及京師的河防壓力，決意廢罷清汴。迨至哲宗親政，始再度恢復清汴的規模，回歸神宗朝清汴工程的初衷。第七章探討徽宗朝在清汴工程的成就下，使綱運轉般法已非單一選項，又代發耀本已遭挪用，遂改變漕運為直達法，進而衍生國用不足的問題。其後花石綱加入汴河的運輸行列造成汴河的額外負擔，致使汴河的漕運功能受到更大的干擾。欽宗即位之後，改採直達與轉般並行的漕運法，未及產生實效，而國家旋亡。第八章除綜合各章要點外，並就個人看法予以評論。

## 目　次

# 第二二冊　史浩研究──兼論南宋孝宗朝政局及學術

## 作者簡介

蔣義斌，祖籍山東招遠，民國 41 年出生於南投草屯。民國 73 年獲得中國文化大學史研所博士學位，民國 77-78 年至美國哈佛大學作博士後訪問研究。曾任教於中國文化大學史學系，現任職於臺北大學歷史學系。學術著作多集中於中國史學史、宋代思想史以及儒佛關係史等領域，著有《宋代儒釋調和論及排佛論之演進》（臺灣商務印書館出版）、《宋儒與佛教》（東大圖書公司出版）等專書，以及多篇相關專文。

本書係作者之碩士論文（宋晞教授指導），旨在藉史浩研究，略窺南宋孝宗朝政局與學術之大要。

## 提　要

四明史氏於南宋政界，具有不可輕忽之勢；而史氏一門學術，亦頗有可觀之處。史氏崛起於南宋政壇，當首推史浩，史浩於孝宗朝兩度爲相，孝宗朝大事，幾皆經歷。宋儒眞德秀稱史浩「護公道如命脈」、「所薦進皆海內第一流」。孝宗乾、淳之際，諸儒義理講求益精，史浩推獎諸儒於朝，不遺餘力，清儒全祖望稱史浩「有昌明理學之功，實爲南宋培國脈」；而史氏一門之宗主象山，亦有因於史浩者。本書旨在藉史浩研究，以瞭解孝宗朝政局與學術之梗概。

本書計分九章，其要點如次：

第一章：〈緒論〉。闡述明州史氏於南宋之重要性，與本書研究主旨、研究範圍，以及史料之抉擇。

第二章：〈史浩之家世與其早年生平〉。敘述史浩之家世，及史浩之早年生平。

第三章：〈史浩與南宋孝宗之即位〉。敘述孝宗以太祖後裔入宮，幾三十年始嗣爲皇子，與其後高宗禪位孝宗之經過，以及史浩任王府官，調護高宗父子等情事。

第四章：〈史浩初相與薦、阻張浚考實〉。史浩初相時，因不主出兵，頗遭非議，爾後敘史者，亦多著墨於史浩、張浚之異議，而忽略史浩曾薦舉張浚一

事，本章旨在對史浩薦浚及阻浚之相關史料，予以檢考。

第五章：〈史浩與孝宗朝諸臣和戰之爭〉。史浩既相孝宗於初立之際，力主持重固邊，緩圖進取。然此一態度與主戰之張浚相左，而史浩於符離戰役前罷相。本章旨在分析張、史之異議，及太上皇高宗對金態度，與其對和戰之影響力。

第六章：〈史浩晚年與孝宗朝政局〉。史浩於初罷相後十餘年復任右相，唯史浩兩次居相均不久其位。本章對孝宗之不久相，與孝宗之任用近臣，有所討論。除此之外，並略述史浩任地方官之治績。史浩歸里薦士一事，頗爲士林所稱譽，本章亦有論述。

第七章：〈孝宗朝學術背景及孝宗、史浩與釋氏之交往〉。孝宗乾、淳之際，義理之學講求益精，唯諸儒對佛學多有所涉及，孝宗、史浩與釋氏大德亦時有交往，本章對此皆有論述。

第八章：〈史浩之交遊與學術〉。史浩雖對佛學有所得，然實歸本於儒。史浩晚年與象山學派交往益切，其子弟亦多受學於象山門人。本章除論述史浩與象山學派諸儒之交往外，並論述史浩之學術著作。

第九章：〈結論〉。

## 目　次

# 第二三冊　早期蒙古游牧社會的結構——成吉思可汗前後時期的蒙古

## 作者簡介

　　王明蓀，祖籍湖北當陽，於 1947 年在安徽蚌埠出生，成長於台灣。1970年畢業於中國文化大學史學系，1975 年獲政治大學法學碩士，1983 年獲教育部國家文學博士。曾任教於淡江、中興、佛光大學，現任中國文化大學史學系所教授。教學及研究範圍主要在於宋遼金元史、史學與思想史、社會文化史、北方民族史等。出版專書有《元代的士人與政治》、《蒙古民族史略》、《中國民族與北疆史論・漢晉篇》、《王安石》、《宋遼金元史》、《遼金元史論文稿》、《宋史論文稿》、《遼金元史學與思想論稿》等十餘種，學術論文八十餘篇；並有關於台灣社區營造、文化資源等文史研究數種。

## 提　要

　　本書共分為五章，第一章為緒論，敘述論題的研究動機、研究方法、寫作的構想、論文架構等。第二章是討論蒙古社會的結構主體氏族制度，分別討論氏族系統、形態及其組織、角色功能與封建關係等。第三章是論述社會制度與社會活動的概況，從婚姻制度、經濟觀念、政軍制度、宗教信仰等方面來觀察。第四章是對社會的價值系統、人格構成、社會階層結構等方面加以討論，同時再論世選制度以補前章的氏族長及治政權力結構。第五章則為本書之結論，旨在提出蒙古早期保留較本土性的制度與觀念及其社會狀況。

## 目　次

自　序

# 第二四冊　明代官員丁憂與奪情之研究

## 作者簡介

　　駱芬美。1956 年出生，雲林縣土庫鎮。輔仁大學歷史學士、中國文化大學史學碩士。碩士論文「三楊與明初之政治」（1982）（指導老師：程光裕教授）中國文化大學史學博士。博士論文「明代官員丁憂與奪情之研究」（1997）（指導老師：王家儉教授）。

　　曾在世新、輔大、海洋、實踐、台科大、護理學院、空大等校兼課。

　　目前專職銘傳大學通識教育中心副教授。

　　因長期擔任通識課程，遂涉及「台灣史」、「中國史」、「兩岸關係」與「世界史」的教學領域。「影視史學」、「田野與口述歷史」則是近年歷史教學較多採用的模式，亦為近年研究的方向與興趣。

## 提　要

「丁憂」者，古代中國人居父或母喪之謂也。依據傳統禮儀，父母死亡，子女例應居家守喪三年，以盡孝道。而在朝爲官者，亦須辭官歸鄉守制二十七月，謂之丁憂守制。但若身居朝廷要職，事務紛繁，一旦長期離職，對於國事影響甚大，朝廷亦每不令其去職，勉其化私爲公，是謂之「奪情」；又或有人，丁憂離職，服未滿，朝廷基於公務所需而召出任職者，則名之爲「起復」。二者統稱爲「奪情起復」。

丁憂守制源於中國人的「送死勝於養生」的孝道思想。其制起源甚早，大抵三代的夏商周時期已經萌芽。其後歷經演變，至唐朝（618-902）始成爲政府的禮制，迨至明朝（1368-1644），則更趨於完備。

本文之作，擬以明代丁憂守制之推展爲綱，所歷各朝丁憂守制之變遷爲緯，藉以探討有明一代該制實施的概況，以及由此所引發的各種當代政治問題和社會現象。由於前輩學人對於此一問題研究甚少，本文尚屬闢荒之作，疏漏缺失之處在所難免，尚懇學界先進多所指正。

全文計分陸章，茲將扼其要點略述如下：

第壹章　前言。闡明本論文研究旨趣、動機、研究方法。

第貳章　官員丁憂制度之由來及演進。分述丁憂制度的理論來源（孝道與禮制）、歷代丁憂制度的演進。

第參、肆章　明代官員丁憂制度之建立。分述明太祖制定守制的意義、守制政令的頒布與調整、守制離職的規定、守制中的待遇、守制官員的活動、守制官員的服闋與復職。

第伍章　明代官員奉行丁憂之情形。分就洪武至宣德時期、正統至成化時期、弘治至萬曆時期等三個時期論述之。

第陸章　丁憂制度的權宜措施。分述歷代奪情的大概，與明代奪情的情形。

第柒章　丁憂制度下之政潮。分述明代言官的風氣、成化朝首輔李賢的奪情事件、萬曆朝首輔張居正奪情引起的政爭。

第捌章　結論。總論本文之研究心得。

## 目　次

# 第二五冊　洪武佛教發展之研究——以政策、寺院、僧侶為中心

## 作者簡介

釋見曄（王秀花）。國立中正大學史學博士。目前是亞洲大學通識教育中心副教授。曾從事「明代佛教史研究」、「台灣佛教史研究」。目前致力於「佛教思想與現代心理治療對話之研究」。

曾出版的專書有《晚明佛教發展之研究——以晚明四大師為中心》（法鼓出版，2007，台北）、《走過台灣佛教轉型期的比丘尼——釋天乙》（中天出版社，1999，台北）。

## 提　要

清末民初佛教常被譏為「死人佛教」、「經懺佛教」、「山林佛教」，此現象實有歷史脈絡可循。基於種種蛛絲馬跡，假定洪武時期佛教之發展，頗具關鍵性。故本文旨在討論洪武時期佛教之發展，與後來明、清及現代佛教之關係。

本文試從三方面介入，首先著眼外在環境「太祖的佛教政策」之探討，次由內在因素「僧侶活動」切入，最後再以南直隸寺院為例，究明此時佛教回應洪武哪些佛教政策，及與「山林佛教」、「經懺佛教」、「死人佛教」之關係。

洪武佛教政策以「隔離」為其特色，與民眾接觸大多是執行經懺禮儀的「教僧」，不是行持的「禪僧」或有教理的「講僧」。故與明清以後，世人對佛教的看法不外是僧徒避世修行，或以經懺為業之印象，相謀和。也呼應了「太祖強調僧人當在靜處、不出戶牖，不言僧侶要大力參與社會」的政策。

此期佛教寺院、僧侶未積極投入社會事務，反是積極走向方外山林世界。又，遠離知識，佛教義理難以創新、再詮釋，以回應時代需要；亦不能扮演知識的傳播者，帶動社會思潮的領導者。又，遠離社會大眾，難以回應眾生的苦難，提供眾生之需求，故也難以得到社會的認同與支持。

　　基本上，此期佛教不重思辯、難以創新，重禪修、輕教理，遠離知識和社會大眾。或可言，此時寺院發展、僧侶學佛的傾向和洪武佛教政策相呼應，已種下日後明清佛教被評為「山林佛教」、「經懺佛教」、「死人佛教」的因子。

## 目　次

# 第二六冊　明臣仕清及對清初建國的影響

## 作者簡介

　　唐啓華，1955 年出生於台灣基隆，1977 年東海大學歷史系畢業，1982 年東海大學歷史研究所碩士班畢業，任高雄工專講師四年，1986-1991 年在英國倫敦政經學院國際關係史系深造，研究中英關係史，獲博士學位。回國後歷任

中興大學歷史系副教授、教授，政治大學歷史系教授、特聘教授。並曾任政治大學歷史系主任、中國近代史學會理事長等職。專攻領域為近代中國外交史，著有《北京政府與國際聯盟（1919-1928）》、《中華民國外交史（初稿）》（部分章節）等專書，及論文數十篇。現正致力於北洋外交研究。

## 提 要

　　本書探討明清易代之際，北京官僚組織之表現。第一編探討明臣在 1644 年歷經明、順、清三朝之代興，又面臨順、清與南明三個政權間的抉擇，飽受身心煎熬之後，最後大多入仕清朝，從亡國之臣到開國佐命之臣的歷程。指出李自成入主北京後，對明臣拷掠誅戮，使明臣對順朝失望，並影響到吳三桂的抉擇，不能擴大統治基礎，是李自成失敗的原因之一。南明囿於黨爭也排斥明臣，他們別無選擇只有死心塌地與清朝合作。清朝利用李自成攻陷北京崇禎自殺的機會，以弔民伐罪仁義之師的姿態入關，對明臣採寬大收用政策，得以將八旗武力與官僚組織結合。

　　第二編探討仕清明臣對清朝一統天下成功治漢之助益。仕清明臣雖因名節不全，被視為「貳臣」或漢奸，在歷史中常遭唾棄，但是他們在順治初年對清朝建國產生了很大的影響。本書分：幫助清朝消滅反對力量，順利統一中國；建立與運作統治中國所必須的龐大行政組織；以及作為傳統中國統治方式與邊疆少數民族的媒介，幫助清朝統治漢人等三方面論述之。本書最後指出，邊疆少數民族入主中原時，與前朝的官僚組織結合的成功與否，往往是一個關鍵因素，清朝是一個成功的例子。

## 目 次

# 清代前期湖北的人口、商業化與農業經濟變遷

## 作者簡介

謝美娥，現任國立成功大學歷史系助理教授。專長為清代經濟史、清代臺灣經濟史，近年研究主要以清代米價史為主，著有《清代臺灣米價研究》一書。

## 提　要

清代農業的成長模式為由人口增長引起移民墾殖、擴充農作區，進而促進區域之間的貿易，增進商品交流，形成總產出的增加，稱為「廣泛性成長」（Extensive Growth）。可知，人口、商業化是清代經濟發展的主要動力。本書

以湖北爲個案，探討這兩種動力如何影響其農業經濟發展。

　　本書認爲，以十八世紀中期爲界，湖北農業經濟歷經兩個階段，主要是糧食供需地位的轉變及農業商業化愈趨明顯。第一階段，當人口持續大量增加，以擴大糧食作物生產爲導向，增加糧食供給；但人口繼續增加，糧食有餘程度遞減；此時棉作生產尙未大幅擴張，部份粗級棉布能遠銷他省，品質較高的棉布仍相當倚賴輸入。第二階段，當人口仍然持續增加，擴張糧食作物生產已屬有限，糧食供給已顯不足；但因商業化更爲普遍，商業網脈較前深化，棉作生產逐漸大幅擴張，本地已能生產精品棉布，與原有的粗級棉布一同輸出，湖北棉布市場圈相對擴大。此中，湖北農業部門相應的變遷包括小麥及美洲新作物（玉米、洋芋）的推廣（平原土地利用的有效性及山區開發），一年兩穫多熟制愈爲深化（稻麥輪作制、稻與春花輪作制的普及）以及植棉與棉布的輸出擴張。直至清末，湖北農業經濟的發展完全沒有超出這一模式。

## 目　次

# 第二七冊　清代大運河鹽梟研究

## 作者簡介

　　徐安琨，1959 年 1 月 15 日出生於台北市。1979 年至 1997 年間就讀於國立政治大學歷史學系，其間分別取得學士、碩士與博士學位。

　　1992 年任教於國立屏東科技大學通識教育中心，迄至目前，現職副教授。對中國底層社會群眾有濃厚興趣。

## 提　要

　　鹽務政策的僵化和失當，除了帶來人民生活上的不便，最大的弊病，不但成爲國家財政經濟的漏源，同時更是與清帝國命運相始終的大患——鹽梟的產生。

　　清中晚期後大運河的功能喪失，整個漕運停廢，造成大量水手失業，加上太平軍亂平定後多數營勇裁撤，流蕩於長江下游，與失業水手相激盪，相率投入鹽梟行列，壯大了鹽梟隊伍，更加深清政府財政困難。

　　總之，清代鹽梟的興起除主觀條件外，其間整個國家中晚期後陷於混亂失調的局面，更是促使鹽梟擴張的外緣助力。

## 目　次

# 第二八冊　信心行傳：中國內地會在華差傳探析（1865～1926）*The Acts in Faith: The Study of China Inland Mission and Its Missionary Endeavor in China from 1865 to 1926*

## 作者簡介

　　林美玫，美國德州大學奧斯丁分校（University of Texas at Austin, Austin, Texas, U.S.A.）歷史學博士，曾任教於國立中正大學歷史學系暨研究所（嘉義民雄），目前任教於國立東華大學歷史學系（花蓮壽豐）。多年投入基督宗教在華傳播史的研究，學術著作諸如《婦女與宗教：跨領域的視野》（與李玉珍合編）（2003）；《婦女與差傳：十九世紀美國聖公會女傳教士在華差傳研究》（2005）；《追尋差傳足跡：美國聖公會在華差傳探析（1835～1920）》（2006）；《禱恩述源：台灣學者基督宗教研究專書論文引得（1950～2005）》（2006）；以及其他美國聖公會在華差傳研究和台灣聖公會相關研究論文。個人簡歷獲得刊登於 Marquis *Who's Who in the World* （2006～2009），*2000 Outstanding Intellectuals of 21ˢᵗ Century* （2005～2008），*Asia/Pacific Who's Who* （2007～2009）等；目前擔任 *Journal of Anglican and Episcopal History* 的編輯委員（2008～2012）。

## 提　要

　　本書《信心行傳：中國內地會在華差傳探析（1865～1926）》是以十九世紀中後葉來華的英國籍基督新教傳教士戴德生個人早期在華的宗教傳播經歷，他本於個人差傳理念籌建中國內地會的經過，以及中國內地會從清季創立之後對中國內地所進行的教務拓展和傳教事業的建立，為探析主軸。此個

案研究是以戴德生個人決定投入中國差傳的預備期為研究始點，並以民國十五年（1926 年）中國內地會總主任何斯德致函申明退出中華全國基督教協進會為研究止點。中國內地會經過長達半個世紀以上在華傳教事業的拓植與差傳策略的摸索，決定不再寄望透過中華全國基督教協進會作為基督新教跨宗派為發展中國教會的聯合行動與努力的管道，而堅守戴德生所樹立內地會「純福音派」的差傳理念，繼續以內地會的傳教方法、差傳策略及宣教理念，繼續在華開拓傳教事業。

　　對十九世紀中後期到二十世紀前半葉基督新教在華的教會史而言，《信心行傳：中國內地會在華差傳探析（1865～1926）》是有其特殊意義的。戴德生個人早期在華進行宗教傳播的經驗，可視為延續自一八○七年基督新教入華傳播以來早期傳教士先驅者諸如英國倫敦會的馬禮遜、米憐、麥都思，美國公理會的裨治文、衛三畏，以及原屬荷蘭傳道會的郭實獵等，在清政府因中英鴉片戰爭戰敗簽訂南京條約（清道光二十二年，1842 年）前後的傳教方法和差傳模式，再經由戴德生從一八五四年到一八六○年間自己入華後在傳教活動中摸索合適的傳教策略，並逐漸形塑自己的差傳理念。戴德生面對清政府因天津條約（清咸豐八年，1858 年）和北京條約（清咸豐十年，1860 年）給予西方基督宗教（包括天主教和基督新教）傳教士享有護教權和居住條約口岸的傳教新契機時，返回英國，籌建以他個人差傳理念 —— 以基要主義為本的純福音派 —— 的新傳教團體。由戴德生領導的中國內地會的差傳模式，經由內地會的籌建時期（1860～1865）、初創時期（1866～1874）、茁壯時期（1875～1890）、和轉型時期（1891～1926），在在顯示該傳教團體以及其所屬的外國傳教士和中國教牧團隊在中國境內，包括浙江、江蘇、安徽、江西、山西、雲南、陝西、甘肅、貴州、廣西、四川、湖南、河南、山東、直隸（今「河北」）、新疆等十六省，並開始延伸到福建省以及東北和西藏地區，逐步開展內地會的傳教事業。隨著教會工作的開展，傳教士足跡範圍也相對擴大，中國教牧和教理助手的工作也逐漸加強及受到重視。戴德生和以他的差傳理念所發展純福音派傳教團體的差傳策略，是完全憑信心來籌措內地會經費。有鑑於此，內地會屬於「信心差會」，有別於其他基督新教所支持的「宗派差會」。由戴德生所領導的內地會，為了能將基督宗教廣傳於中國各地，要求所屬傳教士均身穿華服、學習華語來從事各項教務工作。內地會所屬傳教士和中國教牧團隊也同樣憑信心在華生活及管理內地會所屬的

中國教會。不論是外國傳教士或中國教牧和信徒，都如同《新約聖經》〈使徒行傳〉裡的初代教會教牧和信徒般，努力高舉「純福音派」差傳理念在中國建立教會。鑑於戴德生與內地會的以基要主義爲本的差傳理念，使得內地會在拓展其教域的同時，也主動協助中國教會的自立、自傳與自養。因此，內地會的教務開拓可視作教會本色化的前期工程。由外國傳教士將基督宗教傳給中國人民，再由中國信徒（基督徒）在教會自傳與自養上操練。由此可見，中國內地會的個案研究不但凸顯純福音派傳教團體在教務推展上的差傳力道，同時也隱含此種差傳理念和傳教策略與中國教會的自立、自傳和自養之間的利基與限度，更反應基督新教傳教團體在十九、二十世紀之交是如何適應近現代中國在政治、經濟和社會變遷下的教務拓展形貌。

全書共計六章，分別是第一章緒論、第二章戴德生早年事蹟及中國內地會之籌建、第三章初創時期的中國內地會、第四章茁壯時期的中國內地會、第五章轉型時期的中國內地會、以及第六章結論。全書的主要資料來自中華福音神學院圖書館及該神學院的中國教會史研究中心，以及中央研究院近代史研究所的郭廷以圖書館。書後除參考書目之外附有十個附錄，包括內地會中國助手中文譯名對照表、內地會傳教士名錄中英對照表、內地會佈道所開拓時間表、內地會經費收入一覽表、基督新教來華傳教團體代號與名稱對照表，以及一八六九年、一八八六年、一八九八年、一九〇五年總計四個基督新教在華各傳教團體的事業發展表，最後再以一九二一年中國內地會在中國十六省的教務實力表來展現內地會在基督新教在華傳播史上各重要階段的傳教實力和教務實貌。

總結的說，本書《信心行傳：中國內地會在華差傳探析（1865～1926）》是以筆者當年在政治大學歷史學研究所的碩士論文〈中國內地會之研究（1865～1926）〉爲本，做了一些必要的文字潤釋和資料補充而成。但，對於晚近基督宗教（尤其是基督新教）在華差傳研究，尤其是教會中國化、本色化、和處境化的課題方面，十九、二十世紀之交中國內地會在華差傳個案仍是一個不可忽略的起始。全書各章所展現的內地會教務拓展實貌，也將成爲筆者日後進一步探析教會本色化（廣義的）的本質與新意的基礎。中國內地會差傳探析所展現內地會各階段的教務拓展實貌，深信將有助於提升基督宗教入華史、差傳學、宗教與文化（特指教案而言）、近現代中國等研究領域的內涵與層次。

# 目　次

# 第二九冊　翁同龢與晚清政局

## 作者簡介

　　賴盟騏，1959 年生於雲林斗六，輔仁大學歷史系，東海大學歷史研究所碩士，中國文化大學史學研究所博士。曾任文藻外語學院兼任講師、國立空中大學高雄中心面授教師。現任國立高雄應用科技大學通識教育中心講師。

　　著有《八卦山的故事》（1996）；〈明代的武學與武舉制度〉（2004.5），〈四十年來彰化地方研究的回顧——以博碩士論文為中心（1959～2004）〉（2005.5），〈戰後彰化地方派系的起源與組織結構〉（2009.5）。

## 提　要

　　翁同龢之一生涵蓋了早期中國現代化的努力過程，翁氏是根深蒂固的儒家傳統培養出來的人物，他是典型的理學家，忠君愛國，維護傳統制度與文化。他曾兩度出任帝師，歷任戶部尚書，協辦大學士，入值軍機處、總理衙門，尤其是甲午至戊戌維新之間，更是政治上的核心人物。

　　從翁同龢與時人的關係中，可明瞭晚清官場上的派系紛爭，及翁氏的道德信念、政治原則。為了政治前途及利益，翁氏調整其對人的看法與態度。由翁氏在晚清政治，外交事件中所扮演的角色，可知翁同龢是依存於中國傳統，具

憂患意識的典型士大夫；贊同合理溫和的改革，不同意全面推翻現行制度。翁希望在傳統的基礎上引入西方科技、革新政治；但同時又想使帝國的思想制度維持不變。因此，援引康有為，其目的在使自己能主導改革運動的推行。

然而，康有為的變法理論對光緒二十四年的歷史環境而言太過激進，對皇朝傳統的全面攻擊引起大部份士大夫的恐懼與怨恨，不但「保守派」反對，即「溫和派」亦不表贊同。故翁氏從最初的贊同變法轉而扮演了變法運動反對者之角色，當全面改革思潮瀰漫時，翁亦不容於晚清政治舞台。雖然如此，但百日維新終於還是以悲劇收場。但戊戌政變並未中止溫和改革的趨勢，庚子以後的發展，更顯示出其已獲得思想上之支持。

## 目　次

# 清季東三省路權的開放與美國的投資（1905～1911）

## 作者簡介

　　張守真於 1947 年生，台灣嘉義市人。台灣師大歷史系、東海大學歷史研究所、美國東伊利諾州立大學歷史研究所（交換計畫）。先後任教於虎尾女子高中、陸軍第二士校；中台醫專、東海大學、逢甲學院、高雄醫學院、高雄師大，現於文藻外語學院國際事業暨文化交流研究所任教授。

## 提　要

　　世人言中國東三省，每指為「亞洲之火藥庫」或「東方的巴爾幹」，蓋近代亞洲問題的重心在遠東，而遠東問題的焦點，則在東三省。東三省不僅關繫中國的安危，亦為世界和平與戰爭的樞紐。自清季以來，日俄兩強鄰對東三省時存覬覦之心，民國成立，東三省更為中日兩國盛衰存亡之所寄，足見其地位之重要。

　　日俄戰爭（1904～1905）期間，中國於日俄兩國對東三省的野心，已知所警惕，日俄戰後，東三省實際已成日俄對峙，分疆割據的禁臠，清廷因有將東三省改制之舉，更積極經營東三省，採行開放政策，尤著重於路權的開放，引進歐美勢力，以抵制日俄的侵略；此時美國正亦向遠東力謀發展，清廷官員乃與美國交相結納，因此清季東三省鐵路開放的各項計劃，實始終脫離不開美國勢力的支持和推動。本文即敘述此期中美聯合在東三省抵制日俄入侵勢力之種種情形。

　　晚近中西學人研究東三省問題者甚多，著述林林總總。然其中能真正廣泛徵引中國史料者，實屬罕見。東三省問題本屬多方面的問題，中日俄三方史料，

倘缺一不用，事實真相，即難窺其全貌。筆者作此論文，其主要動機，則在針對此種缺失，廣泛徵引中國史料，以補片面引用資料之偏頗，此外並徵引日本方面史料，至於俄國史料，則全引用中譯本。由於時間迫促，筆者能瀏覽之英文資料頗不週全，故較多自英文著作轉述之處。尤以本文第六章，資料難求，只能「有多少材料，說多少話」，此為筆者在撰寫本文期間，所遭遇之最大困難。

　　本文撰寫期間，承蒙呂師士朋悉心指導，從擬定大綱，搜集資料，以至完成全文，皆教正有加；藍師孟博、楊師紹震之鼓勵指點，曾博文先生於日文資料之指導譯述；中研院近史所李毓樹先生、林明德先生之提供資料及寶貴意見。筆者衷心銘感，謹此特申感謝之忱。筆者才學疏陋，又初次撰寫論文，雖孜孜從事，遺漏訛誤之處，在所難免，尚祈師長先進不吝賜正。

## 目　次

# 第三十冊　清末自開商埠之研究（1898～1911）

## 作者簡介

　　張健俅。國立中正大學歷史系副教授。國立政治大學歷史系博士。中央研究院近代史研究所博士後研究。中央研究院台灣史研究所訪問學員。中華民國斐陶斐學會榮譽會員。中國近代史學會會員。

　　曾著有關於紅十字會、戰後台胞、租界史等近二十篇論文分別刊登於《中央研究院近代史研究所集刊》、《台灣史研究》、《近代史研究》等核心期刊，曾參與編纂《民國山東通志》、《深坑鄉志》、《中華民國紅十字會會史》、《嘉義縣志經濟志》、《七美鄉志》等，撰寫「台灣人文研究中心」計畫得教育部五年五百億專案補助。

## 提　要

　　自鴉片戰爭以來，開放通商口岸成為晚清政府應對外人要求通商的常見模式，由此亦引發外人在口岸租地及玉租界的流弊，直至光緒二十四年（1898）清廷始發展出自開商埠這種新的模式，也就是由清廷自行宣佈將某地開放通商，如此便可避免過去由約開口岸而來的弊端。自開商埠形成的背景有三：均勢思想、門戶開放思想、主權意識的提昇；此外苦干個案如寧波、蘇州、杭州等地也提供了例證。於是從光緒二十四年至清亡，共計開埠三十七處。自開商埠對近代中國的影響，至少有二：一在保守主權的前提下，自開商埠由中國主動加以經營，以自行管理地方行政事務、自行管理治安、自行徵稅、限制外人

居住租賃等作法，矯正以往租界的弊病；其次自開商埠由於由中國自辦，使得中國朝野不再以過去對待約開口岸的派外心態與作法，加諸其上，於是商埠及其所代表的西方經營方式、制度，得以擴大其影響力，更可以較為順利的為中國社會所吸收，從而有利於中國現代化的過程。

## 目　次

表　次

圖　次

附　錄

# 先秦兩漢的擇居文化與風水術之形成

江達智　著

作者簡介

江達智，男，廣東蕉嶺人，1964 年生於台灣高雄縣。大學、碩士班分別畢業於國立臺灣大學歷
史學系、國立成功大學歷史語言研究所。2003 年，獲國立臺灣師範大學歷史學系博士學位。目
前擔任國立成功大學歷史學系助理教授，專長為中國上古史、中國古代生命禮俗史、中國道教
史。

提　要

　　風水術形成於戰國、秦漢時期，並且在日後流行極廣、影響極深。本文試由三方面，討論
風水術形成之因。首論先秦至兩漢時期之擇居文化，由此歸納先民的選址原則，以明當時人們
如何對居住地點進行選擇；次論都城的選址與佈局，經由「擇中立國」與「象天法地」的選址
與佈局原則之敘述，以明先秦至兩漢時期都城之規劃與營建對於後世的影響；三則藉由知識經
驗之積累、數術發展之影響與生態環境之破壞，論述風水術形成之原因。

　　經由以上三者之論述，瞭解到戰國、秦漢時期風水術之形成，除了累積人們對於都邑、居
址選擇與營造之經驗與重視外，尚與當時封建秩序解紐有關。由於政治、社會、經濟之變動
劇烈，人們對於未來充滿著未定感，故轉而祈求數術，以達趨吉避凶、逢凶化吉之目的，藉以
維繫個人、家族乃至國家之存續與發展。在此時代背景下，加以氣候變化、土地開發、大興土
木以及戰爭之破壞，造成生態環境嚴重之惡化，故而陰陽家創造出「風水術」，藉由人們畏天命、
敬鬼神、重禁忌之心理，以達到生態保護之目的。

# 目

# 次

# 第一章　緒　言

　　在中國傳統的建築文化中，有一個極爲顯著的特徵，舉凡各種建築活動，無論是都邑、村鎮、聚落、宮室、住宅、苑囿、陵墓，乃至於道路、橋樑等等，從選址、規劃、設計及營造，均受到風水理論之深刻影響。

　　中國古代之風水術究竟形成於何時？從《後漢書》中，我們可以尋獲許多東漢時期施行「風水術」之記載。例如，〈來歷傳〉載：

> 皇太子驚病不安，避幸安帝乳母野王君王聖舍。太子乳母王男、廚監邴吉等以爲聖舍新繕修，犯土禁，不可久御。

〈袁安傳〉云：

> 初，（袁）安父沒，母使安訪求葬地。道逢三書生，問安何之？安爲言其故。生乃指一處，云：「葬此地，當世爲上公。」須臾不見，安異之。於是遂葬其所占之地，故累世隆盛焉。

〈郭鎭傳〉亦載：

> 順帝時，廷尉河南吳雄季高，以明法律、斷獄平，起自孤宦，致位司徒。雄少時家貧，喪母，營人所不封土者，擇葬其中。喪事趣辦，不問時日。巫皆言當族滅，而雄不顧。及子訢、孫恭，三世廷尉，爲法名家。
>
> 初，肅宗時，司隸校尉下邳趙興亦不卹諱忌。每入官舍，輒更繕修館宇；移穿改築，故犯妖禁。而家人爵祿益用豐熾，官至潁川太守。

此外，東漢王充於《論衡》一書中，亦有所記載，其云：

> 俗有大諱四：一曰諱西益宅。西益宅謂之不祥，不祥必有死亡。相懼以此，故世莫敢西益。〔註1〕

---

〔註 1〕【東漢】王充著，黃暉校釋，《論衡校釋》（北京：中華書局，《新編諸子集成，

《圖宅術》曰：「宅有八術，以六甲之名，數而第之。第定名立，宮商殊別。宅有五音，姓有五聲，宅不宜其姓，姓與宅相賊，則疾病死亡、犯罪遇禍。」……《圖宅術》曰：「商家門不宜南向，徵家門不宜北向。」則商金，南方火也；徵火，北方水也。水勝火，火賊金，五行之氣不相得。故五姓之宅，門有宜嚮。嚮得其宜，富貴吉昌；嚮失其宜，貧賤衰耗。〔註2〕

《葬歷》曰：「葬避九空、地臽，及日之剛柔，月之奇耦。」日吉無害、剛柔相得、奇耦相應，乃爲吉良；不合此歷，轉爲凶惡。〔註3〕

從這些事例，我們大致可以肯定「風水術」在漢代確已形成，並且流行於皇室與民間。尤其是《漢書・藝文志》中，亦著錄了有關「風水術」的書籍，更加證明了此一觀點。〔註4〕

然而，傳世的文獻中對於漢代及其以前風水術之內容，除了《論衡》、《潛夫論》等書中有寥寥數語，我們一直無緣得知其眞實面貌。所幸，近年來由於考古工作的發掘，使得先前一些無法看到的資料，得以一一重現在世人的眼前。尤其是《楚帛書》，以及各地出土的戰國至秦漢時期之《日書》，便提供了相關的寶貴資料，可以看出「風水術」之形成可以上溯到戰國時期，並且當時就已經有了相當程度的發展。同時，也顯示出戰國時期，民間就已經非常重視居住環境的條件，對於居住環境的選擇有著相當成熟的理論背景。〔註5〕這些出土之文獻，當然無法與《漢書・藝文志》中所著錄的《宮宅地形》二十卷，以及《堪輿金匱》十四卷相比，但對於當時居室（其中亦包括墳墓）之形勢、格局、

---

第一輯》，1990 年 2 月，本文所引《論衡》之內容者，均依據此一版本），〈四諱篇〉，頁 968。

〔註 2〕 《論衡・詰術篇》，頁 1027～1038。

〔註 3〕 《論衡・譏日篇》，頁 989～990。

〔註 4〕 一般研究中國古代風水術者，均將《漢書・藝文志》數術類中「五行家」之《堪輿金匱》十四卷，以及「形法家」之《宮宅地形》二十卷列爲與風水術有關的書籍。但是細究《漢書・藝文志》之記載，可能與「風水術」有關之書籍，尚包括《國朝》七卷（屬「形法家」），至於「五行家」中之《泰一陰陽》、《四時五行經》、《陰陽五行時令》、《鍾律叢辰日苑》、《天一》、《泰一》等書，其中亦可能含有風水術之內容。此外王充於《論衡》中亦提到了《圖宅術》、《葬歷》、《堪輿曆》以及所謂的「工伎之書」等書籍。可見當時應該已出現了許多與風水術相關之書籍。

〔註 5〕 許信昌，《秦簡日書數術的探討》，台北：國立臺灣大學歷史研究所碩士論文（1993 年 6 月），頁 106。

方位、門的位置、道路、內部設施，以及營建時日等，均有吉凶宜忌之規定，畢竟記載了當時風水術的一些最基本的知識與內容。因此，這些出土文獻對研究中國古代風水史，自是具有相當重要之意義。

趨吉避凶是人們普遍共同之心理，因此，長久以來，作為中國傳統文化中的風水術，不僅上自帝王，下迄百姓，對之如癡如狂，深信不疑；就是具有文化素養的文人學士，也都趨之若鶩，對於風水術懷著極大的興趣。由於有著這樣龐大的社會基礎，所以自漢代以後，反映到史籍之記載，也就屢見不鮮了。

風水術又稱「堪輿」、「形法」、「相宅」、「陰陽」、「地理」、「青囊術」或「青鳥術」等。真正與本文所討論時間斷限之風水術有關者，則有「堪輿」、「形法」以及「青鳥術」等名稱。

「堪輿」一詞始見於漢代，在漢代文獻中「堪輿」出現之時間按先後秩序，大概有以下幾則。西漢劉安在其編著之《淮南子‧天文訓》中云：

> 堪輿徐行，雄以音知雌，故為奇辰。

褚少孫補的《史記‧日者列傳》中，各種占家之內有「堪輿家」一派。〔註6〕揚雄著〈甘泉賦〉有云：

> 屬堪輿以壁壘兮，梢夔魖而抶獝狂。〔註7〕

東漢王充於《論衡》一書中，有《堪輿曆》之記載；〔註8〕班固《漢書‧藝文志》數術類中收有《堪輿金匱》十四卷；鄭玄注《周禮‧保章氏》時亦曾引《堪輿》一書；《後漢書‧循吏列傳‧王景傳》亦載：

> 初，景以為六經所載，皆有卜筮。作事舉止，質於蓍龜。而眾書錯
> 糅，吉凶相反，乃參紀眾家數術文書、冢宅禁忌、堪輿日相之屬，
> 適於事用者，集為《大衍玄基》云。

由以上記載可知，「堪輿」一詞在漢代是相當常見的。

「堪輿」之意義為何？唐代李善在註《文選》時引東漢許慎之說云：

---

〔註6〕《史記‧日者列傳》：「孝武帝時，聚會占家問之：『某日可取婦乎？』五行家曰：『可！』堪輿家曰：『不可！』建除家曰：『不吉！』叢辰家曰：『大凶！』歷家曰：『小凶！』天人家曰：『小吉！』太乙家曰：『大吉！』辯訟不決，以狀聞。制曰：『避諸死忌，以五行為主。』人取于五行者也。」

〔註7〕見《漢書‧揚雄傳》，頁3523。

〔註8〕《論衡‧譏日篇》：「《堪輿曆》曆上諸神非一，聖人不言，諸子不傳，殆無其實。」（頁996）

堪，天道；輿，地道也。〔註9〕

唐人顏師古注《漢書・揚雄傳》則云：

張晏曰：「堪輿，天地總名也。」孟康曰：「堪輿，神名，造《圖宅書》者。」

此外，清人段玉裁於《說文解字注》亦云：

堪，言地高處無不勝任也，所謂雄也；輿，言地下處無不居納也，所謂雌也。〔註10〕

清人朱駿聲《說文通訓定聲》則云：

蓋堪爲高處，輿爲下處，天高地下之義也。〔註11〕

歸納以上「堪輿」之說，大致有四種解釋，即天道地道、天高地下、地之高下與造《圖宅書》之神名。我們認爲，「堪輿家」爲《史記・日者列傳》眾多占家之一派，其形式大概類似於考古所發現的《日書》。在《日書》當中，除了有關宅第形勢、格局等吉凶外，它亦包含了天文曆算的知識。因此，「堪輿」即是講「天地之道」的。而《漢書》則把《堪輿金匱》一書歸於「五行家」之列，可見堪輿術主要是運用五行占法的，前引《論衡》所述《圖宅術》中即有相同之占法就是明證。這些均說明古人認爲堪輿是一門涉及天地萬物的學問。因古代風水術中有相當的內容與堪輿術有關，後來堪輿術便逐漸成爲風水術的代名詞。〔註12〕尤其是孟康指「堪輿」是造《圖宅書》之神名的說法，似乎即是風水術又稱爲堪輿術之根源。

「形法」一詞，則源自於《漢書》。《漢書・藝文志》稱數術類之「形法家」：

形法者，大舉九州之勢，以立城郭室舍，形人及六畜骨法之度數、器物之形容，以求其聲氣貴賤吉凶。

清人姚明煇釋云：

---

〔註9〕見【梁】蕭統編，【唐】李善註，《文選》（台北：正中書局，1971年10月臺初版，1985年3月第三次印刷），卷七，〈甘泉賦〉，頁94。《漢書・藝文志》中顏師古注，亦有相同之引述。

〔註10〕【漢】許慎撰，【清】段玉裁注，《說文解字注》（上海：上海古籍出版社，1988年2月第二版，1995年1月第七次印刷），十三篇下，〈土部〉，頁685。

〔註11〕【清】朱駿聲，《說文通訓定聲》（台北：藝文印書館，1966年7月），〈臨部第三〉，頁345。

〔註12〕程建軍、孔尚樸，《風水與建築》（南昌：江西科學技術出版社，1992年10月），頁1。

大舉九州之勢，以立城郭室舍，即相地、相宅形。〔註13〕

其中「形法家」內更著錄有二十卷的《宮宅地形》一書，與「五行家」之《堪輿金匱》十四卷，論者以爲均是「說風水方位」之書。〔註14〕因此，亦有將「風水術」稱之爲「形法」者。

「青烏術」的名稱，則源自於東漢應劭《風俗通義》中「漢有青烏子善數術」〔註15〕之記載。關於青烏子其人，《青烏先生葬經‧序》中有云：

> 先生漢時人，精地理陰陽之術，而史失其名。晉郭氏《葬經》引「經曰」爲徵者，即此是也。先生之言，簡而嚴，約而當，誠後世陰陽之祖也。郭氏引經不全在此書，其文字面不全，豈經年代久遠，脫落遺失與？亦未可得而知也。〔註16〕

現存之《青烏先生葬經》雖爲宋代以後之人所僞托，但從文獻來看，唐以前確實有過此書。例如晉代著名道教學者葛洪於《抱朴子內篇》中云：

> 相地理，則書青烏之書。〔註17〕

《世說新語‧術解篇》梁朝劉孝標注文中，也引用過《青烏子相冢書》的文字；〔註18〕唐初虞世南在《北堂書鈔》卷一四六中亦引用過《青烏子葬書》之文；〔註19〕新舊《唐書》中亦著錄有《青烏子》三卷。〔註20〕可見，《青烏子葬書》（或稱相冢書）至遲在魏晉時期即已出現。由於這位青烏子以《葬經》、

---

〔註13〕引自施之勉，《漢書集釋》（台北：三民書局，2003年2月），〈藝文志第十〉，頁4678。

〔註14〕日人瀧川龜太郎云：「《史記‧日者列傳》褚先生補，引堪輿家言；《漢書‧藝文志》有《堪輿金匱》十四卷、《宮宅地形》二十卷，亦說風水方位者，其書今亡。」見《史記會注考證》（台北：大安出版社，2000年12月第一版第二刷），頁904。

〔註15〕【漢】應劭撰，王利器注，《風俗通義校注》（台北：漢京文化，1983年9月），〈佚文〉，頁524。

〔註16〕引自【清】陳夢雷編纂，蔣廷錫校訂，《古今圖書集成》（中華書局‧巴蜀書社，1985年10月），第六百五十五卷，頁57966。

〔註17〕【東晉】葛洪撰，王明校釋，《抱朴子內篇校釋》（北京：中華書局，1985年3月第二版，1988年7月第三次印刷），卷十三，〈極言〉，頁241。

〔註18〕【南朝宋】劉義慶撰，【梁】劉孝標注，《世說新語‧術解》劉孝標注云：「《青烏子相冢書》曰：『葬龍之角，暴富貴，後當滅門。』」

〔註19〕【唐】虞世南撰，《北堂書鈔》，卷一百四十六，〈鮓〉：「《青烏子葬書》云：『初掘塚之日，常以飯鮓上土公四旁。』」

〔註20〕【後晉】劉昫撰，《舊唐書》，卷四十七，〈經籍志〉；【宋】歐陽修、宋祁撰，《新唐書》，卷五十九，〈藝文志〉。

葬法享有盛名，以致於後世又稱風水術爲青烏術。

以上所述「堪輿」、「形法」、「青烏術」等名稱，「青烏術」只論述葬法，屬後世風水術之陰宅部分；「堪輿」、「形法」，則如《欽定四庫全書總目》所言：

> 案：相宅、相墓，自稱「堪輿家」。考《漢志》有《堪輿金匱》十四卷，列於五行。顏師古注引許愼曰：「堪，天道；輿，地道。」其文不甚明。而《史記・日者列傳》有武帝聚會占家問某日可娶婦否？堪輿家言「不可」之文。《隋志》則作「堪餘」，亦皆日辰之書。則堪輿，占家也。又自稱曰「形家」。考《漢志》有《宮宅地形》二十卷，列於形法，其名稍近。然形法所列，兼相人、相物，則非相宅、相地之專名，亦屬假借。〔註21〕

此外，清代錢大昕《恆言論》亦云：

> 古堪輿家即今選擇家，近世乃以宅相圖墓者當之。〔註22〕

我們認爲：「堪輿」、「形法」分別源自於古代之選擇術與相術，其中部分之內容確實有牽涉風水術者，並且發展爲後世風水術之理氣派與形勢派（詳情見於第四章第二節之內容）。因此，「堪輿」、「形法」、「青烏術」等名稱，實際上僅爲當時風水術之部分，並非全貌，均無法完全適用於稱呼當時的風水術。

本文所用的「風水」一詞，最早見於托名爲晉代郭璞所著的《葬書》之中。《葬書》云：

> 葬者，乘生氣也。……《經》曰：「氣乘風則散，界水則止。」古人聚之使不散，行之使有止，故謂之「風水」。〔註23〕

意思是指一處葬地吉穴，必須要能藏風，又有水以界氣，這樣才能達到「葬者乘生氣」的目的，這是「風水」的原始本義。因此，它的範圍也是屬於陰宅的部分。而且，歷來用「風水」命名的風水術之著作較爲少見，僅有元代朱震亨的《風水問答》及清代袁培松的《風水本義》等寥寥數本。因此用以稱呼本文所討論之內容，亦不甚洽當。然而，在沒有適當的名稱之下，只好以此一普遍爲社會大眾所熟知的名詞來稱呼。

---

〔註21〕 【清】永瑢等奉敕纂，《欽定四庫全書總目・子部》（台北：臺灣商務印書館，1983 年 10 月），卷一百九，頁 351。

〔註22〕 【清】錢大昕纂，《恆言錄》（台北：臺灣商務印書館，王雲五主編，《叢書集成簡編》，1965 年 12 月臺一版），卷六，頁 149。

〔註23〕 【舊題晉】郭璞撰，《葬書》，收錄於【清】紀昀等總纂，《景印文淵閣四庫全書，第八○八冊》（台北：臺灣商務印書館，1983 年 10 月），〈內篇〉，頁 12～14。

　　至於「風水術」之義涵爲何？詹鄞鑫對於風水術有著以下簡要之定義，
其云：

> 所謂風水，是相地術的一個俗稱。按照中國的傳統習俗，大凡興工
> 動土，都要察看地形環境，看它是否得風得水，然後擇宜土、避凶
> 地。〔註24〕

此外，國外許多學者對於風水術內涵之論述，亦可作爲參考。例如，英國中
國科技史學者李約瑟（Joseph Needham）曾云：

> （堪輿術）在中國，是指「使活人的房屋與死者的墳墓與當地的宇
> 宙氣息取得互應與和諧的藝術。」所謂「風」與「水」的科學（風
> 水）並不是僅指日常所見之風，而是地脈中循環流通的「氣」或「靈」；
> 水也不僅指可見的河川，而且包括視線以外來來往往的礦產。如同
> 「氣」一樣，它們對於居住在房屋內的家庭或家族，以及安葬於墓
> 中者的後代，會有善或惡的影響。〔註25〕

而韓國學者尹弘基更提出了中國風水術建立的三個前提：一、某個地點比其他
地點更有利於建造宅第或墳墓；二、吉祥地點只能按照風水的原則通過對這個
地點的考察而獲得；三、一旦獲得和佔有了這個地點，生活在這個地點的人或
埋葬在這個地點的祖先的子孫後代，都會受到這個地點的吉祥影響。〔註26〕

　　由於「風水術」的起源與中國古代擇日、星占等天文占術有著密切的關係，
而它又立足於命運觀，其目的是想要將人生託附於天地之間，以祈獲得幸福，
因此常爲人們視爲迷信、不科學。王煒、陳麗芳即認爲：

> （風水）是舊中國的一種迷信，認爲住宅基地或墳地周圍的風向、
> 水流等形勢，能招致住者或葬者一家的禍福。〔註27〕

然而，隨著風水研究的逐漸受到重視，對於風水之定義亦逐漸有正面解釋之

---

〔註24〕詹鄞鑫，〈古代相地術〉，《文史知識》1988 年第三期，頁 51。

〔註25〕Joseph Needham, *"Science and Civilization in China", Vol. IV: 1, p.239*（台北：新
　　　月圖書公司，1969 年）。譯文部分可參考李約瑟著，陳立夫主譯，吳大猷、李
　　　熙謀、張俊彥譯述，《中國之科學與文明，第七冊》（台北：臺灣商務印書館，
　　　1980 年 8 月三版），頁 394；范爲編譯，〈李約瑟論風水〉，收錄於王其亨主編，
　　　《風水理論研究》（天津：天津大學出版社，1992 年 8 月），頁 273。

〔註26〕尹弘基著，沙露茵譯，〈論中國古代風水的起源和發展〉，《自然科學史研究》
　　　第八卷第一期（1989 年），頁 86。

〔註27〕王煒、陳麗芳，《揭開風水之謎》（福州：福建科學技術出版社，1989 年 12
　　　月第一版，1992 年 1 月第四次印刷），頁 2。

趨勢。王其亨即認爲風水理論實際是地理學、氣象學、景觀學、生態學、城市建築學等等一種綜合的自然科學。〔註 28〕尤其是在環境問題日益突顯的今天，中國古代風水術中關於人地和諧、尊重環境的思想在全球引起廣泛注意的同時，有的西方學者把風水術視爲一種「宇宙生態學」（Astro-ecology），肯定了風水概念中強調人與環境的關係哲學，認爲風水的擇居理論是以人地關係，甚至是人與宇宙關係爲基礎的。〔註 29〕

　　總而言之，人生活於天地之間，一時一刻均離不開其所生存的周遭環境。地理環境不是一成不變的，它有著許多的差異，其中有些環境適合於人們生活，有些則相對而言較爲險惡、危險。人們本能地會選擇、建設並創造適合自己生存的環境。然而，在民智未開的時代裡，先民相信冥冥之中有著神秘的力量左右著人們的吉凶禍福，風水思想便是在這種觀念下孕育而生的。因此，就風水術流傳及其影響的事實來看，它確實是屬於一門占驗預測人生吉凶禍福的數術；而且由於它迎合了人們普遍趨吉避凶的心理，亦成爲一種流傳廣泛的民俗。但是，抽去風水術中世俗價值的成份來看，它對於空間的評價與選擇，亦有著一定的合理性，不能全以迷信視之。

　　雖然對於風水術的評價，自古迄今，褒之者奉若神明，遵行不疑；貶之者視爲糟粕，等同於迷信。然而，作爲一種流傳數千年的文化現象、影響極爲廣泛的社會習俗而言，無論其是褒是貶，均是值得研究的一項課題。正如目前對風水術的研究在國外有愈來愈受到重視的趨勢，在日本、韓國、新加坡、馬來西亞、英國、美國等國家的一些大學中，都有不少學者從事相關之研究。只是分別以社會學、地理學、民俗學、環境學等不同角度來探討。但是有兩點則是相同的：一是通過對風水問題的研究，瞭解中國社會的歷史與現狀；二是通過對風水問題的研究，瞭解風水思想的內核與潛在價值。很少是爲了甄別風水術到底是「科學」還是「迷信」而去研究它。〔註 30〕因此，我們不必將風水術視爲迷信，進而完全忽略其存在之事實；此外，即如漢寶德所言：

---

〔註28〕 王其亨主編，《風水理論研究》（天津：天津大學出版社，1992 年 8 月），〈關於風水理論的探索與研究（代前言）〉，頁 3。

〔註29〕 俞孔堅，《理想景觀探源 —— 風水的文化意義》（北京：商務印書館，1998 年 12 月），頁 16。

〔註30〕 劉沛林，《理想家園 —— 風水環境觀的啓迪》（上海：上海三聯書店，2001 年 1 月），頁 3。

　　　自一套迷信或前科學的系統中找科學的原理，自不合邏輯的推理過

　　　程中找合理的原則，是需要很多羅織與附會的。〔註31〕

亦無需將風水術內容與科學劃上等號。例如，張惠民於其所著《中國風水應

用學》〔註32〕一書中，從電子微觀科學（微波）、生物細胞（遺傳密碼雙螺旋）、

天文、曆法、《河圖》、《洛書》、《易經》八卦、地理以及人體科學等相互之間

的聯繫入手，闡釋風水、符咒、氣的本質以及它們與現代科學原理的一致性。

雖然這是一種對於風水研究的新嘗試與新探索，但是就歷史學的角度而言，

仍應以風水術在不同歷史時期中的不同面貌與意義爲研究之重點。

　　就目前有關風水術的學術性研究而言，大多仍集中於風水理論、操作方

式以及風水術對東亞世界之影響等方面的探討；至於風水術在各個時期的不

同發展與意義，有關這方面的討論則仍嫌不足。尤其是在風水術形成原因的

探討上，目前則未見相關之研究。

　　「風水術」何以從先秦時期人們對於居處（包括都城、宮室、墓穴）之

選址與建造時日之選擇，逐漸走向術數的形態？其中的原因十分值得探究。

然而，有關「風水術」形成原因之探討，目前尚缺乏相關的研究。以中國大

陸學者而言，近年來由於對傳統文化研究的熱潮，出現了許多研究風水術的

專書。其中或有批判，或有肯定，但是大多僅止於討論風水術之操作內容、

理論及其流變，對於有關風水術形成原因之論述，則付之闕如。此外，專研

風水的韓國學者尹弘基，在其研究中國古代風水時認爲：黃土高原地區，也

就是綿延起伏的山丘和朝著黃河流去的河流附近，可能是中國古代風水的發

源地。〔註33〕尹氏之論點是否正確，在此先不予討論。然而，對於風水術形

成之原因，亦未見其加以探討。

　　筆者對於中國古代風水術何以形成之原因，一直有著極大的興趣，亦曾

根據《睡虎地秦墓竹簡・日書》之內容，著文論述過相關之課題。〔註34〕隨

著資料搜集之增加與進一步的解讀，對於此一課題有著更多的補充與修正。

---

〔註31〕漢寶德，〈風水──中國人的環境觀念架構〉，《國立臺灣大學建築與城鄉研
　　　　究學報》第二卷第一期（1983 年 6 月），頁 125。

〔註32〕張惠民，《中國風水應用學》（北京：人民中國出版社，1993 年 8 月第一版第
　　　　二次印刷）。

〔註33〕參見尹弘基著，沙露茵譯，〈論中國古代風水的起源和發展〉，《自然科學史研
　　　　究》第八卷第一期，頁 86。

〔註34〕江達智，〈由《睡虎地秦墓竹簡・日書》論中國古代風水術的形成〉，《國立成
　　　　功大學歷史學報》第二十三號（1997 年 12 月），頁 349～376。

因此，本文擬從三個方向進行討論：首論先秦至兩漢時期之擇居文化，並由此歸納出先民的選址原則，以明當時人們如何對居住地點進行選擇與風水術之淵源；次論都城的選址與佈局，經由「擇中立國」與「象天法地」的選址與佈局原則之敘述，以明先秦兩漢時期之都城規劃與營建，及其對於後世之影響；三則藉由知識經驗之積累、數術之發展與生態環境之破壞，論述風水術形成的原因。經由這三方面之論述，將先秦至兩漢時期，人們對於居址的地點與營建時日之選擇，如何由單純的擇居活動，逐漸形成「風水術」的過程加以探究，藉以尋繹出「風水術」之所以形成的原因。

# 第二章　相其陰陽，觀其流泉——居住地點的選擇

　　自古以來，居住在中國這片土地上的先民們，對於如何選擇一個良好的居住地點以營建都城、宅邑，乃至於修築墳塋，均視爲至關重要的大事來看待，它關係著人們是否能夠安居樂業。即如《宅經》所云：

> 夫宅者，乃是陰陽之樞紐，人倫之軌模。非夫博物明賢，未能悟斯道也。……凡人所居無不在宅，雖只大小不等，陰陽有殊，縱然客居一室之中，亦有善惡。大者大說，小者小論。犯者有災，鎮而禍止，猶藥病之效也。故宅者，人之本。人以宅爲家，居若安，即家代昌吉；若不安，即門族衰微。墳墓川岡，並同茲說。上之軍國，次及州郡縣邑，下之村坊署柵，乃至山居，但人所處，皆其例焉。〔註1〕

即可看出人們對宮室住宅、墳塋丘壟是如何地重視。

　　在「風水術」成爲一種專門的數術之前，居住於中國這片大地的先民們，實際上對於居住或是墓葬地點、營建時日的選擇，早已存在著一些方法和理論。這些都是人們在實際擇居活動的過程中，所逐漸累積得到的經驗。〔註2〕其中雖不含有後世「風水術」中的神秘色彩，但是不可否認的，它們對於「風水術」的形成，有著密切的關聯性。「風水術」的許多擇居原則，就是從這些經驗中演繹出來的。

　　因此，在探討中國古代風水術之形成前，對於新石器時代原始氏族部落

---

〔註1〕【舊題】黃帝撰，《宅經》，收錄於《四庫數術類叢書，六》（上海：上海古籍出版社，1991年2月第一版，1991年7月第三次印刷），〈序〉，頁2。

〔註2〕羅桂環、舒儉民，《中國歷史時期的人口變遷與環境保護》（北京：冶金工業出版社，1995年9月），頁1。

之選址，以及先秦至兩漢時期各種擇居活動與選址原則，實有必要事先略加敘述，以明「風水術」之淵源。

# 第一節　先秦兩漢的擇居文化

　　細究中國古代「風水術」的起源，我們可以發現早在新石器時代原始氏族部落對聚落地理位置的選擇上，即可看到風水觀念的影子；三代以降，各時期的「卜宅」、「相宅」、「卜葬」等活動，也都隱含著後世「風水術」的因素，而在後世風水術的著作中，也往往將這些擇居活動視爲風水術之施行。因此，在「風水術」正式形成爲一種專門的數術之前，有關注重選擇都邑、宅室、墓葬地點的觀念與思想早已產生。

## 一、新石器時代的擇居文化

　　從新石器時代原始氏族的遺址分佈之情況來看，先民在聚落選址的過程中，顯然是經由許多的嘗試，積累了豐富的適應環境的經驗，因此已經懂得如何趨利避害，以便能在自然界中生存下去。根據考古發現與研究，當時居民聚落點的選擇已有一定的傾向性。在順應自然、利用自然的情形下，先民選擇最有利的環境定居，故村落遺址多在大河支流的台地、丘陵上。無論是北方的裴李崗文化、仰韶文化、龍山文化，或是南方的河姆渡文化、良渚文化、屈家嶺文化，其地理雖異、氣候雖殊，但從黃河流域到長江流域的農村聚落都有一個共同現象，即均位在近水的高地：水則河流、湖泊，地則台地、丘陵。〔註3〕

　　以距今六、七千前的仰韶文化爲例，當時的氏族部落在選址上，均十分相似。例如分佈在關中地區的仰韶文化遺址，聚落大多建於河流兩旁的黃土台地上。據學者的綜合歸納，當時的居址有三種不同的地理類型：一是土丘式的遺址，以渭河以南較多，且多在河流中游的兩岸；二是發育較好的馬蘭階地上，多分佈在渭河北岸的黃土原地，一般高出河床 20～50 公尺；三爲距河床較遠的泉水附近之「泉源遺址」，以涇水沿岸較爲典型。〔註4〕尤其是河

---

〔註3〕 杜正勝，〈從村落到國家〉，收錄於氏者，《古代國家與社會》（台北：允晨文化，1992 年 10 月），頁 103～104。

〔註4〕 中國科學院考古研究所、陝西省西安半坡博物館編，《西安半坡 —— 原始氏族公社聚落遺址 ——》（北京：文物出版社，1963 年 9 月），頁 2。

流轉彎或是兩河交匯之處，更是當時人們喜愛居住的地點。這不僅可以避免洪水的侵襲與汲水之方便，並且還適於農業、畜牧、狩獵和捕魚等生產活動的進行。〔註5〕尤其值得注意的是，這些新石器時期文化遺址就在現在的村落附近，尤其是灞水和滻水沿岸的遺址更爲明顯，〔註6〕可見當時先民的擇居觀念已經相當進步。

其中，著名的西安半坡遺址，它座落於渭河支流之滻水東岸，高於河床約 9 公尺的二級階地上，離現在的河床約 800 公尺，東南倚白鹿原，前臨滻水，附近河渠縱橫，阡陌相連，現爲西安近郊最富庶之區域。〔註7〕半坡的先民選擇了這樣一個近水台地做爲居住的地點，既可免除遭到洪水侵害的威脅，又因爲居址臨近滻水、灞水與渭水，便於漁獵活動。半坡遺址這種背依高地、前臨河流之選址原則，是先民們經過長時期經驗累積而逐漸形成的，而這些正與後世「風水術」的施行原則不謀而合。

由此可見，在占驗、預測人生吉凶禍福的風水數術形成之前，生活在中國這塊土地的先民們，對於自己居住環境，即已存在著某些選址和營造的方法及原則。這些方法、原則體現出先民在實用性生活經驗的智慧，是人們對環境積極適應下理性的結晶，同時又爲日後之「風水術」所採用。

雖然，新石器時代人們的擇居活動僅僅是人們經驗上的積累，還談不上什麼理論。但是不可否認，他們在擇居活動中所表現出來的選址與營建之方法、原則，對於後世「風水術」之形成及其內容，有著密切的關係。

## 二、三代時期的擇居文化

進入歷史時期之後，有關人們對於居住地點的選擇，更是見諸於文獻之中。其中，夏王朝雖然目前仍未有確定的直接文字之發現，但是後世的追溯記載仍可視爲當時人們擇居活動之輔證。《尚書·禹貢》云：

> 九河既道，雷夏既澤，灉沮會同，桑土既蠶，是降丘宅土。

這一段是記載著經過大禹疏通了黃河下游的九條河道，完成了雷夏澤工程，

---

〔註5〕中國社會科學院考古研究所編著，《新中國的考古發現和研究》（北京：文物出版社，1984 年 5 月），頁 54。

〔註6〕史念海、史先智，〈西安附近的原始聚落和城市的興起〉，《中國歷史地理論叢》1996 年第四輯，頁 7。

〔註7〕中國科學院考古研究所、陝西省西安半坡博物館編，《西安半坡 —— 原始氏族公社聚落遺址 ——》，頁 5。

使得灉河、沮河會合流入雷夏澤。於是，人們在解除水患之威脅後，便從避水而居的丘陵地帶紛紛遷到平地居住，過著男耕女織的生活。

顧頡剛對《尚書》中這一段記載，有著如下的詮釋：

> 至於「桑土既蠶，是降丘宅土」，這說明更明顯了。關于這一句，《偽孔傳》的解釋是：「宜桑之土，既得桑蠶矣；洪水之時，民居丘土，於是得下丘陵，居平地矣。」……計下丘居土，諸處皆然，獨於此州言之者，鄭玄云：「此州寡山而夾川，兩水流之間遭洪水，其民尤困。水害既除，於是下丘居土。以其免於厄尤喜，故記之。」鄭玄之說很近情理，足以證明把「九丘」代表九州的緣故了。〔註8〕

在「洪水滔天，浩浩懷山襄陵，下民昏墊」〔註9〕的時代裡，人們受到洪水的肆虐。夏王朝晚期建都於黃河下游的平原地區，極易受到洪水泛濫之侵擾。因此，人們擇居時首要考量的因素便是避免水患的問題。於是，水邊高地（丘）自然成為聚落選址時的理想地點。

擇「丘」而居的文化，實際上自原始氏族社會時期即已存在。《周易‧繫辭下》云：

> 上古穴居而野處，後世聖人易之以宮室。上棟下宇，以待風雨。

所謂「穴居」，就是原始先民利用丘陵高地的洞穴，做為遮風避雨、防寒耐暑、抵禦猛獸的蔽身之處。此由北京猿人、山頂洞人等舊石器時代的考古發掘得以證明。因此，「穴居」也可說是「居丘」的一種形式。故相傳大禹時期為避洪水而選擇「居丘」的形式，事實上早已存在多時。

這種擇居的方式，即便到了後世，仍是人們選擇居處的一種常見形式。例如《墨子‧節用中》即云：

> 古者人之始生，未有宮室之時，因陵丘掘穴而處焉。聖王慮之，以為掘穴，曰：「冬可以辟風寒。逮夏，下潤濕、上熏烝，恐傷民之氣。」於是作為宮室而利。

《淮南子‧本經訓》中亦云：

> （舜之時）江、淮流通，四海溟涬，民上丘陵、赴樹木。

凡此種種記載，均說明了「居丘」的方式，實際上是一種久遠的擇居習俗。因此，文獻中所載夏王朝時期曾有為躲避洪水而採取居丘的擇居方式，應該

---

〔註8〕顧頡剛，〈說丘〉，《禹貢半月刊》第一卷第四期（1934年4月），頁6。
〔註9〕語出《尚書‧夏書‧益稷》。

是合乎實情的。

　　商王朝時期，在眾多的甲骨刻辭當中，有著爲數不少與建築有關的卜辭，亦出現了許多相關的詞彙，如「作邑」、「作宗廟」、「作宮室」、「作墉」等等。「作邑」就是築城，甲骨文中有不少「作邑」之記載。例如：

　　　己卯卜，爭貞：王乍（作）邑，帝若，我从之唐。（圖一）

　　　庚午卜，内貞：王乍（作）邑，帝若。八月。庚午卜，内貞：王勿
　　　乍（作）邑于丝（兹），帝若。（圖二）〔註10〕

這些卜辭的內容是記載商王通過占卜的方式，選擇營建城邑的地點。修建城邑乃國家之大事，故須經由反覆卜問方能擇地動工。而《尚書·盤庚上》中記載盤庚欲遷殷時，曾云：

　　　天其永我命于兹新邑，紹復先王之大業，底綏四方。

亦可以看出殷人在選擇建立城邑地點是否合適時，往往要根據占卜所反映的鬼神意志，來做最後的確定。

圖一：甲骨「作邑」卜辭　　　　　圖二：甲骨「作邑」卜辭

資料來源：《甲骨文合集》第五冊，圖 14200 正、14201

〔註10〕兩則卜辭，分別引自郭沫若主編，《甲骨文合集》（北京：中華書局，1979 年
　　　10 月），圖版 14200 正及 14201。釋文部份，則參見胡厚宣主編，《甲骨文合
　　　集釋文》，北京：中國社會科學出版社，1999 年 8 月。

　　此外，從河南安陽小屯殷墟遺址中，我們可以發現當時的都邑設置的地點，是位於洹水灣流的凸岸處，並且高出洹水 10 公尺，不但能夠避免水患，甚且符合後世「風水術」擇址的原則（圖三）。殷墟是商王朝晚期的都城遺址，可能是因爲殷人曾有過因遭逢水患而被迫遷都的經驗，〔註 11〕故採取了建都城於地勢較高處的方式。同時，從殷墟建築群遺址中還可以看出，當時的建築布局已經開始「用單體建築，沿著與子午線大體一致的縱軸線，有主有從地組合爲較大的建築群」。〔註 12〕由於商王朝的天文曆法已十分發達，所以在當時的擇居活動中，關於方位朝向的選擇，也應是極爲重要的一環。也可以說，當時人們已經充份具備了判斷和選定居處朝向的能力。

## 圖三：殷墟遺跡位置圖

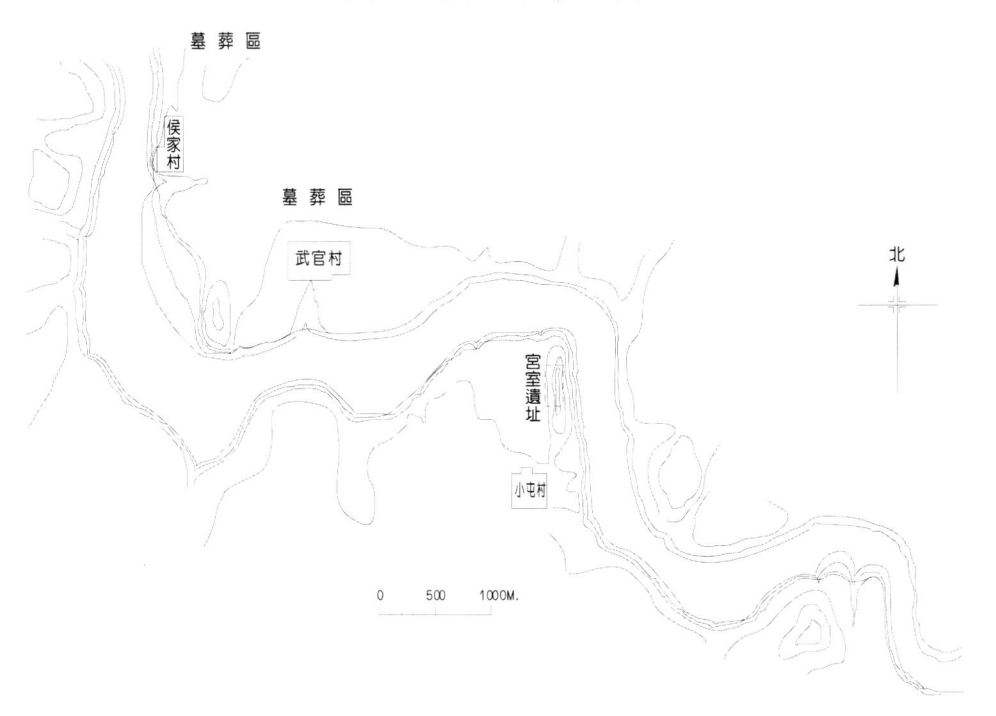

資料來源：據劉敦楨主編，《中國古代建築史》，頁 31 附圖繪製

---

〔註11〕《尚書·序》云：「祖乙圯于耿，作《祖乙》。」孔穎達《疏》云：「祖乙居耿，今爲水所毀，更遷他處。」

〔註12〕劉敦楨，《中國古代建築史》（北京：中國建築工業出版社，1984 年 6 月第二版，1993 年 5 月第六次印刷），頁 31。

　　周人在建立周王朝以前，曾經有過多次的遷都活動。在他們歷次遷都的過程中，即非常注意居址環境的選擇。例如，《詩經・大雅・公劉》載云：

> 篤公劉，于胥斯原，既庶既繁，既順迺宣，而無永歎。陟則在巘，復降在原。……逝彼百泉，瞻彼溥原。迺陟南岡，迺觀于京。……既溥既長，既景迺岡。相其陰陽，觀其流泉。其軍三單，度其隰原，徹田爲糧。度其夕陽，豳居允荒。

這是一篇記載周之先王公劉遷居豳地時之詩章。孔穎達對此解釋云：

> 既以日影定其經界，乃復登彼山脊之岡，而視其陰陽寒煖所宜，又觀其流泉浸潤所及，知天氣宜其禾黍、地利足以生物，乃居處其民焉。

可以看出公劉是如何地對四周環境多所勘察。又《詩經・大雅・緜》云：

> 緜緜瓜瓞，民之初生，自土沮漆。古公亶父，陶復陶穴，未有家室。
> 古公亶父，來朝走馬，率西水滸。至于岐下，爰及姜女，聿來胥宇。
> 周原膴膴，菫荼如飴。爰始爰謀，爰契我龜。曰止曰時，築室于茲。

則是記載了古公亶父率領周人遷至土地肥沃的周原，並經由占卜之確認，開始興建宮室的情形。

　　周王朝建立後，武王欲遷都於伊洛地區，但未成即去世。直到成王時才完成他的心願，營建雒邑。但成王並未將國都遷往此處，僅將其立爲東都成周。《尚書・召誥》中對成王營建雒邑之事，有如下之記載：

> 惟二月既望，越六日乙未，王朝步自周至于豐。惟太保先周公相宅，越若來三月。惟丙午朏，越三日戊申，太保朝至于洛，卜宅。厥既得卜，則經營。

《尚書・洛誥》亦載：

> 周公拜手稽首曰：「朕復子明辟，王如弗敢及天基命定命。予乃胤保大相東土，其基作民明辟。予惟乙卯朝至于洛師，我卜河朔、黎水。我乃卜澗水東瀍水西，惟洛食；我又卜瀍水東，亦惟洛食。伻來以圖及獻卜。」

則可看出，周之營建雒邑不但先後派召公、周公兩位大臣負責，而且經過反覆的卜問，可見重視之程度。而且，當時在城邑之建築上，可能已有地形圖或設計圖之出現。

　　周人自公劉、古公亶父至成王各個時期遷徙、營邑之事蹟，往往爲後世

風水書所徵引，例如《管氏地理指蒙》即云：

> 相土之法曰：「周原膴膴，菫荼如飴；陟則在巘，復降在原。」《公
> 劉》此章實在相土度地之儀。相之度之，於以復形勢而區別豐淺之
> 凝。曰：「原隰既平，泉流既清。」亦以著山水之奇，皆聲詩之至訓。
> 〔註13〕

由此亦可驗證周人之擇居，與後世風水術的形成有著密切的關係。至少可以
說，周人的擇居活動，是風水術形成的淵源之一。

　　從以上有關三代時期擇居活動之敘述，可以得知：夏、商、西周三代積
累了先人對擇居的經驗，而有了更進一步的發展。尤其是農耕的定居形態，
使得他們不僅注重居址的安全性外，對於居住處所附近土壤肥沃的程度、交
通之便利與否，以及水源是否充足，均非常地重視，因此才會有古公亶父選
擇「菫荼如飴」的周原，以及召公、周公選擇「天下之中，四方入貢道里均」
的雒邑，做為其居住及營建都城之所在。

　　此外，這一時期的擇居活動中，占卜亦是其中重要且不可缺少的一道程
序。商王朝眾多的甲骨「作邑」卜辭自不用說，即便強調人文的西周王朝，
在選擇一處地點做為都城宅邑時，也往往經由不斷卜問的過程才做最終之確
定。這種透過鬼神之神秘力量以決定居住及營建地點的方式，對日後「風水
術」之形成，有著決定性地影響。

## 三、春秋、戰國時代的擇居文化

　　進入春秋、戰國之後，人們在選擇居址方面有了更長足地進步。首先，
擇居不僅是生活上的經驗，而且已經將這些經驗歸納成為理論。例如，《管子·
乘馬》即云：

> 凡立國都，非於大山之下，必於廣川之上。高毋近旱而水用足，下
> 毋近水而溝防省。因天材、就地利，故城郭不必中規矩，道路不必
> 中準繩。

強調國都之設置必須格局開闊遼廣，不能逼厄狹小；而且，營建時應該因地
制宜，不要墨守成規。《管子·度地》亦云：

> 故聖人之處國者，必於不傾之地，而擇地形之肥饒者，鄉山左右，

---

〔註13〕【舊題魏】管輅撰，《管氏地理指蒙·相土度地第四》，收錄於【清】陳夢雷
　　　　編纂，蔣廷錫校訂，《古今圖書集成》，第六百五十五卷，頁57971。

> 經水若澤，內爲渠落之寫，因大川而注焉。

不但強調居址的安全性、土地之肥沃性，也注重民生用水之取得，以及污水排放等衛生問題的設計。

再者，此時擇居的理論，不僅出現在爲生者的擇居上，亦出現在對死者墓穴的選擇方面。例如，《呂氏春秋·孟冬紀·節喪》云：

> 葬不可不藏也，葬淺則狐狸拘之，深則及於水泉。故凡葬必於高陵
> 之上，以避狐狸之患、水泉之濕，此則善矣。

這種注重個人墓葬地點的選擇，或許與當時族墓制度的破壞，有著密切關係的。

其次，當時亦設有專責的官職，來處理人民擇居的事宜。《周禮·地官·大司徒》載云：

> 以土宜之灋，辨十有二土之名物，以相民宅，而知其利害。以阜人
> 民，以蕃鳥獸，以毓草木，以任土事。

可以看出，擇居和農事二者還是緊密結合的。

其中，更爲重要的是，當時在擇居活動之中，無論是在生者居住的宮室宅舍（包括都城），或是死者長眠的塋域，都已經滲入了吉凶、忌諱等一些具有神秘色彩的因素。例如，《左傳·僖公三十一年》載：

> 冬，狄圍衛。衛遷于帝丘，卜曰三百年。

又，《左傳·文公十三年》云：

> 邾文公卜遷于繹，史曰：「利於民，而不利於君！」邾子曰：「苟利
> 於民，孤之利也。」……遂遷于繹。五月，邾文公卒。

《儀禮·士喪禮》亦云：

> 命曰：「哀子某，爲其父某甫筮宅。度茲幽宅，兆基無有後艱。」

《史記·樗里子甘茂列傳》亦載樗里子擇葬之事云：

> （秦）昭王七年，樗里子卒，葬于渭南章臺之東。曰：「後百歲，是
> 當有天子之宮夾我墓。」……至漢興，長樂宮在其東，未央宮在其
> 西，武庫正直其墓。

由以上之記載可以看出，當時在選擇都城或葬地位置時，除了沿用以往卜筮的方式外，人們更重視的是選址後會有怎樣的休咎情況，尤其是墓葬地點對日後吉凶禍福之影響，似乎有愈形注重之趨勢。

此外，當時對於房屋宅舍之修築、擴建，亦開始出現了一些約定俗成的禁忌。《論衡·四諱篇》曾載：

> 俗有大諱四：一曰諱西益宅。西益宅謂之不祥，不祥必有死亡。相
> 懼以此，故世莫敢西益宅。防禁所從來者遠矣。《傳》曰：「魯哀公
> 欲西益宅，史爭以為不祥。哀公作色而怒，左右數諫而弗聽。以問
> 其傅宰質睢曰：『吾欲西益宅，史以為不祥。何如？』」

「諱西益宅」之禁忌，在漢代是非常盛行的觀念。從《論衡》之記載，魯哀公並不知道或是不相信有此一禁忌，不過至少令史們對於此一忌諱是深信不疑的。這說明了這種「諱西益宅」的禁忌習俗，在魯哀公當時即使尚不普遍，但是在修築宮室時已有禁忌的觀念，則是確實存在的。

這種有關建築禁忌之記載，在考古發現的戰國時期有關選擇術的《楚帛書》和《日書》中，亦有所發現。例如：

> 女（如）此武，曰：女（如），可以……歔（築）邑！……臧夲（筆者
> 按：饒宗頤隸定為「夊」）□，曰：【臧】，不可以歔（築）室。〔註14〕
> 凡桿坦、敳邦，復（作）邑之遇（寓）：盍（蓋）西南之遇（寓），
> 羣＝（君子）尻（居）之，幽悷不出。北方高，三方下，尻（居）之
> 安壽、宜人民，土田聚（驟）旻（得）。盍（蓋）東【南】之遇（寓），……
> 西方高，三方下，兀（其）审（中）不壽，宜人民，六頎（擾）。……
> 凡宮圬於西南之南，尻（居）之貴。……圬於東北之北，安。窈尻
> （居）南、北，不秒（利）人民；尻（居）西北秒（利）。〔註15〕

其中包括了營建時節以及房屋建築格局的宜忌休咎，已經具備「風水術」之雛形了。

## 四、秦漢時期的擇居文化

秦漢時期的擇居活動延續了春秋、戰國以來重視宮室、墳墓地點與營建時日之選擇，以及各種建築選址之禁忌風俗，並且更加地繁瑣。這些禁忌之規定，不但在建築選址活動中為人們所奉行遵守，並且有條文化之傾向。各種考古發掘的秦漢時期之《日書》，便是最好的說明。

---

〔註14〕李零，《長沙子彈庫戰國楚帛書研究》（北京：中華書局，1985 年 7 月），〈釋文考證，丙篇〉，頁 75～78；亦可參見饒宗頤、曾憲通編著，《楚帛書》（香港：中華書局，1985 年 9 月），頁 74～81。

〔註15〕湖北省文物考古研究所、北京大學中文系編，《九店楚簡》（北京：中華書局，2000 年 5 月），〈相宅〉，頁 50～51。

　　在秦漢時期的《日書》之中，有許多內容與後世之「風水術」如出一轍。首先，有敘及住宅形勢吉凶者，例如：

　　　凡宇最邦之高，貴貧。宇最邦之下，富而癃。宇四旁高，中央下，富。宇四旁下，中央高，貧。宇北方高，南方下，毋（無）寵。宇南方高，北方下，利市賈。宇東方高，西方下，女子為正。宇有要（腰），不窮必刑。宇中有谷，不吉。宇右長左短，吉。宇左長，女子為正。宇多於西南之西，富。宇多於西北之北，絕後。宇多於東北之北，安。宇多於東北，出逐。宇多於東南，富，女子為正。道路環宇，不吉。祠木臨宇，不吉。垣東方高西方之垣，君子不得志。〔註16〕

這是敘述住宅在整個城市中的高低形勢，以及住宅本身的地勢、形狀與周邊環境（如道路、祠木、圍牆）之關係所產生的吉凶禍福。這樣的內容，在後世的風水書中，常有相似的記載。例如，《陽宅十書·論宅外形第一》云：

　　　凡宅東下西高，富貴英豪；前高後下，絕無門戶；後高前下，多足牛馬。……凡宅樹木，皆欲向宅吉，背宅凶。凡宅地形，卯酉不足，居之自如；子午不足，居之大凶；子丑不足，居之口舌；南北長，東西狹，吉；東西長，南北狹，初凶後吉。〔註17〕

其次，有論及住宅內部格局、細部設施之吉凶者。如：

　　　為池西南，富；為池西北，不利其母。水竇西出，貧，有女子言。……圂居宇西南，貴吉；圂居宇正北，富。……困居宇西北匠，不利；困居宇東北匠，不盈。……井當戶牖間，富；井居西南匠，其君不癃必窮。……廄居東方，鄉（嚮）井，日出灸其韓（韓），其後必有肉食。取婦為小內：內居西南，婦不媚於君；內居西北，毋（無）子。……圂居西北匠，利豬，不利人；圂居正北，吉。……屏居宇後，吉；屏居宇前，不吉。門欲當宇隋，吉；門出衡，不吉；小宮大門，貧；大宮小門，女子喜宮鬭（鬭）；入里門之右，不吉。〔註18〕

其中，「門」一項不但列有專章加以論述，更繪有清晰的附圖（圖四）：

　　　直（置）室門：寡門，興，興毋（無）定歲，凶。倉門，富。……

---

〔註16〕睡虎地秦墓竹簡整理小組編，《睡虎地秦墓竹簡》（北京：文物出版社，1990年9月第一版，2001年11月第二次印刷），《日書甲種》，頁210。

〔註17〕引自【清】陳夢雷編纂，蔣廷錫校訂，《古今圖書集成》，第六百七十五卷，頁58198。

〔註18〕《睡虎地秦墓竹簡·日書甲種》，頁210～211。

高門，宜豕，五歲弗更，其主且為巫。大吉門，宜錢金而入易虛，其主為巫，二十歲更。〔註19〕

後世風水書中，對住宅內部之設施，最重視的為門、路、竈、井、廁、碓磨等六種，稱為「六事」。《八宅明鏡》即云：

六事者，乃門、路、竈、井、坑廁、碓磨，居家必需之物。安放得所，取用便宜。人每忽其方道，一犯凶方，利用之物，反為致害之由。暗地生災，受禍不知，良可浩歎。〔註20〕

而《日書》中已包含了路、井、門、廁等四種。

### 圖四：置室門圖

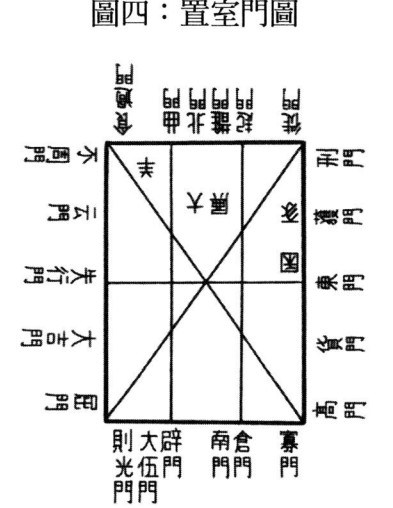

資料來源：《睡虎地秦墓竹簡》，頁198

此外，築屋、安葬時日之宜忌，更是《日書》中最佔份量的內容。而這種時日之選擇，亦為後世風水術施行中的要點。唐人呂才在《五行錄命葬書論》中即云：

暨近代以來加之陰陽葬法，或選年月便近，或量墓田遠近，一事失所，禍及死生。巫者利其貨賄，莫不擅加防害。遂使葬書一術，乃有百二十家。各說吉凶，拘而多忌。〔註21〕

〔註19〕《睡虎地秦墓竹簡・日書甲種》，頁198～199。

〔註20〕《八宅明鏡》，收錄於劉永明主編，《四庫未收術數類古籍大全，第六集，堪輿集成（九）》（合肥：黃山書社，1995年6月），卷上，〈六事〉，頁4278。

〔註21〕引自【清】陳夢雷編纂，蔣廷錫校訂，《古今圖書集成》，第六八〇卷，頁58251。

凡此均可看出在秦漢時期，「風水術」不但已經相當完備，爲人們所信奉遵守，並且成爲官吏們爲政治民的工具。〔註22〕

　　除了《日書》中之相關內容外，秦漢時期亦出現了與「風水術」有關的數術書籍。《漢書‧藝文志》之「數術類」中，著錄有《宮宅地形》與《堪輿金匱》二書，日人瀧川龜太郎認爲是與「風水術」有關之書籍。〔註23〕此外，「形法家」所收錄之《國朝》七卷，或許亦與「風水術」有關。班固敘云：

　　　　形法者，大舉九州之勢，以立城郭室舍。〔註24〕

可見這類書籍講究城郭室舍如何與周遭之地形、地勢相結合，並以此來占斷吉凶。

　　東漢王充於《論衡》一書中，所引用之《圖宅術》、《葬歷》、《堪輿歷》，以及一些當時建築工匠們所使用的「工伎之書」，似乎亦與「風水術」有關。其云：

　　　　《圖宅術》曰：宅有八術，以六甲之名，數而第之。第定名立，宮
　　　　商殊別。宅有五音，姓有五聲。宅不宜其姓，姓與宅相賊，則疾病
　　　　死亡，犯罪遇禍。……商家門不宜南向，徵家門不宜北向。則商金，
　　　　南方火也；徵火，北方水也。水勝火，火賊金，五行之氣不相得。
　　　　故五姓之宅，門有宜向。向得其宜，富貴吉昌；向失其宜，貧賤衰
　　　　耗。〔註25〕

又云：

　　　　《葬歷》曰：「葬避九空、地臽，及日之剛柔、月之奇耦。」日吉無
　　　　害、剛柔相得、奇耦相應，乃爲吉良；不合此歷，轉爲凶惡。〔註26〕

由上述可知東漢時期之「風水術」已雜揉六甲、五姓、五行的內容而漸趨複雜神秘。

　　這些有關「風水術」之數術書籍雖均已亡佚，但從文獻中零星的記載，可以看出秦漢時期的擇居文化已發生變化，它朝著「風水術」之形式發展，

---

〔註22〕林劍鳴，〈《日書》與秦漢時代的吏治〉，《新史學》第二卷第二期（1991 年 6 月），頁 38。

〔註23〕瀧川龜太郎云：「《史記‧日者列傳》褚先生補，引堪輿家言；《漢書‧藝文志》 有《堪輿金匱》十四卷、《宮宅地形》二十卷，亦說風水方位者，其書今亡。」 見《史記會注考證》，頁 904。

〔註24〕《漢書‧藝文志》，卷三十，頁 1775。

〔註25〕《論衡‧詰術篇》，頁 1027～1038。

〔註26〕《論衡‧譏日篇》，頁 989～990。

且為一般民眾所信奉遵守。

尤其是《史記》中有關「地脈」之記載，更是「風水術」形成過程中不可輕忽的因素。《史記‧蒙恬列傳》載蒙恬被矯詔賜死之事云：

> 蒙恬喟然太息曰：「我何罪於天，無過而死乎？」良久，徐曰：「恬罪固當死矣！起臨洮，屬之遼東，城塹萬餘里，此其中不能無絕地脈哉，此乃恬之罪也！」乃吞藥自殺。

太史公雖然不贊同蒙恬之罪乃因絕地脈所致，但他對於「地脈」的觀念應該也是持肯定的態度。〔註27〕這種將大地視為具有生命的有機體，無疑地是「風水術」在秦漢時期得以完備的重要因素。

# 第二節　居住地點的選址原則

在長期的擇居活動之中，先民們積累了許多豐富的經驗與知識。雖然在不同的時期裡，擇居活動有著不同的形式與風貌，但是在選址的過程中，有些基本原則幾乎是存在於各個時期。因此，對於這些選址的原則，亦有必要加以論述，以明先民選址擇居之實況。

## 一、臨近水源

水是萬物生機的源泉，沒有水，人就無法生存。因此，如何選擇靠近水源之處，是選擇居址的過程中極為重要的考量因素。尤其是都城的所在地，由於人口眾多，水源的充足與否，更成為選址時首要的決定因素。因此，從目前考古發掘的成果來看，無論是新石器時代的氏族聚落，或是歷史時期的都城郡邑，幾乎都位於河流附近。

例如，所謂的「汭位」是都邑聚落常見的選址位置。「汭位」即兩水匯合之間的三角洲。在古代文獻中，最早擇汭位而居的記載是《逸周書》中有關雒邑之營建。《逸周書‧度邑解》云：

> 自洛汭延于伊汭，居易無固，其有夏之居。

文中記載周武王曾於伊、洛的汭位之處相宅。其後，召公、周公繼承武王的

---

〔註27〕太史公曰：「夫秦之初滅諸侯，天下之心未定，痍傷者未瘳。而恬為名將，不以此時彊諫，振百姓之急、養老存孤、務修眾庶之和，而阿意興功，此其兄弟遇誅，不亦宜乎，何乃罪地脈哉？」

遺願，建立成周。《尚書·召誥》即云：

> 惟太保先周公相宅。越若來三月，惟丙午朏，越三日戊申，太保朝
> 至于洛，卜宅。厥既得卜，則經營。越三日庚戌，太保乃以庶殷攻
> 位于洛汭。

此外，「隩位」亦是古人選擇宅址時的理想地點之一。「隩」指河道彎曲的內側，所謂「隩，限也，水曲中也」。《尚書·禹貢》云：

> 九州攸同，四隩既宅。

《國語·周語下》亦云：

> 汨越太原，宅居九隩。

均是對選擇「隩位」而居的記載。在考古發掘中，許多的遺址正處於河隩之處。例如，安陽殷墟遺址即位於洹水的河隩處。

在都城選址中臨近水源最為顯著的例子，則為西漢的都城長安。長安城外不僅有原，原間還有河流。河流數量竟達八條之多。當地的人自古就有「八水繞長安」的俗諺。這句俗諺的起源可以追溯到西漢中葉武帝在位時期。當時司馬相如在其所著〈子虛賦〉中就明確地指出：

> 終始灞滻，出入涇渭；酆鎬潦潏，紆餘委蛇，經營乎其內。蕩蕩兮
> 八川分流，相背而異態；東西南北，馳騖往來。〔註28〕

所謂「八川」就是涇、渭、灞、滻、酆、鎬、潦、潏。這八條河流，涇、渭在城北，灞、滻在城東，酆、潦在城西，鎬、潏在城南。這「八川」只有渭河是主流，其餘七條皆是渭河的支流。在範圍不大的地區中，一條主流同時擁有七條支流，而且均四面圍繞都城而流的情況，在其他地方亦是非常罕見的。〔註29〕

當自然河流的水源不足時，則要開發其他的水源以為補充。開發水源的方法，首先為開鑿引水渠道或蓄水池。例如，鄭州商城內之中部偏北和東北部一帶的宮殿區內發現有蓄水池、地下石板築水管道和汲水井組成的完整供水系統。此外，戰國時期列國都城中面積最大的易縣燕下都，其東城中間偏北處，有一條自西垣外古河道中引出且分為南、北兩支的古河道。古河道南支以北分佈著眾多大型的夯土高台建築基址，應是燕下都的宮殿區所在；古

---

〔註28〕【清】嚴可均校輯，《全上古三代秦漢三國六朝文》，卷二十一，〈司馬相如〉，頁242。

〔註29〕史念海，〈漢唐長安城與生態環境〉，《中國歷史地理論叢》1998年第一輯，頁5。

河道北支東端為蓄水池,這條河道應主要是為解決宮殿區內用水的需要所開鑿的。〔註30〕（圖五）至於漢代在武帝時期於長安城西面所修築的昆明池,一方面是用來做為訓練水軍的基地,但它也有著蓄水設施的功能。

此外,鑿井汲水亦為開發水源的主要途徑之一。傳說中帝舜時期即已發明了鑿井而飲的方式。〔註31〕從考古調查發現,秦代咸陽之供水,除開源引水外,鑿井取水亦為主要途徑之一。自 1959 年以來,考古工作者於咸陽故城遺址中,在渭河北岸從西龍村到長興村之間,共發現 100 餘眼的水井。尤其是在今灘毛村、長陵車站一帶的製陶作坊,發現為數眾多且分布密集的古井。從這些水井的分布密集程度,不僅可以看出作坊生產規模之大,亦反映出此地住室稠密、人口蕃衍的情況。〔註32〕

## 圖五:燕下都供水渠道圖

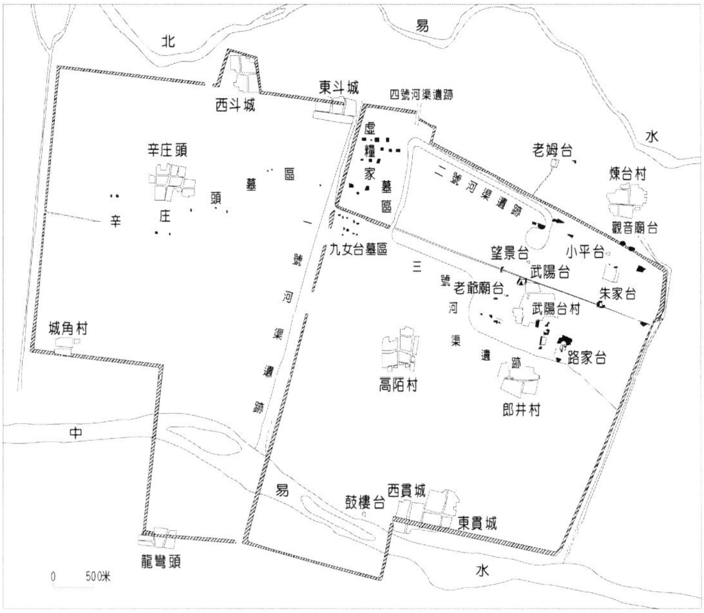

資料來源:據《燕下都》,頁 14 插圖繪製

---

〔註30〕 參見許宏,《先秦城市考古學研究》（北京:北京燕山出版社,2000 年 8 月）,頁 57、103。

〔註31〕 《世本·作篇》:「伯益作井。」《說文解字·井》:「古者伯益初作井。」

〔註32〕 王學理,《咸陽帝都記》（西安:三秦出版社,1999 年 8 月）,頁 305～306。另可參陳國英,〈咸陽長陵車站一帶考古調查〉,《考古與文物》1985 年第三期,頁 12～14。

　　先民除了注意到水源的取得外，對於廢水排放設施的規劃亦十分重視，以免水源遭受污染而危害到飲用者的健康與生命。根據考古發掘，早在 4500 年前的河南淮陽平糧台古城遺址內，即已發現舖設有陶質的排水管道，由城內向城外排水。〔註33〕

　　在商王朝的城址遺蹟中，城內溝渠系統似乎成了城址建設中必備的項目。例如，偃師商城東二門路土之下，發現了木、石結構的地下排水設施。該排水溝自東城門向西，連接城中宮城內的排水道，全長 800 多公尺。〔註34〕看來，它已經歷經一段發展的過程，可能在夏代晚期已經創始。盤龍城商代遺址，也發現類似的陶管。陶管每節長 44～51 公分，直徑 24 公分，舖設為對口相接。安陽小屯殷商晚期遺址所見的陶水管有兩式，一為插口式，節長 45 公分，大端內徑 19 公分；一為齊口式，節長 42 公分，外徑 21.3 公分。同時還發現有三通水管，這說明當時地下排水管道已形成分支。〔註35〕（圖六）這些地下排水管道，說明當時已有規劃完備的排水溝渠系統。此後，自西周，歷春秋、戰國，至秦漢時期，排水系統愈趨完備，這些均可看出中國古代在城市規劃中，對於污水排放的重視。

### 圖六：殷墟排水陶管

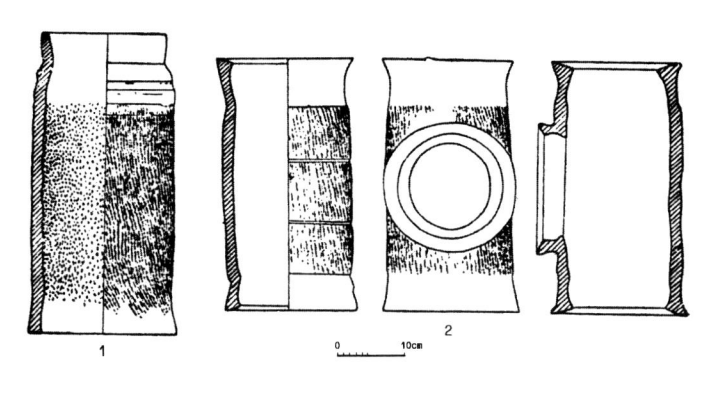

資料來源：《殷墟的發現與研究》，頁 241

---

〔註33〕 參考河南省文物研究所、周口地區文化局文物科，〈河南淮陽平糧台龍山文化城址試掘簡報〉，《文物》1983 年第三期，頁 29～30；嚴文明，〈黃河流域文明的發祥與發展〉，《華夏考古》1997 年第一期，頁 50。

〔註34〕 趙芝荃、徐殿魁，〈偃師尸鄉溝商代早期城址〉，《中國考古學會第五次年會論文集》，頁 12～13。

〔註35〕 參見中國社會科學院考古研究所編著，《殷墟的發現與研究》（北京：科學出版社，1994 年 9 月），頁 240～242。

在城市污水的排放中，除了利用排水管道外，若是臨近河流，則更能有效地將污水迅速排出。例如，《左傳·成公六年》載晉景公在選擇遷都新田時，云：

> 晉人謀去故絳，諸大夫皆曰：「必居郇、瑕氏之地，沃饒而近鹽，國利君樂，不可失也。」……（韓獻子）對曰：「不可！郇、瑕氏土薄水淺，其惡易覯。易覯則民愁，民愁則墊隘，於是乎有沈溺重腿之疾。不如新田，土厚水深，居之不疾，有汾、澮以流其惡。且民從教，十世之利也。夫山澤林鹽，國之寶也。國饒，則民驕佚；近寶，公室乃貧，不可謂樂。」公說，從之。夏四月丁丑，晉遷于新田。

以及《管子·度地》所云：

> 聖人之處國者，必於不傾之地，而擇地之肥饒者，鄉山左右，經水若澤，內為落渠之寫，因大川而注焉。

由「有汾、澮以流其惡」以及「經水若澤，內為落渠之寫（瀉），因大川而注焉」，均可看出若是居址臨近河流，更能增加污水排放之速度與效果。

從以上之敘述可以得知，先民在選擇居址時，臨近水源不但可確保其飲用水能充份地供應，並且對於污水之排放亦可助其一臂之力。因此，臨近水源不啻為選址時之第一要務。

## 二、居高臨下

水可載舟，亦可覆舟。人們日用所需離不開水，但水有時也會為人們帶來災難。例如《尚書·益稷》所云：

> 洪水滔天，浩浩懷山襄陵，下民昏墊。

即反映了當時人們在洪水肆虐下的景況。夏王朝立國於黃河下游的平原地區，容易受到洪水泛濫的侵襲，這是當時居民生活的一大危害。此外，商代多次的遷都過程中，其中也可能有與避水患有關者。從河南安陽殷墟遺址中可以發現，當時的都邑位於洹水彎處，高出洹水 10 公尺。小屯是商王朝晚期都城的遺址，可能是因為多次遭水患的教訓，於是採取了擇高處而居的方式。

因此，擇居時除考慮到臨近水源外，如何躲避洪水，亦是考量的重點。於是，水邊高地自然而然地成為聚落選址的理想地點。《尚書·禹貢》即載：

> 九河既道，雷夏既澤，灉沮會同，桑土既蠶，是降丘宅土。

鄭玄注云：

> 地高曰丘，大水去，民下丘居平土就桑蠶。

應劭於《風俗通義》亦云：

> 《尚書》：「民乃降丘度土。」堯遭洪水，萬民皆山棲巢居，以避其
> 害。禹決江疏河，民乃下丘，營度爽塏之場而邑落之。故丘之字，
> 二人立一上，一者地也，四方高，中央下，像形也。〔註36〕

當大禹疏導了黃河下游的九條河道，完成了雷夏澤工程，使灉河、沮河會合
流入雷夏澤，解除水患威脅之後，人們才有可能從避水的丘陵地帶遷到平地
居住。

這種擇丘而居的方式，在古代典籍中多所記載。《周易・升》云：

> 九三，升虛邑。象曰：升虛邑，無所疑也。

高亨對此解釋云：

> 虛邑，邑之在丘者，故云升也。升虛邑者，不畏水患。古者洪水爲
> 災，徙家遷國，利升虛邑。〔註37〕

即表明了擇丘而居是上古擇居的一件大事。此外，《墨子・辭過》亦云：

> 古之民未知爲宮室時，就陵阜而居，穴而處。下潤濕傷民，故聖王
> 作爲宮室。爲宮室之法曰：「室高足以辟潤濕，邊足以圉風寒，上足
> 以待雪霜雨露。」

《淮南子・本經訓》：

> （舜之時）江淮通流，四海溟涬，民皆上丘陵、赴樹木。

凡此所謂古之民「就陵阜而居」、「民皆上丘陵」者，均反映了先民擇高處而
居的事實。《管子・小匡》中亦云：

> 使海於有獘，渠彌於河階，綱山於有牢。

唐代房玄齡注云：

> 或遇水災，教令泄於海，使有獘盡也；後教之穿渠，彌互於河階；
> 教之立國城必依山，以爲綱紀而有牢固。〔註38〕

即可看出擇高處而居的目的，除因山築城設險，城更牢固外，更在於地勢較
高，有利於防洪排澇。

此外，《呂氏春秋・孟冬紀・節喪》亦云：

---

〔註36〕【漢】應劭撰，王利器注，《風俗通義校注》（台北：漢京文化，1983年9月），
　　　　卷十，〈山澤・丘〉，頁469。

〔註37〕高亨，《周易古經今注》（台北：樂天出版社，1972年3月），頁157。

〔註38〕【周】管仲撰，【唐】房玄齡注，【明】劉績增注，《管子》，收錄於《二十二
　　　　子》（台北：先知出版社，1976年10月），頁123。

> 葬淺則狐狸抇之，深則及於水泉。故凡葬，必於高陵之上，以避狐
> 狸之患，水泉之濕，此則善矣！

不但平時要擇高處而居，即使為死者選擇葬地時，亦有著相同的觀念。

　　這種擇丘而居，居高臨下的選址模式，不但見諸於文獻之記載，在考古發掘中所發現的新石器、先秦、秦漢各個時期的遺址，也幾乎都是遵循著此一選址模式。即使為了取水方便，城址聚落必須靠近河流，也選擇河流附近之高地作為營建的位置。例如，從新石器時代的遺址分佈來看，仰韶文化的聚落主要位於黃河支流或其他河流兩岸的土丘或梯狀台地上。其中以著名的半坡遺址為例，便位於滻河下游右側並覆蓋著黃土的二級階地上，高度約有 9 公尺，東南依白鹿原，前臨滻河，與河床相距 800 公尺。半坡先民選擇這樣一個近河陡坡作為居址，不但可以保證日常用水之取得，同時又因臨近滻河、灞水與渭河，亦便於漁獵活動之進行；而且更可以避免水災之侵擾。

　　此外，以淮陽平糧台古城為例，四周地勢低窪，城址則高於周圍地面 3～5 公尺。據學者研究：1938～1947 年黃河泛濫時，均未淹及平糧台古城的所在地。這說明平糧台古城位於淮陽岡地上，對城址在防洪上是極為有利的。這種情況亦出現在楚都紀南城。紀南城海拔約 34 公尺左右，地勢較高，其南 5 公里處即為現荊州市所在地。據學者研究，荊江近 5000 年來洪水位不斷上升，其中漢至宋元上升幅度為 2.3 公尺，宋元至今上升達 11.1 公尺，亦即漢至今上升達 13.4 公尺之多。可見漢朝以前，荊州市所在無長江洪水威脅，而地勢比荊州市高 2 公尺的紀南城址，當然更不必擔心洪水了。可見，紀南城之選址是充分考慮到防洪的因素。〔註 39〕

　　有關古人居丘之情形，前人曾多所論述，例如章太炎曾著〈神權時代天子居山說〉，謂古代帝王皆作山居。〔註 40〕錢穆亦作〈中國古代山居考〉，認為不僅古代帝王有山居之情形，一般人民亦是如此，他並徵引《說文解字》等書，以證成其說。〔註 41〕此外，胡厚宣亦先後作〈卜辭地名與古人居丘說〉、〔註 42〕

---

〔註 39〕 吳慶洲，《中國古代城市防洪研究》（北京：中國建築工業出版社，1995 年 8 月），頁 61。

〔註 40〕 章太炎，《章太炎文鈔》，收錄於胡君復輯，《當代八家文鈔》（台北：文海出版社，1969 年 7 月），頁 1383～1390。

〔註 41〕 錢穆，〈中國古代山居考〉，收錄於氏著《中國學術思想史論叢（一）》（台北：素書樓文教基金會，2000 年 11 月），頁 29～85。

〔註 42〕 收錄於氏著《甲骨學商史論叢，初集》（石家莊：河北教育出版社，2002 年 1 月），頁 491～505。

〈說"宅丘"〉，〔註43〕反覆申論此一觀點。由殷墟甲骨卜辭中，刻有「宅丘」二字（圖七），可見殷人亦有「居丘」的習俗。由此可證，居高臨下亦是先民選擇居址時的通則。

圖七：甲骨「宅丘」卜辭

資料來源：《甲骨文合集》圖 8387

這種「居丘」習慣的起源，可能與原始人類的穴居有著密切的關係。《說文解字》中對「厓」字的解釋，即透露出端倪，其云：

> 厂，山石之厓巖，人可尻，象形。〔註44〕

然而，不可否認的，由於人們防範水災的需要，更強化了此一「居高臨下」的選址原則。甚至於後代出現的大型夯土高台建築，雖然它反映了日益擴大的社會分裂以及權力的象徵意義，但它的出現與「居高臨下」的選址原則亦脫離不了干係，它可說是古代「居丘」的孑遺。由此可以瞭解，「居高臨下」的選址原則，對人們擇居活動時之影響是如何地深刻。

## 三、負陰抱陽

《老子》四十二章云：

> 萬物負陰而抱陽，沖氣以爲和。

這種「負陰抱陽」的觀念，也是先民在選擇居址時的一個重要原則。

《說文》釋陽：「高，明也，从阜。」《春秋穀梁傳·僖公二十八年》：「山南爲陽。」注云：「日之所照曰陽。」《說文》釋陰：「暗也，水之南山之北，

---

〔註43〕載於《史學月刊》1989年第二期，頁18～19。

〔註44〕【漢】許慎撰，【清】段玉裁注，《說文解字注》，九篇下，〈厂部〉，頁446。

從阜。」又《春秋公羊傳‧桓公十六年》何休注：「山北曰陰。」陰陽兩字同在阜部，阜之本義是山丘。可見陰陽二字之本義與山陵、陽光有關。《詩經‧大雅‧公劉》載公劉遷豳時，對於豳地之考察，即云：

> 既溥既長，既景迺岡。相其陰陽，觀其流泉。

即指出了除臨近水源、居高臨下外，陽光之陰陽向背亦爲選址時必需考量的重要因素。尤其是中國地處北半球，歐亞大陸之東部，大部分的領土位於北迴歸線以北，一年四季的陽光都是由南方而來。這就決定了人們在選擇居處時要充分考慮到日照的因素，以滿足人們採光上的需要，使居室溫暖明亮。因此「負陰抱陽」的觀念就成爲人們擇居選址的一項重要原則。

陽光對人體有著許多的好處：一是可以取暖，冬季時南房比北房溫度高出 1〜2℃；二是給人以維生素 D 的滋潤；三是可以殺菌，特別是對白色葡萄球菌、綠色鏈球菌、溶水性鏈球菌有較大的殺傷力；四是可以增強人的免疫功能，抵抗佝僂病。〔註45〕因此，「負陰抱陽」可使人們獲得更多的陽光。

此外，負陰抱陽，不僅是爲了陽光，而且也爲了躲避寒冷的北風。中國的地理位置決定了其氣候爲季風型，冬季有從西伯利亞來的寒流，夏季則有自太平洋來的涼風，一年四季的風向變換不定。因此，先民們對於風向亦非常地重視。甲骨文中有關卜風的記載，即爲最好的例證。〔註46〕《史記‧律書》中亦記錄了風與時間的關係，例如：

> 不周風居西北，主殺生，……十月也。

因此，在先民聚落遺址中，「負陰抱陽」的原則亦貫徹在選址與營建之上。例如，仰韶文化前期的遺址中，雖然村落採內向式之格局，居住區的房屋都背對外部而門朝中央，即北邊的房子朝南，東邊的房子朝西，南邊和西邊的房子分別朝北和朝東，形成一個近似封閉的圓圈。〔註47〕但是村落對外之通道則是設在靠東或靠南的向陽方位。〔註48〕又以半坡遺址爲例，位於村落廣場

---

〔註45〕 王玉德、張全明，《中華五千年生態文化》（武昌：華中師範大學出版社，1999年 12 月），頁 1407。

〔註46〕 有關甲骨卜辭中「卜風」之研究，可參考胡厚宣，〈甲骨文四方風名考證〉，收錄於氏著《甲骨學商史論叢‧初集》，頁 265〜273；胡厚宣，〈釋殷代求年于四方和四方風的祭祀〉，《復旦學報》1956 年第一期；馮時，〈殷卜辭四方風研究〉，《考古學報》1994 年第二期。

〔註47〕 嚴文明，〈中國新石器時代聚落形態的考察〉，收錄於《慶祝蘇秉琦考古五十五年論文集》（北京：文物出版社，1991 年 8 月），頁 28。

〔註48〕 以姜寨遺址爲例，整個村落的東部有兩個缺口，可能是供村民出入的兩個寨

北部的 40 餘座住宅均為西南向。半坡先民之所以將住宅採取這樣的坐向，最主要的原因是著眼於關中地區冬季常刮東北風，門朝西南方可以避免寒風的直接吹襲。而且，這一地帶夏季（以夏至日為準）下午二時（日照最強，即「昃」的方位）太陽的高度約為 60°10'，方位角約為 70°；冬季（以冬至日為準）下午二時太陽的高度約為 38°，方位角約為 35°。因此，半坡住宅的方位偏向西南，且在門的兩側設隔牆，正好能夠避免夏季最強的日照，而正迎冬季最強的日照。〔註49〕

此外，龍山文化遺址大多數的半穴式的房屋，均以南向為主。〔註50〕又如，位於內蒙古中南部地區的老虎山文化聚落遺址，除了其具有特色的圍以石牆的聚落城址外，這些石城均建於山前向陽避風處。〔註51〕其中以包頭市東部的威俊（三座）、阿善（兩座）、西園、莎木佳（兩座）和黑麻坂等石城為例，它們均建築於黃河北岸的大青山南麓。〔註52〕而夏商時期一般平民所居的半地穴式的房屋，據專家的研究，其門亦多為南向。〔註53〕以上均可看出「負陰抱陽」的原則，對中國古代先民們在建築選址與營建上之影響。

由於「負陰抱陽」觀念的影響，先民們在選址與營建時，即非常注重方位的確認，尤其是在都城的建制上更是如此。以偃師商城西南角的內城為例，其中之宮城正處於內城的南北軸線上，宮城內的宮殿左右對稱。顯然，商代的都城建築已經自覺地運用了傳統的方位意識，並且形成了定制。〔註54〕而偃師商城之內城，是商人在夏朝的基礎上所建立的（詳見第三章第二節）。因此，這種以南北中軸線，坐北朝南的都城佈局方式，可能夏王朝時期即已存在了，並且成為後世都城規劃上所遵循的法則。

《周禮·天官·冢宰》云：

---

門。但因門內房屋密集，出門就是三片墓地，可能是次要的通道。而村落的西南邊，有 30 公尺寬的通道，且沒有什麼建築遺跡，可能是人們經常出入的正門所在。參見半坡博物館、陝西省考古研究所、臨潼縣博物館，《姜寨——新石器時代遺址發掘報告》（北京：文物出版社，1988 年 10 月），頁 351。

〔註49〕劉曉明，《風水與中國社會》，頁 45～46。

〔註50〕王玉德、張全明，《中華五千年生態文化》，頁 29。

〔註51〕許宏，《先秦城市考古學研究》，頁 40～41。

〔註52〕嚴文明，〈黃河流域文明的發祥與發展〉，《華夏考古》1997 年第一期，頁 50。

〔註53〕晁福林，《先秦民俗史》（上海：上海人民出版社，2001 年 1 月），頁 59。

〔註54〕吳桂就，《方位觀念與中國文化》（南寧：廣西教育出版社，2000 年 1 月），頁 169。

惟王建國，辨方正位，體國經野，設官分職，以爲民極。

國都、宮殿、重要建築物都必須是坐北朝南，正可謂是「負陰抱陽」觀念之最高表現。

## 四、水質與土質

中國自古以農業立國，農業離不開水和土，因此在選址擇居的過程中，這兩項因素也具有決定性的影響力。據《吳越春秋》記載吳王闔閭命伍子胥營建都城時：

子胥乃使相土嘗水，象天法地，造築大城。〔註55〕

伍子胥以象天法地規劃吳大城的佈局，但他選擇營建地點時則是經過「相土嘗水」，對建城區域作了周密的勘察之後才確定的。水與土對於擇居時的重要性，不言可喻。

以「水」的因素而言，古代先民們在選擇居址時，不但重視水源的取得，對水質的優劣亦甚爲注意。《周易》即提倡「井泥不食」，〔註56〕指出含泥的井水不宜飲用。人們認爲水質決定生命的狀況，《淮南子・墜形訓》對此有所論述，其云：

汾水濛濁而宜麻，沸水通和而宜麥，河水中濁而宜菽，雒水輕利而宜禾，渭水多力而宜黍，漢水重安而宜竹，江水肥仁而宜稻。

因此，不同的植物需要不同的水質來灌溉。

此外，人類亦需飲水，水質決定了人性。《管子・水地》即云：

水者，何也？萬物之本原，諸生之宗室也，美、惡、賢、不肖、愚、俊之所產也。何以知其然也？夫齊之水道躁而復，故其民貪精而好勇；楚之水淖弱而清，故其民輕果而賊；越之水濁而洎，故其民愚病而垢；秦之水泔而稽滯而雜，故其民貪戾罔而事；齊晉之水枯旱而運滯而雜，故其民陷諛葆詐巧佞而好利；燕之水萃下而溺沉希而雜，故其民愚贛而好貞輕疾而易；宋之水輕勁而清，故其民閑易而好正。是以聖人之化世也，其解在水。故水一則人心正，水清則民心易，一則欲不污，民心易則行無邪。是以聖人之治世也，不人告也，不户說也，其樞在水。

---

〔註55〕見《吳越春秋・闔閭內傳第四》。
〔註56〕語出《周易・井・初六》。

有些疾病的產生，與飲用水的品質優劣，有著密切的關係。《呂氏春秋・季春紀・盡數》即云：

> 輕水所多禿與癭人，重水所多尰與躄人，甘水所多好與美人，辛水
> 所多疽與痤人，苦水所多尪與傴人。

即說明禿頭、頸瘤、惡瘡、佝僂等病，都與水質有關。

由於對水質的重視，先民除了以最直接的「嘗水」方式來判斷水質的好壞，甚至連鑿井的深度其水質如何亦有所認識。《管子・地員》即云：

> 五七三十五尺而至於泉，呼音中角。其水倉，其民彊；……四七二
> 十八尺而至於泉，呼音中商。其水白而甘，其民壽；……三七二十
> 一尺而至於泉，呼音中宮。其泉黃而糗，流徙；……二七十四尺而
> 至於泉，呼音中羽。其泉鹹，水流徙；……七尺而至於泉，呼音中
> 徵，其水黑而苦。

至於「土」的因素方面，先民在選址擇居的過程中，亦非常重視土質的問題。例如《詩經・大雅・緜》記載了周人對於周原之稱道：

> 周原膴膴，菫茶如飴。

孔穎達《正義》解釋云：

> 言岐山之南，周之原地，膴膴然，其土地皆肥美也。其地所生菫茶
> 之菜，雖性本苦，今盡甘如飴味。然大王見其如此，知其可居，於
> 是始欲居之。

便是由於周原土地異常肥美，太王才決定遷居於此。

此外，先民們也相信土質對人亦有著影響。《管子・水地》即云：

> 地者，萬物之本原，諸生之根菀也，美、惡、賢、不肖、愚、俊之
> 所生也。

《淮南子・墜形訓》亦載：

> 土地各以其類生，是故山氣多男，澤氣多女，障氣多喑，風氣多聾，
> 林氣多癃，木氣多傴，岸下氣多腫，石氣多力，險阻氣多癭，暑氣
> 多夭，寒氣多壽，谷氣多痹，丘氣多狂，衍氣多仁，陵氣多貪，輕
> 土多利，重土多遲，……中土多聖人。皆象其氣，皆應其類。

甚至認為由特定地質生長出來的植物，對人的體形、體質、健康都有影響。如《山海經・西山經》云：

> （小華之山）其草有萆荔，狀如烏韭，而生于石上，亦緣木而生，

食之已心痛。……（嶓冢之山）其木如桔梗，黑華而不實，名曰蓇
蓉，食之使人無子。

由於對土質優劣的重視，先民亦發展出一些測量的方法，例如《周禮·
地官·大司徒》所載之「土會之法」、「土宜之法」均是，並設有專職之官員
負責其事。而判斷土質最簡單的莫過於觀察地上所生之植物來判斷。《說文解
字》引《易》曰：

地可觀者，莫可觀於木。〔註57〕

而《太平經》中更進一步論道：

欲知地效，投小微賤種於地，而後生日興大善者，大生地也；置大
善種於地，而後生日惡者，是逆地也；日衰少者，是消地也。〔註58〕

凡此均可見人們對於土質之重視，以及由此衍生出的各種測量、判斷土質優
劣之方法。

## 五、以時起居

中國屬於典型的季風氣候，在不同的季節裡，不但有著不同的風向，降
雨量亦有很大的變化。在農業生產技術尚未發達的時代裡，靠天吃飯仍是重
要的途徑。因此，人們對於時節的變化相當注意。《周易·隨》中即言道：

隨時之義大矣哉！

而《孟子·萬章下》在評論伯夷、伊尹、柳下惠、孔子等四大聖人時，稱孔
子為：

聖之時者也，孔子之謂集大成。

可見先哲對於「時」是如何地重視。

這種重視「時」的觀念，亦影響到人們的擇居活動。首先，是對居址營
建的時間有所選擇。其最直接的方式，是透過占卜的方式來決定。甲骨文中
眾多「作邑」的卜辭，即是最好的例證。此外，亦有透過天文曆法來決定動
土時間者。例如，《詩經·鄘風·定之方中》有云：

定之方中，作于楚宮。揆之以日，作于楚室。

這是一首讚美春秋時期衛文公於國破之後，到楚丘營建都邑，重建國家的詩

---

〔註57〕【漢】許慎撰，【清】段玉裁注，《說文解字注》，四篇上，〈目部〉，頁133。
〔註58〕王明編，《太平經合校》（北京：中華書局，1960年2月第一版，1985年11
月第三次印刷），卷五十，〈葬宅訣〉，頁182。

篇。楚丘都邑和宮室的營建，首要考慮最佳的動工時間和在設計施工中的辨
方正位，不僅要能夠不誤農時，有效地組織勞動力，同時還要使主要殿堂滿
足背陰向陽採光取暖的需要，以及南面爲尊的禮制要求等問題。這首詩就針
對以上問題，明確地提出「定之方中」、「揆之以日」的解決方法。結合〈公
劉〉和《考工記・匠人》等篇的有關內容，說明至少在殷周時期，建築工匠
們就已經熟練地運用他們掌握的天文知識，來解決建築上的問題。

　　〈定之方中〉這首詩被歷代的注釋家及現代天文學家解釋爲準星以辨方
正位。「定」，星名，又名營室。定，本作「錠」，原指古代的一種鋤頭。詩中
的「定」，即指象鋤頭的四顆星，也就是室宿二星和壁宿二星組成的那個大正
方形。現今每年到 11 月份晚上八、九點在天空出現的飛馬星座即是定星。在
古代，星空中稱爲「定星」的四顆星，每於立冬前後初昏時分出現在正南方。
孔穎達曾云：

　　　　定星昏中而正四方，於是可以營制宮室，故謂之營室。

《爾雅・釋天》亦云：

　　　　營室謂之定。

郭璞對此解釋：

　　　　定，正也，作宮室皆以營室中爲正。

《國語・周語中》亦載：

　　　　營室之中，土功其始。

這些都說明了每當農曆十月，定星出現於夜空正中，此時農事已畢，天氣未
寒，正是宜於測定方位、組織民力、興作土木、營建宮室之時。

　　一般平民在建築或修建房舍時，雖然不如統治者來得隆重與複雜，但是
對於選擇適宜的時間亦是十分重視。尤其是先秦時期一般人民由於生活上的
經驗，仍是具備有相當程度的天文知識。正如顧炎武所言：

　　　　三代以上，人人皆知天文。七月流火，農夫之辭也；三星在天，婦

　　　　人之語也；月離于畢，戌卒之作也；龍尾伏晨，兒童之謠也。後世

　　　　文人、學士，有問之而茫然不知者矣。〔註59〕

因此，一般人民以其天文知識的背景，選擇適於營建蓋屋的時間，來建造修
築自己的房舍居址，亦是可想而知的。

---

〔註59〕　【清】顧炎武，《日知錄》（台北：明倫出版社，1970 年 10 月三版），卷三十，
　　　　　〈天文〉，頁 855。

　　進入戰國時代之後，人們對於營建動土時間的選擇，逐漸地格式化，其規範見於選擇術之中，而具體之內容則表現在考古發現的戰國至秦漢時期的各種《月令》和《日書》當中。

　　在《月令》的內容中，對於動土興造的活動，不同時節中有不同的規定。例如敦煌懸泉漢簡西漢元始五年《四時月令詔條》中即云：

> （孟春月令）毋築城郭。謂毋起城郭也，……三月得築，從四月盡
> 七月不得築城郭。……（孟夏月令）毋起土功。謂掘地【深三】尺
> 以上者，盡五月。……（孟秋月令）脩宮室，□垣牆（牆），補城郭。……
> （仲秋月令）築城郭，建都邑，穿竇【窖】，脩囷倉，謂得大興土功。……
> （仲冬月令）土事無作，謂掘地深三尺以上者，盡冬。……毋起大
> 眾，□固而閉，謂聚民繕治也，盡冬。〔註60〕

此外，在《日書》的內容中，對於屋舍之修造、遷居等時日的選擇，更有著各種不同的依據。其中，有以「建除」來規定者，如：

> 凡建日，大吉，利以……竺（築）室，立社稷。……凡盈日，利以……
> 徙家室。……凡盍日，利以……爲門膚。〔註61〕

> 盈日，可築闌牢，……利築宮室。……閉日，可以決池。〔註62〕

有以「叢辰」來規定者，如：

> 秀，是胃（謂）重光。……雖雨齊（霽），不可復（覆）室蓋屋。
> 〔註63〕

有以月之盈虧來規定者，如：

> 墨（晦）日，利壞垣、徹屋。……望，利爲囷倉。〔註64〕

> 正月、七月朔日，……以筑（築）室，室不居。〔註65〕

---

〔註60〕胡平生、張德芳編撰，《敦煌懸泉漢簡釋粹》（上海：上海古籍出版社，2001
　　　年8月），頁193～197。亦可參見中國文物研究所、甘肅省文物考古研究所編，
　　　《敦煌懸泉月令詔條》（北京：中華書局，2001年8月），頁4～7。

〔註61〕湖北省文物考古研究所、北京大學中文系編，《九店楚簡》，頁47。

〔註62〕秦簡整理小組，〈天水放馬灘秦簡甲種《日書》釋文〉，收錄於甘肅省文物考
　　　古研究所編，《秦漢簡牘論文集》（蘭州：甘肅人民出版社，1989年12月），
　　　頁2；初師賓主編，《中國簡牘集成，甘肅省卷，下》（蘭州：敦煌文藝出版社，
　　　2001年6月），頁261。

〔註63〕《睡虎地秦墓竹簡・日書甲種》，頁184。

〔註64〕《睡虎地秦墓竹簡・日書甲種》，頁227。

〔註65〕《睡虎地秦墓竹簡・日書乙種》，頁241。

有以時日所值廿八宿之宜忌來規定者，如：

> 角，……不可蓋屋。……房，……可爲室屋。……營室，……不可
> 爲室及入之。〔註66〕

有以季節、月份來規定者，如：

> 春三月毋起東鄉（嚮）室，夏三月毋起南鄉（嚮）室，秋三月毋起
> 西鄉（嚮）室，冬三月毋起北鄉（嚮）室。有以者，大凶，必有死
> 者。〔註67〕

有以沖犯神煞來規定者，如：

> 正月申、四月寅、六月巳、十月亥，是胃（謂）地枓，神以毀宮，
> 毋起土攻（功），凶。〔註68〕

有以時日之干支來規定者，如：

> 凡甲申、乙酉，絕天氣，不可起土攻，不死必亡。〔註69〕

> 甲毋治宅，不居必荒。……午毋蓋屋，必見火光。〔註70〕

此外，除屋舍之修建外，對於挖掘墓穴、葬埋死者的時間，亦有宜忌上之規
定。例如：

> 辰不可穿。穿，不出三月有五喪。……卯、戌、寅不可穿。……二月
> 卯，不可穿。……六月未，不可穿。穿，不出三月，有三喪。〔註71〕

> 稷辰：……正陽，是胃（謂）滋昌，小事果成，大事又（有）慶，
> 它毋（無）小大盡吉。……可葬貍（埋）。〔註72〕

> 男日：卯、寅、巳、酉、戌。女日：午、未、申、丑、亥、辰。……
> 以女日死，以女日葬，必復之。男日亦如是。〔註73〕

> 毋【以】辰葬，必有重喪。〔註74〕

---

〔註66〕《睡虎地秦墓竹簡・日書甲種》，頁191～192。
〔註67〕《睡虎地秦墓竹簡・日書甲種》，頁195。
〔註68〕《睡虎地秦墓竹簡・日書甲種》，頁225。
〔註69〕秦簡整理小組，〈天水放馬灘秦簡甲種《日書》釋文〉，頁3；初師賓主編，《中國簡牘集成，甘肅省卷，下》，頁262。
〔註70〕李零主編，《中國方術概觀——選擇卷》（北京：人民中國出版社，1993年6月），《磨嘴子漢簡・日書》，頁78。
〔註71〕胡平生、張德芳編撰，《敦煌懸泉漢簡釋粹》，《日書・死》，頁178～179。
〔註72〕《睡虎地秦墓竹簡・日書甲種》，頁184。
〔註73〕初師賓主編，《中國簡牘集成，甘肅省卷，下》，頁259。
〔註74〕《睡虎地秦墓竹簡・日書甲種》，頁197。

基本上，關於安葬時日的選擇，其依據的方式大致和選擇築屋的時日相同。其中，有關「男日」、「女日」的規定，則是較爲特殊之處。

除了對蓋屋、葬埋之時日宜忌有所規定外，在生活起居方面，亦有根據時日而動作者。其中最顯著的例子，則見於《禮記・月令》與《呂氏春秋・十二紀》之明堂制度中。清人任啓運在《宮室考》一書，對其內容有綜合並簡要之記載：

> 孟春之月，天子居青陽左个；仲春，青陽太廟；季春，青陽右个。
> 孟夏，明堂左个；仲夏，明堂太廟；季夏，明堂右个。秋總章，孟
> 左个，仲太廟，季右个如之。冬玄堂，亦如之。〔註75〕

這是對於天子在春夏秋多四季不同時節中，居住於明堂中不同方位之房室的規定。有關明堂制度之起源及內容，學者有極多的討論，在此不予贅述。然而，我們認爲這種根據時節移居，以時起居的方式，可能與農業定居未發達前，人們所實行的游農游牧之生活習俗有關。即如《禮記・禮運》所云：

> 昔者先王未有宮室，冬則居營窟，夏則居檜巢。

《風俗通義》亦云：

> 上古之時，草居露宿，冬則山南，夏則山北。〔註76〕

在原始的居住活動中，體現著人類適應自然的能力。當時人們逐水草而居，隨著季節的轉變，遷移至不同的地點，居住在不同的屋舍之中。至農耕技術持續發展，農耕收穫需經歷春夏秋三季，這就要求人們需較爲固定地居住在一個地區。〔註77〕然而，這種隨著時節變化而移居的習俗，卻被保存了下來，並且反映在明堂制度之中。

尤其，當陰陽、五行思想興起，以及醫學知識的發展，人們認識到疾病的產生與季節、居住環境均有著密切關係。例如《黃帝內經靈樞・口問》即云：

> 夫百病之始生也，皆生於風雨寒暑、陰陽喜怒、飲食居住、大驚卒恐。

因此，除了生病時之治療外，平時爲了達到養生預防之功能，亦需甚爲注意環境和季節的配合。春居木氣所在之東方以養肝，夏居火氣所在之南方以養

---

〔註75〕 【清】任啓運撰，《宮室考》，收錄於《景印文淵閣四庫全書，一○九冊》（台北：臺灣商務印書館，1983年10月），卷下，〈明堂〉，頁819。

〔註76〕 【漢】應劭撰，王利器注，《風俗通義校注・佚文》，頁601。

〔註77〕 張亮采云：「遊牧之世，民隨水草遷徙，土著絕少。至神農氏時，民始知播殖五穀，則行國變爲居國。」見氏著《中國風俗史》（上海：上海三聯書店，1988年2月），頁3。

心，秋居金氣所在之西方以養肺，冬居水氣所在之北方以養腎。

天子依不同時節而移居，具有養生避疾的功能。這種起居的方式，一般人民雖無法完全效法與施行，但移居以避疫的方式卻為人們所奉行。《漢書‧游俠傳》載原涉之事即云：

> 人嘗置酒請涉，涉入里門，客有道涉知母病，避疾在里宅者，涉即
> 往候。

《後漢書》亦載：

> 時皇太子驚病不安，避幸安帝乳母野王君王聖舍。〔註78〕

> 趙王商嘗欲避疾，便時移住學官。丕止，不聽。〔註79〕

按《漢書‧孝平王皇后傳》顏師古注云：

> 便時，取時日之便也。

可見，移居以避疾亦需擇日而為之。因此，以時起居之觀念，是深入當時人們日常生活之中的。

# 六、求神問卜

先民在面對暴虐無常的自然災害，人們往往感到束手無策，深深感覺到自身的渺小，對神異的敬畏之情便油然而生。因此，在敬天畏神的時代裡，先民擇居的過程當中，對於居址之選擇，除了經由實地之勘察外，往往需要透過占卜的方式，以做為最後抉擇之依據。

尤其在殷商時代，是巫風盛行的一個時期，國家政事，事無大小，均取決於卜筮，擇居營建亦不例外。在甲骨卜辭中，即可發現眾多相關之刻辭。例如：

> 己卯卜，爭貞：王乍（作）邑，帝若（諾）？我从，之（茲）唐。

> 庚午卜，丙貞：王勿乍（作）邑才（在）丝（茲），帝若（諾）？

> 庚午卜，丙貞：王乍（作）邑，帝若（諾）？八月。

> 己亥卜，丙貞：王屮（有）石才（在）麓北東，乍（作）邑于之（茲）？

> 王屮（有）【石】才（在）麓北東，乍（作）邑于之（茲）？乍（作）
> 邑于麓？〔註80〕

---

〔註78〕《後漢書‧李歷傳》，頁 590～591。

〔註79〕《後漢書‧魯丕傳》，頁 883。

〔註80〕以上「作邑」卜辭，引自溫少峰，袁庭棟編著，《殷墟卜辭研究——科學技

凡此均說明了殷人非常重視城邑宅舍位置的選擇，其成熟的「卜宅」格式即反映出這一點。〔註81〕而從《尙書‧盤庚上》載盤庚遷都於殷時，對臣下之訓話：

　　　天其永我命于茲新邑！

即可看出，殷人在建築選址時不斷地占問，是希冀經由天帝的允諾授命，達到永遠昌盛的目的。

　　即使到了人文主義色彩較爲濃厚的西周時期，擇址營居還是需要卜筮的習俗仍未停歇。周人在建立王朝前後，曾多次遷都和營建新邑，見於史籍的有公劉遷豳、古公遷岐邑、文王遷豐、武王遷鎬和成王營建雒邑。《詩經‧大雅‧文王有聲》云：

　　　考卜維王，宅是鎬京，維龜正之，武王成之。

《尙書》亦云：

　　　惟太保先周公相宅，越若來三月，惟丙午胐。越三日戊申，太保朝
　　　至于洛，卜宅。厥既得卜，則經營。越三日庚戌，太保乃以庶殷攻
　　　位于洛汭。越五日甲寅，位成。〔註82〕

　　　予惟乙卯朝至于洛師。我卜河朔、黎水，我乃卜澗水東、瀍水西，
　　　惟洛食。我又卜瀍水東，亦惟洛食。伻來以圖及獻卜。〔註83〕

周人在決定選址時，仍有占卜的儀式，與殷人之俗相同。尤其是雒邑之營建，先後派遣召公、周公兩大臣進行占卜，可見其愼重之程度。

　　此外，《詩經‧鄘風‧定之方中》所言之「卜云其居」，說的是衛文公遷居楚丘時卜居之事；《左傳‧文公十三年》亦載「邾文公卜遷於繹」，對照於《周禮‧春官‧太卜》：

　　　國大遷、大師，則貞龜。

可見，先秦時期營建邦國都鄙都要用到龜卜的方法。換言之，卜居的主要目的在於都邑聚落，而不在於單體宅院基址之選址。因此，不是任何擇居活動都需要用到龜卜的。

　　然而，除了營建邦國都鄙外，一般的居址亦有透過卜筮方式來決定興建、

　　術篇》（成都：四川社會科學出版社，1983年12月），頁382～383。
〔註81〕劉沛林，《理想家園——風水環境觀的啓迪》，頁36。
〔註82〕《尚書‧周書‧召誥》。
〔註83〕《尚書‧周書‧洛誥》。

遷徙與否的。《周易》中即有許多與擇居有關的內容，例如《坤》卦辭的「安
貞吉。」《升》卦九三爻辭的「升虛邑。」《渙》卦九二爻辭的「渙奔其機，
悔亡。」六四爻辭的「渙其群，元吉；渙有丘，匪夷所思。」九五爻辭的「渙
王居。」《頤》卦六五爻辭的「拂經，居貞吉。」等，這些相信亦爲人民在擇
居時所依據的。此外，《晏子春秋‧內篇雜下》記載齊景公欲更晏子之宅，晏
子不同意，並引古諺曰：

> 非宅是卜，唯鄰是卜。

屈原亦曾作〈卜居〉一文，均表明春秋、戰國時期的「卜宅」應已運用在一
般居址的選擇上了。

此外，在中國古代，由於受到「靈魂不滅」觀念和「事死如事生」思想
的影響，人們對於先人墓葬地點與時日之選擇，亦極爲重視。《禮記‧雜記》
云：

> 大夫卜宅與葬日。……大夫之喪，大宗人相，小宗人命龜，卜人作龜。

孔穎達《正義》解釋云：

> 宅謂葬地，大夫尊，得卜宅并葬日。

《孝經‧喪親》亦云：

> 孝子之喪親也，……擗踊哭泣，哀以送之，卜其宅兆而安措之。

唐玄宗注云：

> 宅，墓穴也；兆，塋域也。葬事大，故卜之。

宋人邢昺疏云：

> 卜選宅兆之地而安置。

清人孫詒讓於《周禮正義》中亦云：

> 「天子卜葬兆」者，據〈小宗伯〉云：「王崩，卜葬兆」，是天子禮
> 宅亦卜也。〈襍記〉云：「大夫卜宅與葬日；若筮，則史練冠長衣以
> 筮。」鄭彼注云：「筮者，筮宅也，謂下大夫若士也。」……是中大
> 夫以上有卜宅，下大夫、士則筮宅。〔註84〕

可以看出，除了都城、宮室與居址的選擇外，對於葬地之選擇、葬日之安排
亦需透過卜筮而後定之。

由於龜卜較爲複雜，且非一般人民所能施行。因此，一般人民在居址、
墓地以及營建時日選擇上，並未經由占卜之儀式。然而，在考古發現的戰國

---

〔註84〕【清】孫詒讓，《周禮正義‧春官‧太卜》，頁 1945～1946。

至秦漢時期的《日書》當中，即有許多關時日宜忌之選擇，是與「神煞」有關的。例如：

> 春三月，啻（帝）爲室申，剝卯，殺辰，四廢庚辛。夏三月，啻爲室寅，剝午，殺未，四廢壬癸。……凡爲室日，不可以筑（築）室。筑大內，大人死；筑右坿，長子婦死；筑左坿，中子婦死；筑外垣，孫子死；筑北垣，牛羊死。……四廢日，不可以爲室、覆屋。〔註85〕

透過神祕力量來做爲選擇營居時日之方式，平民和貴族則是一致的。

由於先民們相信神祕的力量，認爲只有經過天意及神靈的許可，才能獲致善果。因此，無論是都城、居室、塋墓的地點與營建的時日之選擇，在先秦兩漢的擇居活動中，求神問卜均爲不可或缺的一道程序。

# 小　結

戰國時期的韓非在追溯先民之生活時，曾有以下之論述，其云：

> 上古之世，人民少而禽獸衆，人民不勝禽獸蟲蛇。有聖人作，搆木爲巢，以避羣害而民悅之。使王天下，號曰「有巢氏」〔註86〕

《莊子‧盜跖》亦載：

> 古者禽獸多而人民少，於是民皆巢居避之。

此外，《墨子‧節用中》亦云：

> 古者人之始生，未有宮室之時，因陵丘掘穴而處焉。聖王慮之，以爲掘穴，曰：「冬可以辟風寒。逮夏，下潤濕，上熏烝，恐傷民之氣。」於是作爲宮室而利。

居住在中國這片土地上的先民們，由於時常受到自然界的風雨寒暑、毒蛇猛獸之侵襲，於是營建居室，以躲避這些因素的危害。因此，正如漢代劉熙在其所著《釋名》一書中所云：

> 宅，擇也，擇吉處營之也。……壁，辟也，辟禦風寒也。牆，障也，所以自障蔽也。垣，援也，人所依阻以爲援衛也；墉，容也，所以蔽隱形容也。〔註87〕

---

〔註85〕《睡虎地秦墓竹簡‧日書甲種》，頁195。

〔註86〕見《韓非子‧五蠹篇》。

〔註87〕【漢】劉熙撰，《釋名‧釋宮室》（北京：中華書局，《叢書集成初編》本，1985年北京新一版），頁84～87。

《說文解字》亦云：

> 宅，人所託尻也。〔註88〕

由此可見，無論是居室本身或是其他如牆壁等的附屬設施，最初都是人們爲了遮風避雨、躲開毒蛇猛獸侵襲，以維護身家安全之目的而設。居室住宅的本身不僅僅供人們棲息之用，它還具有著安身立命、繁衍種族的功能。因此，擇居活動從一開始便與人們的吉凶禍福有著不解之緣。如何選擇一個適當的地點、適當的時刻，並以適當的方式加以營建，一直是人們考量的重要因素。

因此，所謂的擇居，是古人在與客觀環境直接接觸過程中所獲得的認知基礎上建立的方法；它是古人對於地理環境與居住生活彼此關係之初步認識下的產物。爲了營建宅邑，人們發展出了相宅的方法，經由實地的勘察以確定選址的地點，並且從其中積累許多經驗，如何選擇接近水源的高處、向陽避風並有良好的土質與水質，均成爲人們擇居的共同原則。因此，它本具有實證性與科學性的，原與神學無涉。可是由於古人思維的局限性，認爲自然環境關係到鬼神對人類宅居的禍福，「求神問卜」就成爲相地擇居過程中重要甚至必要的原則，流露出對鬼神天命的恐懼。甲骨文中眾多「作邑」的卜辭，適足以說明此一現象。相地得宜，則宅邑平安、人丁興旺；相地失宜，則衰敗蕭條、殃及子孫。因此擇居活動到後來越趨於神秘性，不僅講究山川形勢，並且與陰陽五行和時日宜忌之選擇相附會。「風水術」即在這種情形下，逐漸孕育、滋生並茁壯的。

同時，在生產力低下的遠古時代，只有集居的力量才能得到保障個體的生存活動，所以擇居不是以個別住戶之居處爲主，聚落、城邑乃至都城，方是擇居施行的對象。《周禮‧夏官‧土方氏》所云：

> 土方氏掌土圭之法以致日景，以土地相宅而建邦國都鄙。

《逸周書‧大聚解》亦云：

> 周公曰：「聞之文考，來遠賓，廉近者，道別其陰陽之利、相土地之宜、水土之便，營邑制，命之曰『大聚』。」

均是對這種事實的反映。然而，春秋戰國以降，隨著政治、經濟、社會的劇烈變動，貴族淪落、布衣卿相，社會上下階層流動等情況層出不窮。人們開始對於自家住宅所在的位置、格局，乃至於營建時日之選擇所涉及的吉凶禍福加以重視。「風水術」便是在這種歷史背景下，逐漸形成產生的。考古所發掘出來的

---

〔註88〕【漢】許慎撰，【清】段玉裁注，《說文解字注》，七篇下，〈宀部〉，頁338。

戰國、秦漢時期的《日書》中之相關內容，就是最好的證明。從其中亦可看出風水之術在戰國時代就已經有相當程度的發展，顯示出當時民間就已經相當重視居住環境的條件，對於居住環境的選擇也有著相當成熟的理論背景。〔註89〕

此外，在重視擇居的過程中，人們對於先人塋墓地點、營造時日之選擇亦逐漸地加以重視。這種為先人慎選葬地及安葬時日之目的為何？即如《儀禮·士喪禮》所言：

> 哀子某，為其父某甫筮宅。度茲幽宅，兆基無有後艱。

對照於《呂氏春秋·孟冬紀·節喪》所言：

> 葬不可不藏也！葬淺則狐狸抇之，深則及於水泉。故凡葬必於高陵
> 之上，以避狐狸之患，水泉之濕。此則善矣！

可見最基本之目的即在於維持墓穴之完整，避免遭受破壞。而這個目的之深層意義，則是防止死者亡魂對生者之騷擾。

喪葬制度之出現，原本就是在靈魂崇拜、祖先崇拜之心理背景下形成的。其中，靈魂崇拜，尤其是人們對死者鬼魂之畏懼，更是喪葬制度得以產生的最根本之因素。〔註90〕例如，《睡虎地秦墓竹簡·日書》中載云：

> 甲乙有疾，父母為祟。……丙丁有疾，王父為祟。……庚辛有疾，
> 外鬼傷（殤）死為祟。〔註91〕

即可看出當時人們相信許多疾病之產生，是由於鬼魂為祟之結果，其中甚至包括自己祖先之亡魂。

因此，在喪葬制度中，無論是眾多的禁忌事項，或是墓葬中的隨葬物品，均是為了免於死者亡魂侵擾之目的而設的。正如《禮記·檀弓上》引國子高之言曰：

> 葬也者，藏也；藏也者，欲人之弗得見也。

《說文解字》亦云：

> 棺，關也，所以掩屍。〔註92〕

而考古發現的春秋、戰國時期墓葬中之「鎮墓獸」，其產生之真正功能即在於此。

---

〔註89〕 許信昌，《秦簡日書數術的探討》，頁106。

〔註90〕 有關喪葬制度產生之原因，拙著《春秋、戰國時代生育及婚喪禁忌之研究》（台南：國立成功大學歷史語言研究所碩士論文，1993年7月）中有簡要之敘述（頁181～183），可參考。

〔註91〕 《睡虎地秦墓竹簡·日書甲種·病》，頁193。

〔註92〕 【漢】許慎撰，【清】段玉裁注，《說文解字注》，六篇上，〈木部〉，頁270。

〔註93〕此外，從漢代墓葬出土的「鎮墓文」、「解除文」中記載之文字，如：

上天倉倉，地下芒芒，死人歸陰，生人歸陽。【生人有】里，死人有鄉。生人屬長安，死人屬大山。〔註94〕

生屬長安，死屬大山。死生異處，不得相防（妨）。〔註95〕

今日吉良，非用佗故，但以死人張叔敬薄命蚤死，當來下歸丘墓。黃神生五岳，主死人錄、召魂、召魄、主死人籍。生人築高台，死人歸深自埋。眉鬚以落下爲土灰念故，進上復除之藥，欲令後世無有死者。〔註96〕

均可看出對於「死生異路」之要求。

在這種畏懼的禁忌心理之下，如何慎選墓葬地點與營建時間，以維持墓穴之完整，以防死者靈魂竄出危害生者，便成爲至關重要的大事。同時，人們也相信，保持先人墓葬免遭破壞，會使得亡者因心生滿意而賜福於後人。例如《太平經》中即云：

葬者，本先人之丘陵居處也，名爲初置根種；宅，地也，魂神復當得還，養其子孫。善地則魂神還養也，惡也則魂神還爲害也。〔註97〕

這種觀念，與風水術中強調爲先人選擇良好之葬地，藉以「葬先蔭後」之思想，可謂不謀而合。

因此，從古代文獻之記載，並證以考古發掘之成果，至遲自戰國時代開始，人們在積累先民之擇居經驗與選址原則之餘，逐漸形成了一種擇居相宅之數術，其施行範圍不僅適用於都城之建造，而且及於一般人民之居室與死者之塋墓。尤其是到了秦漢時期，無論是講求格局、形勢、方位、時辰吉凶宜忌之內容、「地脈」與「葬先蔭後」等觀念，以及有關風水數術書籍之出現，均說明「風水術」至此業已完成了。

---

〔註93〕有關「鎮墓獸」之功能，可參考拙著，〈喪葬禁忌與東周時期楚地之「鎮墓獸」〉，《國立成功大學歷史學報》第二十二號（1996 年 12 月），頁 306～326。

〔註94〕羅振玉，《遼居雜著丙編》，收錄於氏著，《羅雪堂先生全集，初編》（台北：文華出版社，1968 年 12 月），〈古器物識小錄・鎮墓文〉，頁 2887。

〔註95〕羅振玉，《貞松堂集古遺文》，收錄於氏著，《羅雪堂先生全集，初編》，卷十五，〈鉛券〉，頁 5232。

〔註96〕引自陳直，〈漢張叔敬朱書陶瓶與張角黃巾教的關係〉，收錄於氏著，《文史考古論叢》（天津：天津古籍出版社，1988 年 10 月），頁 391。

〔註97〕王明編，《太平經合校》，卷五十，〈葬宅訣〉，頁 182。

# 第三章　參天營居，法地作城——都城的選址與佈局

　　都城是王朝政治、經濟乃至於文化的中樞，代表王（皇）權的都城，無論是其位置之選擇，以及整體之佈局，歷代均視爲至關重要的大事，也各自有不同的選址標準與規劃的過程。

　　然而，歷代在都城的建設方面，無論是選址或是佈局，均或多或少、或隱或顯地受到「象天法地」的原則所規範。誠如李約瑟在述及中國建築時，曾有以下之評論：

> 中國人在別的表現思想的境界內，沒有如此忠誠地活現他們的大原理，就是人不能與大自然分離，人也不能與社會團體分隔。不但在廟宇和宮殿的大建築是如此，即在散佈於農場或集合於村鎮的家庭建築物，歷代以來也都含有恢宏和諧的典型以及象徵方位、季節、風水和星辰的感覺。〔註1〕

這種以「象天法地」的原則，將「宇宙圖案」用象徵主義的手法表現在建築佈局以及選址的方式，我們在先秦時代即可發現它的影子，可見此一建築思想之淵遠流長。

　　本章的重點，即在論述自三代，歷春秋、戰國，以迄秦漢等各個時期，如何以「象天法地」的原則與方式，來處理都城的選址與佈局的課題。首論

---

〔註 1〕譯文參見【英】李約瑟著，陳立夫主譯，張一麐、沈百先譯述，《中國之科學與文明，第十冊》（台北：臺灣商務印書館，1985 年 2 月四版），頁 108。

「擇中立國」的都城選址原則，次述三代、春秋戰國、秦漢各時期都城之佈局，以明不同時期「象天法地」的原則對都城佈局之影響，及其背後所反映出來的歷史意義。

## 第一節　「擇中立國」的都城選址原則

1963 年出土於陝西省寶雞縣賈村，被學界視為「新出史料價值最高的西周有銘銅器」〔註2〕的𣄰尊（圖八），其上鐫刻之銘文云：

唯王初遷宅于成周，復稟

武王禮福自天。在四月丙戌。

王誥宗小子于京室，曰：「昔在

爾考公氏，克弼文王，肆文

王受茲大命。唯武王既克大

邑商，則廷告于天，曰：『余其

宅茲中國，自之乂民！』」〔註3〕

---

〔註 2〕 中國社會科學院考古研究所編著，《新中國的考古發現和研究》（北京：文物出版社，1984 年 5 月），頁 265。

〔註 3〕 有關𣄰尊銘文之隸定與釋文，可參考《文物》1976 年第一期中，唐蘭，〈𣄰尊銘文解釋〉，（亦收錄於故宮博物院編，《唐蘭先生金文論集》，北京：紫禁城出版社，1995 年 10 月，頁 187～193）、馬承源，〈何尊銘文初釋〉、張政烺，〈何尊銘文解釋補遺〉等三篇文章；另可參考李學勤，〈何尊新釋〉，《中原文物》1981 年第一期，亦收錄於氏著，《新出青銅器研究》（北京：文物出版社，1990 年 6 月），頁 38～45；唐蘭，《西周青銅器銘文分代史徵》（北京：中華書局，1986 年 12 月），頁 73～74。另，有關何尊之研究，可參考：伊藤道治，〈周武王と雒邑──何尊銘と逸周書度邑──〉，收入《內田吟風博士頌壽記念：東洋史論集》（京都：同朋舍，1978 年 8 月），頁 41～52；葉達雄，〈𣄰尊的啟示〉，《國立臺灣大學歷史學系學報》第七期（1980 年 12 月）；陳昌遠，〈有關何尊的幾個問題〉，《中原文物》1982 年第二期；楊寬，〈釋何尊銘文兼論周開國年代〉，《文物》1983 年第六期；馬承源，〈何尊銘文和周初史實〉，收錄於《王國維學術研究論集，第一輯》（上海：華東師範大學出版社，1983 年 9 月）；劉蕙蓀，〈宗周與成周──兼探何尊「佳王初鄀宅于成周」的含意〉，《人文雜誌》1984 年第一期；王人聰，〈何尊銘文解釋與成王遷都問題〉，《考古與文物》1990 年第三期；李民，〈何尊銘文與洛邑──中國古代文明探索之二〉，《鄭州大學學報》（哲學社會科學版）1991 年第六期，頁 8～13。

圖八：何尊銘文

資料來源：《殷周金文集成》第十一冊，圖 6014

此一青銅彝器，記載了成王營建東都雒邑（成周）時，舉行祭典告祭武王之情形。內容敘述成王開始營建成周之後，在四月丙戌之日告誡宗子說：「從前你們的祖先輔佐文王，使文王獲得天命；而武王時戰勝了商朝後，向天卜告：『我要居住在中國，從這裡來治理人民。』」其中「中國」一詞，是目前所見此一名詞最早之記錄，可見最遲在周武王時，「中國」觀念便已出現了。〔註4〕

　　周武王時期，「中國」蓋指介於東土殷和西土周之間的夏人故居之地。夏代的都城曾先後多次遷移，根據典籍記載，其早期的都城為陽城、陽翟、安邑和斟尋，分布在嵩山附近、河洛交匯地區和晉南一帶；中期都城在帝丘、斟灌、原、老丘和西河等地，分布在河濟間；後期都城則位於今偃師、澠池

─────────────────

〔註4〕于省吾即根據何尊銘文與典籍的互相印證，肯定「中國」這一名詞起源於武王時期。參考氏著〈釋中國〉，收錄於王元化主編，《釋中國》（上海：上海文藝出版社，1998年3月），頁1516。此外，有關西周初期營建成周一事，《尚書》〈康誥〉、〈梓材〉、〈召誥〉、〈洛誥〉、〈多士〉等篇，《逸周書》〈作雒解〉、〈度邑解〉等篇亦有所記載，可互參。

和洛陽附近的河洛地區。〔註5〕《國語・周語上》載伯陽父之語：

> 昔伊、洛竭而夏亡。

《史記・孫子吳起列傳》中曾載吳起對魏武侯的一段話：

> 夏桀之居，左河、濟，右泰華，伊闕在其南，羊腸在其北。政修不
> 仁，湯放之。

均是對於夏王朝晚期都城所在區域之論述。而《逸周書・度邑解》中所載：

> 維王剋殷國，君諸侯，乃厥獻民徵主九牧之師見王於殷郊。王乃升
> 汾之阜，以望商邑。永嘆曰：「鳴呼！不淑兌天對，遂命一日，維顯
> 畏弗忘。」王至于周，自□至于丘中，具明不寢。……（王曰）自
> 洛汭延于伊汭，居陽（筆者按：「陽」亦有版本作「易」者）無固，
> 其有夏之居。我南望過于三塗，我北望過于有嶽，丕顧瞻過于河，
> 宛瞻于伊洛，無遠天室。其曰茲曰度邑。

所論及的「有夏之居」，亦是指此一地區。

田繼周在論述「中國」觀念之源起時，認為它源自於夏王朝。他並且進一步地闡釋：

> 夏國是我國出現的第一個奴隸制的國家，是當時文化水平最高和最
> 進步的部份，因此，「夏」不僅具有「大國」的含義，也具有「中心」
> 的意義。故《爾雅・釋詁》曰：「夏，大也」；《尚書正義》曰：「華
> 夏，謂中國也。」夏國被當時的眾國家和眾部落，尊為「天下共主」，
> 從而夏國和夏族居住區也被視為「天下之中」。〔註6〕

由於伊洛地區在當時被認為是位居「天下之中」的「土中」，〔註7〕使得周武
王滅商之初，汲汲想立都於此，甚至因此而輾轉反側竟至無法安眠。

這種選擇「土中」，做為營建都城的選址原則，並不是周人所獨創。司馬
遷在《史記・貨殖列傳》中即指出：

> 昔唐人都河東，殷人都河內，周人都河南。夫三河在天下之中，若
> 鼎足，王者所更居也，建國各數百千歲。

---

〔註5〕 張誠，〈試論夏都變遷地域〉，《鄭州大學學報》1996 年第三期，頁 50～55。
〔註6〕 田繼周，〈夏代的民族和民族關係〉，《民族研究》1985 年第四期，頁 28。
〔註7〕 《史記・周本紀》載：「成王在豐，使召公復營洛邑，如武王之意。周公復卜
申視，卒營築，居九鼎焉。曰：『此天下之中，四方入貢道里均。』」《尚書・
召誥》亦云：「王來紹上帝，自服于土中。旦曰：『其作大邑，其自時配皇天。
毖祀于上下，其自時中乂。王厥有成命，治民今休。』」

也就是說，把都城建在「天下之中」，是自唐堯以來即存在的傳統思想。《史記・五帝本紀》亦載：

> 堯崩。三年之喪畢，舜讓辟丹朱於南河之南。諸侯朝覲者，不之丹
> 朱而之舜；獄訟者，不之丹朱而之舜；謳歌者，不謳歌丹朱而謳歌
> 舜。舜曰：「天也！」夫而後之中國踐天子位焉。〔註8〕

此外，在殷墟甲骨文上亦可見「東土」、「南土」、「西土」、「北土」，以及祭祀四方的刻辭，這些都是用來區別都城大邑商所在之「中土」而出現的名詞（圖九）。

### 圖九：甲骨「四土」卜辭

資料來源：《甲骨文合集》第十二冊圖 36975

胡厚宣先生對於殷商甲骨文字中，已經有相當清楚的東西南北中的「五方觀念」，更有所謂「中商」一詞的出現，提出考證。其云：

> 中商即商也。中商而與東南西北並貞，則殷代已有中東南西北五方
> 之觀念明矣。……又案：「商」而稱「中商」者，當即後世「中國」

---

〔註8〕裴駰《集解》引劉熙曰：「帝王所都為中，故曰中國。」

稱謂之起源也。……然則商之可稱「中商」、「商方」，又可稱「中商方」及「中方」，則其必爲周代以來中國之義，蓋昭然明矣。又商者亦稱天邑商，亦稱大邑商，亦稱大邑，由前引卜辭觀之，既又可以稱「中商」，則必更可以稱「中邑」。《說文》：「邑，國也。」「中邑」亦即中國之稱也。以上兩說，雖講法不同，然其可以證成殷代必已有「中國」意義之稱謂，則一也。〔註9〕

《詩經·商頌·殷武》亦稱：

商邑翼翼，四方之極。

《商頌》是春秋時代殷人後裔之宋國君主祭祀祖先的歌詩，但是它創作的年代較爲久遠，殷商時代就已產生了。可見殷人自認爲他們的首都不但規模宏大，而且居於天下的中心地帶。〔註10〕可見，「擇中立國」的都城選址原則，在唐虞三代時期，是具有普遍性的觀念。

由上述可知，至遲從三代時期開始，伊洛地區即被視爲「土中」，而「土中」又是如何測定出來的？《周禮·地官·大司徒》載：

以土圭之灋測土深，正日景，以求地中。

賈公彥《疏》云：

案《玉人職》云：「土圭尺有五寸。」周公攝政四年，欲求土中而營王城，故以土圭度日景之法測度也。度土之深，深謂日景長短之深也。正日景者，夏日至，晝漏半，表北得尺五寸景，正與土圭等，即地中。故云「正日景以求地中」也。

亦即：夏至日正午時刻，所測得之日影長度與土圭表尺相等，均爲一尺五寸的地點，即爲「地中」（土中）之所在。然而，「土中」確切的地點何在？鄭玄曾引鄭眾之說云：

土圭之長尺有五寸，以夏至之日，立八尺之表，其景適與土圭等，謂之地中，今潁川陽城地爲然。

賈公彥《疏》亦云：

鄭司農云「潁川陽城地爲然」者，潁川郡陽城縣是周公度景之處，

---

〔註 9〕 胡厚宣，〈論殷代五方觀念及「中國」稱謂之起源〉，收入氏著《甲骨學商史論叢，初集》（石家莊：河北教育出版社，2002 年 11 月），頁 277～281。
〔註10〕 《毛傳》：「商邑，京師也。」鄭玄《箋》：「極，中也。」陳奐《疏》：「極，中也，中土中也。……言湯都亳，宅四方之中。」

> 古跡猶存，故云「地爲然」也。案《春秋左氏》，武王克商，遷九鼎
> 於洛邑，欲以爲都。不在潁川地中者，武王欲取河洛之間形勝之所，
> 洛都雖不在地之正中，潁川地中仍在畿內。

潁川陽城，即今河南省登封縣，是中嶽嵩山所在之地，西距洛陽不過百里，亦在河洛地區的範圍內。因此，至遲從西周開始，河洛地區便被認爲是位居天下之中的「土中」（地中）了。

　　夏、商、周三代，爲什麼要以「土中」做爲營建都城的地點？當時的人們認爲，所謂的「土中」（或稱「地中」），氣候與物產皆宜於久居，是建都的理想地點。《周禮·地官·大司徒》即稱：

> 日至之景尺有五寸，謂之地中：天地之所合也，四時之所交也，風
> 雨之所會也，陰陽之所合也。然則百物阜安，乃建王國焉。

清人孫詒讓於《周禮正義》一書中，進一步解釋：

> 地體渾圓，以距日之遠近，爲景之長短及氣之寒暑。蓋日行出入常
> 近赤道，中國居赤道北，若其地偏南，則於日爲近南，距日較近，
> 日光線所射微正，故其景短，得日之光熱亦最盛而多暑；若其地偏
> 北，則於日爲近北，距日較遠，日光線所射尤斜，故其景長，得日
> 之光熱亦大減而多寒也。……凡地之東西緯度同，則距日遠近亦不
> 異，故景無長短而有朝夕，氣亦無寒暑而有燥溼。若其地偏東，則
> 得日較早，故地中日方中而此已夕，其氣亦燥而多風；若其地偏西，
> 則得日較遲，故地中日已中而此尚朝，其氣亦溼而多陰。〔註11〕

唯有地中之處寒暑燥濕適宜，是理想的居址所在。都城是一國之重心，更需建在此一天地、四時、風雨、陰陽等條件均屬優良的地點。〔註12〕

　　這種認爲「地中」具有優越的地理條件，適於人類生存發展的思想，不唯東方如此，在西方亦有相同之觀念。例如，古羅馬時代建築師維特魯威（Vitruvii，亦稱維特魯威俄斯，Vitruvius）在其《建築十書》("The Ten Books

〔註11〕【清】孫詒讓撰，《周禮正義》（北京：中華書局，2000 年 3 月，第一版第二次印刷），卷十八，〈地官·大司徒〉，頁 716。

〔註12〕《戰國策·趙策》：「中國者，聰明睿智之所居也，萬物財用之所聚也，聖賢之所教也，仁義之所施也，詩書禮樂之所用也，異敏技藝之所試也，遠方之所觀赴也，蠻夷之所義行也。」《鹽鐵論·輕重》亦云：「邊郡山居谷處，陰陽不和，寒凍裂地，衝風飄鹵，沙石凝積，地勢無所宜。中國，天地之中，陰陽之際也，日月經其南，斗極出其北，含眾和之氣，產育庶物。」其中「中國」之含義雖與三代不盡相同，但其思想則是一致的。

on Architeture"）中述及：

> 處於太陽普遍傾注熱氣的土地上會保持著中等的身體，在太陽運行
> 逼近而炎熱的地方所含濕量便要被火力奪去。與此相反，在寒冷的
> 地方因為距離南方遙遠，所以不會因熱而奪去濕氣，露水多的空氣
> 卻從天空流入體內，形成濕氣過多的體質。據此，生育在北方的人
> 們，由於濕氣的過剩和天空的寒流就形成身體高大、顏色白皙、髮
> 直而紅、眼呈灰色，有著多量的血液。然而住在靠近南軸暴露於太
> 陽軌道之下的人們，則由於太陽的力量，形成身體矮小、顏色黝黑、
> 頭髮短縮、眼呈黑色、腿腳孱弱、血液貧乏。……自然在宇宙之中
> 就這樣作了安排，一切種族儘管配合是不適當的，卻只有羅馬市民
> 在整個大地的範圍內居住於宇宙的中央部分，才是佔據在真在的領
> 域。實際上，在意大利人們四肢力量和精神的調和完全適度，因而
> 它們的強度成比例。這和木星運行於最熱的火星和最冷的土星之間
> 得到的道理一樣，意大利位於北和南之間，在兩方面得到了調和，
> 因此恰好適度而獲得無比的稱讚。〔註13〕

可見，這種「擇中立國」的思想，中外皆同。

再者，都城建於國土的中央，確實有利於王朝的統治。《史記·周本紀》
即載：

> 成王在豐，使召公復營洛邑，如武王之意。周公復卜申視，卒營築，
> 居九鼎焉。曰：「此天下之中，四方入貢道里均。」作《召誥》、《洛誥》。

從地理位置考量，把都城建在國土的中央，不但可使四方進貢的路程大致相
等，而且易於發揮都城在政治、經濟和文化的輻射作用。尤其從政治因素而
論，也容易形成周邊地區對中央政府的依附和歸順。亦即利用都城位於「天
下之中」的特殊地理位置，造成「四方輻湊」式的政治、經濟、文化中心，
既便於四方諸侯之貢獻，更利於鎮撫全國。〔註14〕《太平御覽》引《五經要
義》之言：

> 王者受命創始，建國立都必居土中，所以揔天地之和，據陰陽之正，

---

〔註13〕 維特魯威著，高履泰譯，《建築十書》（北京：知識產權出版社，2001 年 3 月），
頁 162～164。

〔註14〕 趙安啟、王宏濤，《史記與中國古代建築文化》（西安：陝西人民教育出版社，
2000 年 9 月），頁 245～246。

均統四方，以制萬國者也。〔註15〕

也是從此一角度著眼的。

　　實際上，「擇中立國」的都城選址原則，是與古人的方位尊卑觀念有著密切的關係。古人以居中爲尊，左右次之，有中央才有左、右、前、後這一系列方位上乃至觀念上的次序。所以，擇中而居並不僅僅出於氣候與物產的要求，其中當另有其特殊的意義。由於「中央」被視爲一種最高統治者權威的象徵，因此「擇中立國」最主要的考量因素，則是與王朝統治權之確立有關。《尙書・召誥》即云：

　　王來紹上帝，自服于土中。旦曰：「其作大邑，其自時配皇天。毖祀于上下，其自時中乂。王厥有成命，治民今休。」

孔安國解釋：

　　言王今來居洛邑，繼天爲治，躬自服行教化于地勢正中。稱周公言其爲大邑于土中，其用是大邑，配上天而爲治。爲治當愼祀于天地，則其用是土中大致治。用是土中致治，則王其有天之成命，治民今獲太平之美。

在講求「天命」以及「天人感應」的時代裡，人們相信唯有將都城建立於「土中」，才能夠「配上天而爲治」、「王其有天之成命」，亦即擁有了統治權的合法性與正當性。

　　這種以居中爲尊的觀念，學者考證甲骨文，認爲是源自於原始氏族時代。因爲「中」之字形（ ）像旗幟插於廣場之中，反映出氏族長常插桿於院落中心以集眾之情形。〔註16〕甚至有學者認爲，它與原始時代的穴居文化有關。任騁即認爲「中」之字形係古人對其居處洞穴，以及周圍流水的表示。他並且闡釋云：

　　「中」的觀念最早產生於人猿相揖別的古人類時代。人科動物從原始森林中走出，生活在依山傍水的河漢溝壑地帶，爲防野獸侵

---

〔註15〕【宋】李昉等撰，《太平御覽》（台北：臺灣商務印書館，1986 年 1 月臺五版），卷一百五十六，〈州郡部二〉，〈敘京都下〉，頁 888。

〔註16〕唐蘭即認爲：「余謂中者最初爲氏族社會之徽幟。……蓋古有大事，聚族於曠地，先建中焉，羣眾望見而趨附。羣眾來自四方，則建中之地爲中央矣。……然則中本徽幟，而所立之地，恆爲中央，遂引申爲中央之義。」引自于省吾主編、姚孝遂按語編撰，《甲骨文字詁林》（北京：中華書局，1996 年 5 月），頁 2937。

襲，晝出夜伏，通常選擇山崖自然洞穴藏身，以為相對固定的居所。漸漸地，他們便有了以居處為活動中心的感覺。這種感覺後來在中國的早期象形文字——甲骨文中被描繪成🄲字形。筆者經過一番考證，認為字裡〇形是形符，係古人對居處洞穴的象形描繪；"｜"形是意符，表示洞穴居處可上下通達、左右隨行；"≈"形是形符之輔,象征居處周圍有水流。🄲字整体表示人的居處、人的生活中心的意思。其發音和洞穴之「洞」，以及後來與人們的居所有直接關連的「棟」、「宮」、「穹」、「窿」等字均可音轉意通，即為「中」字。因此，可以認為「中」字起源於原始的洞穴生活習俗。洞穴習俗在古人類的生活中具有重要作用，自不待言。它的主要功能是對人的保護作用。在洞穴的庇護下，人類躲過了一次次的狂風暴雨、雷電洪峰，躲過了毒蛇猛獸的驚擾襲擊，修養生息，繁衍發展。於是洞穴的意象進入了神話思維。創世神話、洪水神話中的葫蘆、瓜、船等保護人類、繁衍人類的形象無不帶有洞穴意象的積澱和印痕。「中」的觀念也就在這種對「洞穴」神化的過程中得到了強化和尊崇。〔註17〕

即可看出此一觀念之源流久遠。

然而，在都城選址上，「居中為尊」最重要的淵源，則與「北辰崇拜」有關。孔子在《論語‧為政》中曾經提及：

為政以德，譬如北辰，居其所而眾星共之。

即已點出政權與「北辰」的關係，「北辰」即是北極星。在人們所能看到的天體當中，最明顯的當屬日、月。但是，由於地球自轉的軸心並非與運行的黃道垂直，每天日、月東昇西落的角度均不一致。對於居住在北半球的中國古代先民而言，在眾多星體當中，僅有北極星正處於地球的轉動軸上，看上去似乎居中不動，而其它所有的恆星都圍繞著北極星運轉不息，而且越靠南空的星體，由於離軸心越遠，其運轉的速度也越快。〔註18〕因此，北極星往往

〔註17〕 任騁，〈從河南人口頭語「中」字說起〉，《中州古今》2000年第一期，頁9。另可參考氏著，〈洞穴習俗與「中」的觀念〉，《南都學壇》（哲學社會科學版）第二十卷第一期（2000年1月），頁35～37。

〔註18〕 其實由於歲差的關係，不同時代有著不同的北極星，最早的極星應該是北斗七星中的某些星，大約到公元前10世紀北極位移至帝星（β Ursa Minor）附近，帝星取代北斗而成為當時新的極星。隨後是庶子（5 Ursa Minor）和后宮

成爲古人判別方向時重要的依據。《春秋公羊傳‧昭公十七年》何休注云：

> 北辰，北極，天之中也。常居其所，迷惑不知東西者，須視北辰。

《詩經‧鄘風‧定之方中》毛傳亦云：

> 南視定，北準極，以正南北。

可見「北辰」在辨方正位上的重要性；而且，由於北極星所在之位置，被認爲是天之中，因此也被神化，被人們奉爲具有神性的星辰，進而對其產生了崇敬之心。

這種對「北辰」加以崇拜的現象，早在新石器時代似乎即已出現。[註19] 學者在論及新石器時代聚落佈局時，曾有以下論述：

> 和半坡氏族同時存在的寶雞北首嶺氏族和臨潼姜寨氏族，居住營地的情況與半坡大致相同。北首嶺氏族營地也是按圓形排列，中間是個廣場，南北長一百米，東西寬六十米左右。……廣場周圍有許多房址，大部分都是有意圍繞著廣場修建的，門都向著廣場，從而形成場地以北和以西的房屋與場地以南和以東的房屋遙相對望的情況。姜寨氏族營地的佈局更清楚。這個營地居住著由五個母系大家族組合起來的一個氏族，整個居住區也是作圓形排列，分成五組居住群落，共清理出一百多座房子，屬於同一時期的大概有六十多座，每個群落有十四、五間小房子，中間則是一個大廣場，房屋的門照例是向著大廣場開。[註20]

---

（4 Ursa Minor）。漢代的極星則是天樞（322H Camelopardalis），它的位置幾乎恰好在天極的軌道上；而今天的極星則是勾陳一（小熊座 α）。但大約 11000 年以後，它將移到天極軌道的另一端，即天琴座織女一（Vega α Lyra）附近，這意味著織女星將成爲那個時代的北極星。參見馮時，《中國天文考古學》（北京：社會科學文獻出版社，2001 年 11 月），頁 87。

〔註19〕參見馮時，《中國天文考古學》，第三章第二節，〈新石器時代的天極與極星〉，頁 89～128。

〔註20〕馬洪路，《遠古之旅──中國原始文化的交融》（西安：陝西人民出版社，1989 年 5 月），頁 139～140。至於半坡、北首嶺、姜寨等仰韶文化遺址房屋之佈局，可參見石興邦，〈西安半坡村新石器時代村落遺址的發掘〉，《科學通報》1955 年第三期；考古所西安半坡工作隊，〈西安半坡遺址第二次發掘的主要收穫〉，《考古通訊》1956 年第二期；考古所寶雞發掘隊，〈陝西寶雞新石器時代遺址發掘紀要〉，《考古》1959 年第五期；考古所渭水調查發掘隊，〈寶雞新石器時代遺址第二、第三次發掘的主要收穫〉，《考古》1960 年第二期；西安半坡博物館，〈臨潼姜寨新石器時代遺址的新發現〉，《文物》1975 年第八期；嚴文明，《仰韶文化研究》（北京：文物出版社，1989 年 10 月）。

陳江風對此一現象，提出了他的看法：

> 半坡、北首嶺、姜寨等地的仰韶文化遺址佈局，據信建立在對以北
> 極爲中心的天國秩序、宇宙模式的發現、認同與模仿的基礎上。村
> 落圍成圓形，表現圓以法天思想；所有房屋的大門都朝向中心廣場，
> 表現對群星拱北極的認同與模仿。〔註21〕

這種對於北辰的崇敬，自氏族社會，歷經禪讓政治，進入家天下的時代，統治權逐漸集中於人王身上之後，由於古人將「天中」當作天廷之所在，便用人間君王駕馭群臣萬民這一社會現象來解釋天體運動，自然地認爲居中不動的北極星是天廷的最高神「天帝」之所在。〔註22〕在講究「天命」以及「天人感應」的時代裡，既然天帝所在之北辰位於「天之中」，人間的統治者自然需將其都城設立於「地之中」，才能上配於天，亦即取得統治權之合法性與正當性。

自夏、商、西周三代以來，確立了「擇中立國」的原則之後，對春秋、戰國，以及其後的秦漢時期，在都城的選址上，亦產生了極爲顯著的影響。《周禮・冬官・匠人》載：

> 匠人建國，水地以縣，置槷以縣，眡以景。爲規，識日出之景與日
> 入之景。晝參諸日中之景，夜考之極星，以正朝夕。

仍是希冀透過「晝參日中之景，夜考之極星」的方式，達到「擇中立國」之目的。《管子》與《荀子》二書中，亦有相同之論點。〔註23〕當時不但主張應選擇一國的中心建立國都，甚至主張選擇國都的中心來建立宮殿。實質上也

---

〔註21〕陳江風，《天人合一：觀念與華夏文化傳統》（北京：生活・讀書・新知三聯書店，1996年7月），頁124～125。

〔註22〕《周禮・大宗伯》賈公彥《疏》云：「案《元命包》云：『紫微宮爲大帝。』又云：『天生大列爲中宮大極星，星其一明者，大一常居，傍兩星巨辰子位，故爲北辰，以起節度，亦爲紫微宮。紫之言此，宮之言中。天神圖法，陰陽開閉，皆在此中。』又《文耀鈎》云：『中宮大帝，其北極星下一明者，爲大一之先，含元氣以布斗，常是天皇大帝之號也。』又案《爾雅》云：『北極，謂之北辰。』鄭《注》云：『天皇，北辰耀魄寶。』又云：『昊天上帝，又名大一帝君，以其尊大，故有數名也。』其紫微宮中皇天上帝，亦名昊天上帝，得連上帝而言。至於單名皇天、單名上帝亦得。故《尚書・君奭》云：『公曰：君奭，我聞在昔，成湯既受命，時則有若伊尹，格于皇天。』鄭《注》云：『皇天，北極大帝。』」

〔註23〕《管子・度地》：「天子中而處，此謂因天之材，歸地之利。」《荀子・大略篇》：「欲近四旁，莫如中央，故王者必居天下之中，禮也。」

就是強調「以中爲尊」，由位處都城中央的宮城來控制整個都城，由地處疆土中央的都城來統御整個天下。《呂氏春秋・審分覽・愼勢》即云：

> 古之王者，擇天下之中而立國，擇國之中而立宮，擇宮之中而立廟。

祖廟爲祭祖之地，而當時認爲先王死後，是在上帝左右的。因此，擇宮之中而立祖廟，亦可見其上通天心之意圖。

此外，《尚書・禹貢》中具體列出的「五服」制度，也是由都城分別向四方擴散，每服五百里，五服共兩千五百里。亦即以都城爲中心，距各方的邊陲都是兩千五百里；《周禮・夏官・職方氏》又提出「九服」的制度，同樣也是以都城爲中心，距各方的邊陲都是五千里。〔註 24〕「五服」、「九服」和具體的里數，兩書所說的雖各有不同，但以都城爲中心之意象卻是一致的，這些都是受到「擇中立國」觀念影響，所產生的理論；同時亦可看出隨著天下觀念之擴大，「擇中立國」的觀念卻屹立不搖。

西漢初年劉邦在選擇建都地點時，首先考慮的地點也是位居土中的洛陽。其後因受劉敬、張良等人之勸說，方才西入關中定鼎長安。〔註 25〕到了東漢時期，都城終於遷至洛陽，當時在論及長安與洛陽兩都之優劣時，張衡於〈東京賦〉中曾論述云：

> 秦負阻於二關，卒開項而受沛；彼偏據而規小，豈如宅中而圖大。
> 〔註 26〕

指出西京長安所在之關中偏居一隅，不是天下的中心地帶。秦朝雖然在那裡

---

〔註 24〕《尚書・夏書・禹貢》：「五百里甸服，……五百里侯服，……五百里綏服，……五百里要服，……五百里荒服。」；《周禮・夏官司馬・職方氏》：「乃辨九服之邦國，方千里曰王畿，其外方五百里曰侯服，又其外方五百里曰甸服，又其外方五百里曰男服，又其外方五百里曰采服，又其外方五百里曰衛服，又其外方五百里曰蠻服，又其外方五百里曰夷服，又其外方五百里曰鎮服，又其外方五百里曰藩服。」

〔註 25〕有關漢高祖放棄洛陽而西都長安之事，可參見《史記》〈高祖本紀〉、〈留侯世家〉以及〈劉敬叔孫通列傳〉之內容。其中〈劉敬叔孫通列傳〉載：「婁敬說曰：『陛下都洛陽，豈欲與周室比隆哉？』上曰：『然！』婁敬曰：『陛下取天下與周室異。……成王即位，周公之屬傅相焉，迺營成周洛邑，以此爲天下之中也，諸侯四方納貢職，道里均矣。』」即點出漢高祖欲都洛陽之理由，仍在於它是位於「天下之中」。因爲，漢高祖若眞是「欲與周室比隆」，他應將都城設於西周時期都城宗周所在之關中，而非東周時期僅徒具名義之周天子所在之都城雒邑。

〔註 26〕【清】嚴可均校輯，《全上古秦漢三國六朝文》（北京：中華書局，1958 年 12 月第一版，1995 年 11 月第六次印刷），卷五十三，頁 765。

建都，但是國祚短暫，沒能維持多久就滅亡了。而班固〈東都賦〉亦云：

> 且夫僻界西戎，險阻四塞，修其防禦，孰與處乎土中，平夷洞達，
> 萬方輻湊。〔註27〕

張、班兩人之〈東京賦〉與〈東都賦〉，均強調建都於「土中」的優點，可以看出「擇中立國」觀念，對東漢時期都城選址仍有著深刻地影響。

　　總而言之，夏、商、西周三代把河洛地區作為政治中心區域，是基於河洛地區是天下之中的認識。這種自認為居天下之中的觀念，從一開始就佔據了華夏民族的思想，成為根深蒂固的文化心理。受到這種觀念的制約，都城亦需營建於天下之中，以對應天帝所在之「天中」北辰，如此方能「配上天而為治」、「有天之成命」，取得統治權的合法性與正當性。

　　這種「擇中立國」的都城選址原則，自三代而歷春秋、戰國以迄秦漢時代，一直都是都城選址時的重要決定因素，它不僅見之於王朝或政權實際立都的行動上，並且見之於當世學人之著作或辭賦中，均可看出此一思想影響之深遠。

# 第二節　夏、商、西周三代都城之佈局

　　先秦兩漢時期，在都城營建的過程中，為顯示統治權的合法性與正當性，「象天法地」的原則不僅僅表現在都城地點的選擇上，亦反映在都城建設的佈局上。「擇中立國」的都城選址原則，雖然一直是重要的考量因素，然而，並非所有的都城均有幸建立於「天下之中」。例如，春秋、戰國時期，諸侯國林立，其間雖有問鼎中原的野心，但王城仍有名義上的共主周天子在，不可能達成於「天下之中」營建都城的願望；又如，漢高祖劉邦最初雖欲定都於洛陽，但基於政治、軍事上的考慮，接受了張良、劉敬的勸說，而西入關中。在此情形下，為彌補無法建都於天下之中的缺憾，便需轉由都城佈局的方式來補救。

　　在以下的數節當中，我們將分別討論三代、春秋戰國，以及秦漢等不同時期中，如何以「象天法地」的原則，對都城進行佈局。需要說明的是：宮殿區或宮城無疑是都城中最重要的設施，因而此處所論述的都城佈局，主要是以都城中宮殿區或宮城所在之位置為論述之重點。

---

〔註27〕同前註書，卷二十四，頁605。

## 一、夏代都城之佈局

　　夏代是中國歷史上第一個王朝。根據文獻之記載，其都城分別有陽城、〔註28〕陽翟、〔註29〕平陽、安邑、晉陽、〔註30〕斟鄩、〔註31〕帝丘、〔註32〕斟灌、〔註33〕原、老邱、〔註34〕西河〔註35〕等地。

　　但是，由於夏代的文字至今仍未發現，曾經被疑古派的學者懷疑過它的存在。王師仲孚曾綜合論述各家對夏王朝存在之懷疑，其云：

> 疑古者，有的就明白地說出，夏代是不存在的，或以傳說中之「夏國」，乃由於神話中之「下國」所演成，傳說中之「夏后」，實由於神話中之「下后」所演成，或則以夏世即商世、夏史實即商史的一部分，夏之十四世，即商的先公先王十四世，而湯桀之革命，不過親間之爭奪而已。」〔註36〕

1959 年夏，在中國科學院考古研究所研究員徐旭生的親自率領下，於豫西進行「夏墟」的調查，不但發現了河南偃師二里頭文化，並且拉開了夏文化探

---

〔註28〕《古本竹書紀年》：「禹，居陽城。」《孟子・萬章上》：「禹避舜之子於陽城。」《世本・居篇》：「夏禹都陽城，避商均也。」

〔註29〕《左傳・昭公四年》：「夏啟有鈞臺之享。」杜預注：「啟，禹子也。河南陽翟縣南有鈞台陂，蓋啟享諸侯于此。」《史記・貨殖列傳》：「潁川、南陽，夏人之居也。」《集解》引徐廣曰：「禹居陽翟。」《漢書・地理志》「潁川陽翟」條下班固自注云：「夏禹國。」《帝王世紀》：「禹受封爲夏伯，在《禹貢》豫州外方之南，……今河南陽翟是也。」《水經注・潁水注》：「潁水自碣東逕陽翟縣故城北，夏禹始封于此，爲夏國。」

〔註30〕《世本》：「禹都陽城，又都平陽，或在安邑，或在晉陽。」《帝王世紀》：「禹受禪都平陽，或在安邑，或在晉陽。」

〔註31〕《古本竹書紀年》：「太康居斟鄩，……羿居斟鄩，……桀居斟鄩。」

〔註32〕《古本竹書紀年》：「后相即位，居商邱。」《帝王世紀》：「帝相一名相安，自太康以來，夏政凌遲，爲羿所逼，乃徙商丘，依同姓諸侯斟灌、斟尋氏。」《左傳》僖公三十一年：「衛遷于帝丘，……衛成公夢康叔曰：『相奪予享。』」杜預注：「相，夏后啟之孫，居帝丘。」又曰：「帝丘，今東郡濮陽縣。故帝顓項之虛，故曰帝丘。」清朱右曾《汲冢紀年存眞》：「商當爲帝。」《通鑑地理通釋》卷四注曰：「商丘當作帝丘。」

〔註33〕《古本竹書紀年》：「相居斟灌。」

〔註34〕《古本竹書紀年》：「帝宁（杼）居原，自原遷于老邱。」帝宁或作帝予、仔、杼，帝少康之子。

〔註35〕《古本竹書紀年》：「胤甲即位，居西河。」

〔註36〕王仲孚，〈大禹與夏初傳說試釋〉，收入氏著《中國上古史專題研究》（台北：五南圖書公司，1996 年 12 月），頁 363。

索的序幕。〔註37〕目前學界一般認為，發現於豫西、晉南等地的二里頭文化，應為夏王朝的文化遺存。因為，據文獻記載，豫西、晉南正是所謂「有夏之居」與「夏墟」之所在，同時二里頭遺址出土的標本經過 $C^{14}$ 的測定，除去測定可能因誤差而有過早或過晚等之數據外，年代基本在公元前 21～17 世紀之間，與夏王朝存在的時間也大致吻合。〔註38〕更為重要的是，河南地區的龍山文化、二里頭文化與早商文化依次疊壓、前後相繼的地層關係，更說明了二里頭文化相對應的王朝就是夏王朝。〔註39〕甚至有學者認為，夏文化應上溯至河南龍山文化的晚期。〔註40〕

目前考古學界雖仍有爭議，但大致上將河南登封王城崗龍山文化二期的兩個城址，歸屬於夏代早期的都城；〔註41〕河南偃師二里頭第三期的城址遺存，則為夏代晚期的都城。〔註42〕此外，於河南偃師尸鄉溝發掘的古城遺址，其中之內城，似乎亦屬夏代之都城遺存。

## （一）王城崗龍山文化二期城址〔註43〕

王城崗遺址位於河南省登封縣告成鎮西北約 500 公尺和八方村東北約 500 公尺的五渡河西岸崗地上。南距潁河約 400 公尺，西北離王嶺尖約 300 公尺。遺址約 1 萬多平方公尺，地勢較周圍地面高出 1～2 公尺。（圖十）

〔註37〕徐旭生，〈1959 年夏豫西調查"夏墟"的初步報告〉，《考古》1959 年第十一期，頁 592～600。

〔註38〕有關二里頭文化碳十四的數據，可參考中國社會科學院考古研究所編，《中國考古學中碳十四年代數據集：1965～1991》（北京：文物出版社，1992 年 3 月），頁 151～157。

〔註39〕許兆昌，《夏商周簡史》（福州：福建人民出版社，2002 年 1 月），頁 14。

〔註40〕李伯謙，〈關於早期夏文化 —— 從夏商周王朝更迭與考古學文化變遷的關係談起〉，《中原文物》2000 年第一期，頁 11～14。

〔註41〕河南省文物研究所、中國歷史博物館考古部編，《登封王城崗與陽城》（北京：文物出版社，1992 年 1 月），頁 321～324。

〔註42〕鄒衡，〈試論夏文化〉，收入氏著《夏商周考古學論文集》（北京：文物出版社，1980 年 10 月），頁 95～182。

〔註43〕相關考古發掘報告，參見河南省博物館登封工作站，〈1977 年下半年登封告成遺址的調查報告〉，《河南文博通訊》1978 年第一期；河南省博物館登封工作站，〈1978 年上半年登封告成遺址的發掘〉，《河南省文博通訊》1978 年第三期；河南省文物研究所、中國歷史博物館考古部，〈登封王城崗遺址的發掘〉，《文物》1983 年第三期；河南省文物研究所、中國歷史博物館考古部編，《登封王城崗與陽城》（北京：文物出版社，1992 年 1 月）。

## 圖十：王城崗遺址位置圖

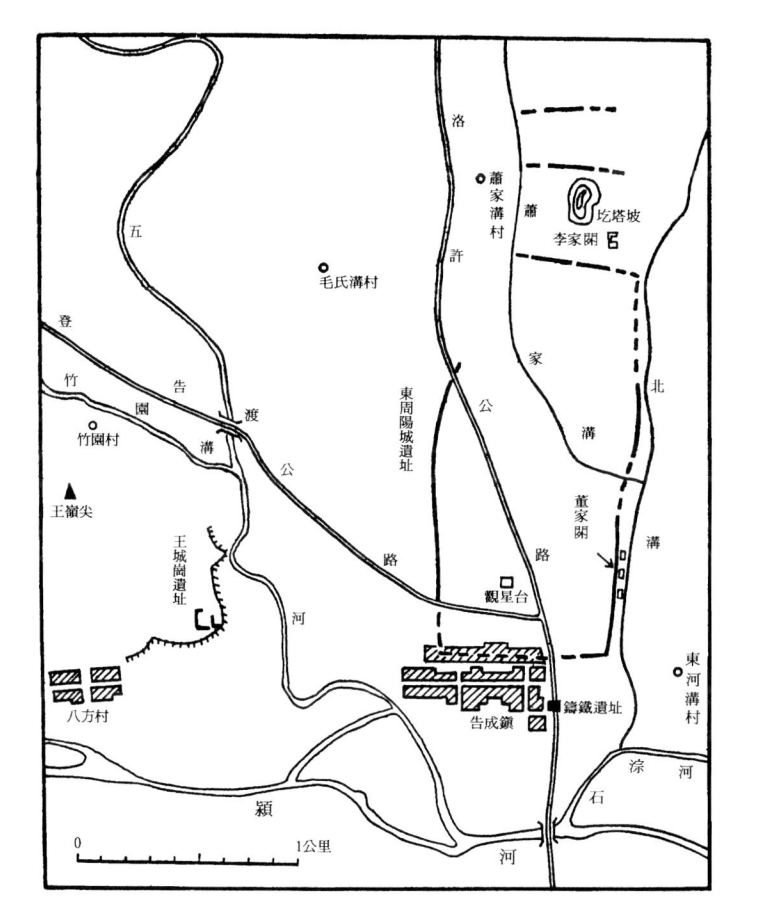

資料來源：《登封王城崗與陽城》，頁 3

　　在眾多的文化遺存中，王城崗龍山文化二期遺存，雖曾遭到後期文化層的嚴重破壞，但仍是王城崗龍山文化遺存中最為豐富的一期，並且於王城崗上，發現東西相連的兩座城址。其中，東城的西牆就是西城的東牆，兩城所在的地勢是西城高於東城。據推測由於東城的地勢比較低，而且東面又緊臨五渡河，所以東城的東部，絕大部分很可能已被河水沖毀。兩城的修築時間，是東城早於西城。可能也是由於東城被五渡河西移沖毀後，才利用東城的西牆作為西城的東牆而又修築起西城。〔註44〕

〔註44〕河南省文物研究所、中國歷史博物館考古部編，《登封王城崗與陽城》，頁 28
　　　　～35。

這兩座龍山文化二期的城址的位置，與文獻記載的夏代陽城的地望十分吻合，因此有些學者認爲這裡很有可能就是夏代「禹都陽城」或「禹居陽城」的陽城遺址。〔註45〕然而，亦有學者持反對的態度。〔註46〕但是，不可否認，王城崗遺址對於夏王朝初期歷史之探索和研究，提供了重要的實物證據。〔註47〕

## （二）偃師二里頭遺址〔註48〕

遺址位於河南省偃師市西南約 9 公里的二里頭、圪壋頭、四角樓等村一帶（圖十一），面積 375 萬平方公尺以上。〔註49〕二里頭遺址既有形制巨大的宮殿建築和大型墓葬，又有鑄銅、製陶、製骨、製造玉器和石器等各種手工業作坊，還出土了相當數量且工藝複雜的青銅器、玉器，顯然不是一般的聚落或城址，學者大多認爲二里頭遺址應屬夏代之都邑。〔註50〕

---

〔註45〕河南省文物研究所、中國歷史博物館考古部，〈登封王城崗遺址的發掘〉，《文物》1983 年第三期，頁 16；河南省文物研究所、中國歷史博物館考古部編，《登封王城崗與陽城》，頁 321〜324。

〔註46〕楊寶成，〈登封王城崗與"禹都陽城"〉，《文物》1984 年第二期，頁 63〜66。

〔註47〕京浦，〈禹居陽城與王城崗遺址〉，《文物》1984 年第二期，頁 67〜69。

〔註48〕相關考古發掘報告，參見徐旭生，〈1959 年夏豫西調查"夏墟"的初步報告〉，《考古》1959 年第十一期；中國科學院考古研究所洛陽發掘隊，〈1959 年河南偃師二里頭遺址試掘簡報〉，《考古》1961 年第二期；〈河南偃師二里頭遺址發掘簡報〉，《考古》1965 年第五期；中國社會科學院考古研究所二里頭工作隊，〈河南偃師二里頭早商宮殿遺址發掘簡報〉，《考古》1974 年第四期；〈河南偃師二里頭遺址三、八區發掘簡報〉，《考古》1975 年第五期；〈河南偃師二里頭二號宮殿遺址〉，《考古》1983 年第三期；中國社會科學院考古研究所編著，《偃師二里頭：1959 年〜1978 年考古發掘報告》（北京：中國大百科全書出版社，1999 年 6 月）。

〔註49〕張國碩，《夏商時代都城制度研究》（鄭州：河南人民出版社，2001 年 9 月第一版，2002 年 4 月第二次印刷），頁 24。另中國社會科學院考古研究所編著，《偃師二里頭：1959〜1978 年考古發掘報告》（北京：中國大百科全書出版社，1999 年 6 月）載二里頭遺址「東西長約 2 公里，南北寬約 2 公里，面積約爲 4 平方公里」（頁 393）；鄭光，〈二里頭遺址的發掘──中國考古學上的一個里程碑〉一文中，認爲二里頭遺址的範圍「東西與南北各約 3 公里。其北部爲今洛河嚴重毀壞，東部亦爲水所沖淤嚴重」，收入於中國先秦史學會、洛陽市第二文物工作隊編，《夏文化研究論集》（北京：中華書局，1996 年 9 月），則二里頭遺址的範圍約 9 平方公里（頁 67）。

〔註50〕中國社會科學院考古研究所編著，《偃師二里頭：1959〜1978 年考古發掘報告》，頁 394。

## 圖十一：偃師二里頭平面及位置圖

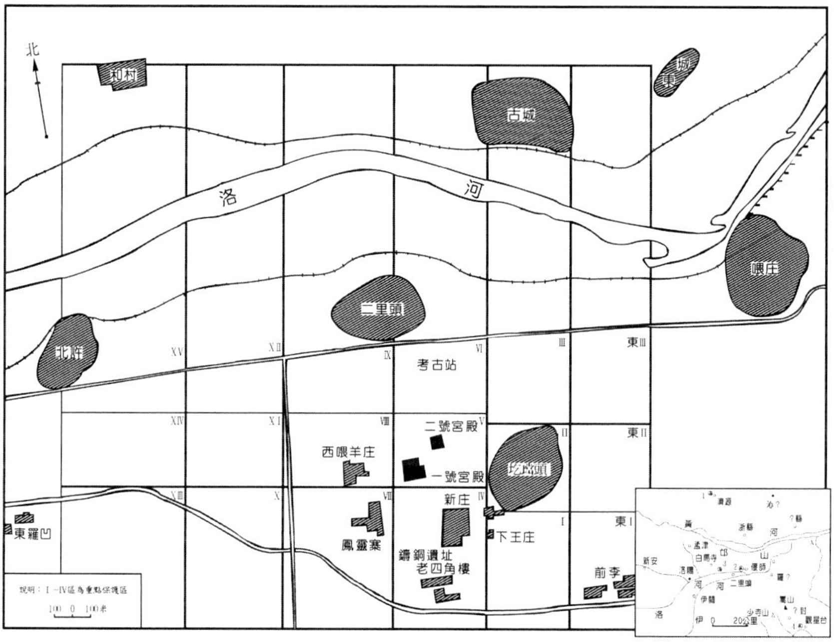

資料來源：據《夏文化24研究論集》，頁80附圖繪製

　　遺址的中部為宮殿區，佔地約 7.5 萬平方公尺，已發掘數十座方形和長方形兩種形制的宮殿基址。最大的長、寬各約 100 公尺，最小的長、寬各 20～30 公尺。〔註51〕其中，已清理的有一號、二號宮殿基址。一號宮殿基址是用夯土築成，平面呈長方形，長 108 公尺，寬 100 公尺，高約 1 公尺。基址中部偏北處是殿堂基址，呈長方形，東西長 36 公尺，南北寬約 25 公尺。殿堂位於基座之上，東西長 30.4 公尺，南北寬 11.4 公尺。四周有簷柱和挑簷柱洞以及柱礎石。經復原，這是一座面闊 8 間、進深 3 間、四阿重屋式的大型殿堂建築。殿堂前面是平坦廣闊的庭院，殿堂和庭院的四周，圍繞有一組完整的廊廡建築，在南面並設有寬敞壯觀的大門（圖十二）。二號宮殿基址位於一號基址東北方，距離約 150 公尺。東西長約 58 公尺，南北寬約 72.8 公尺。基座上分設圍牆、廊廡、大門、庭院、中心殿堂等建築。這兩座皆始建於二里頭文化三期的宮殿遺址，是中國目前所發現年代最早的大型宮殿。〔註52〕

〔註51〕張國碩，《夏商時代都城制度研究》，頁24～25。
〔註52〕參見中國科學院考古研究所二里頭工作隊，〈河南偃師二里頭早商宮殿遺址發

## 圖十二：二里頭遺址一號宮殿復原圖

資料來源：《中國古建築》，頁 24

### （三）偃師尸鄉溝商城內城遺址〔註53〕

　　河南偃師尸鄉溝商城遺址，自 1983 年發掘以來，關於該城之年代與性質等問題一直爭論不休，其中主要有湯都西亳說、〔註54〕伊尹放太甲之桐宮說、〔註55〕太戊都邑說、〔註56〕軍事重鎮說〔註57〕等論點。但是，將偃師尸鄉溝

---

掘報告〉，《考古》1974 年第四期，頁 234～248；中國社會科學院考古研究所編著，《偃師二里頭：1959～1978 年考古發掘報告》，頁 393。關於二里頭遺址宮殿之復原，楊鴻勛先生亦認爲是「按面闊八間進深三間布置」（〈論二里頭遺址所反映的原始宮殿〉，收入氏著《宮殿考古通論》，北京：紫禁城出版社，2001 年 8 月，頁 31），方酉生先生則認爲，一號宮殿遺址可能和二號宮殿遺址一樣，亦爲面闊 3 間，進深 1 間，見氏著〈評《偃師二里頭》及相關問題〉，《殷都學刊》2001 年第一期，頁 41。

〔註53〕　相關考古發掘報告，參見中國社會科學院考古研究所洛陽漢魏故城工作隊，〈偃師商城的初步勘探和發掘〉，《考古》1984 年第六期；中國社會科學院考古研究所河南第二工作隊，〈1983 年秋河南偃師商城發掘簡報〉，《考古》1984年第十期；〈1984 年春偃師尸鄉溝商城宮殿遺址發掘簡報〉，《考古》1985 年第四期；〈河南偃師尸鄉溝商城第五號宮殿基址發掘簡報〉，《考古》1988 年第二期；〈偃師商城第 II 號建築群遺址發掘簡報〉，《考古》1995 年第十一期。

〔註54〕　段鵬琦，〈偃師商城的初步勘探與發掘〉，《考古》1984 年第六期；中國社會科學院考古研究所，〈中國考古的黃金時代〉，《考古》1984 年第十期；趙芝荃、徐殿魁，〈1983 年秋季河南偃師商城發掘簡報〉，《考古》1984 年第十期；趙芝荃、徐殿魁，〈偃師尸鄉溝商代早期城址〉，收入中國考古學會編輯，《中國考古學會第五次年會論文集》（北京：文物出版社，1985 年 3 月），頁 8～16；趙芝荃、徐殿魁，〈試談偃師商城的始建年代並兼論夏文化的上限〉，收入田昌五主編，《華夏文明》第一集（北京：北京大學出版社，1987 年 7 月），頁 180～194；趙芝荃、徐殿魁，〈河南偃師商城西亳說〉，收錄於胡厚宣主編，《全國商史學術討論會論文集》（鄭州：殷都學刊編輯部，1985 年 2 月），頁 403～410；趙芝荃，〈再論偃師商城的始建年代〉，《中原文物》1999 年第三期，頁 24～33。

〔註55〕　鄒衡，〈偃師商城即太甲桐宮說〉，《北京大學學報》（哲學社會科學版）1984

古城遺址視為商代城址，則是一致的。因此，學界稱之為「偃師商城」。

　　然而，張錯生獨排眾議，認為「偃師商城」是夏桀之都邑。他藉由二里頭夏文化遺址、鄭州商城與尸鄉溝商城的相互關係，質疑商人怎麼能在滅夏之初就建成兩座規模巨大，且幾乎同時的城邑？兩座同時的城邑何以一座是商初西亳，一座是中商隞都？剛建成不久的尸鄉溝古城為什麼在極短的時間內即遭到人為的毀棄？因而認為「偃師商城」很可能不是始建於商初的城，而是一座創建於夏末，而被商初的商人摧毀改建後長期沿用的夏商古城，亦即這是一座被早商利用的夏桀都邑。他並且透過「偃師商城」的相對年代和絕對年代、建築技術、文化面貌，及其與二里頭遺址、鄭州商城遺址的興衰，配合相關文獻之記載，得出「該城始建於二里頭文化四期後段，經短期使用後即被摧毀和改建，它是被早商利用的一座夏末都邑」的結論。〔註58〕

　　偃師尸鄉溝古城遺址，城址位於偃師城區西南側，南臨洛河，西距二里頭遺址約 6 公里。據考古發掘之成果顯示：夯土城垣分為二重，其內城平面大體呈長方形，外城平面略呈長方形，東南部依地勢而內收，總面積近二平方公里。內城南北長約 1100 公尺，東西寬約 740 公尺。其南垣、西垣和東垣南段與外城城垣重合。對內城與外城重合部分的發掘表明，外城城垣是在內城城垣的基礎上加寬而成，而外城位於內城以東、以北的城垣均為新建。因此，內城的建築年代早於外城。城內南部集中分布著 10 多處大型夯土建築基址群，幾乎布滿城的南半部，面積達 30 萬平方公尺。其中，位於內城南部正中的一座面積最大，邊長約 200 公尺，平面近方形。從其所處位置及整體結構佈局，應屬宮城性質。〔註59〕〔圖十三〕

　　　　年第四期，頁 17～19；鄒衡，〈西亳與桐宮考辨〉，收入北京大學考古系編，《紀念北京大學考古專業三十周年論文集》（北京：文物出版社，1990 年 6 月），頁 108～149，亦收入鄒衡，《夏商周考古學論文集（續集）》（北京：科學出版社，1998 年 4 月），頁 123～158；李維明，《尸鄉溝夏商遺址年代解析與綜合》，《中原文物》1995 年第一期，頁 16～22。

〔註56〕 杜金鵬，〈偃師商城始建年代與性質的初步推論〉，收入田昌五主編，《華夏文明》第三輯（北京：北京大學出版社，1992 年 12 月），頁 30～46。

〔註57〕 鄭杰祥，〈關於偃師商城的年代和性質問題〉，《中原文物》1984 年第四期；鄭杰祥，〈鄭州商城和偃師商城的性質與夏商分界〉，《中原文物》1999 年第一期，頁 53～62。

〔註58〕 張錯生，〈「偃師商城」為夏桀都邑說〉，收入中國先秦史學會、洛陽市第二文物工作隊編，《夏文化研究論集》，頁 92～101。

〔註59〕 參見許宏，《先秦城市考古學研究》（北京：北京燕山出版社，2000 年 8 月），

## 圖十三：偃師戶鄉溝商城

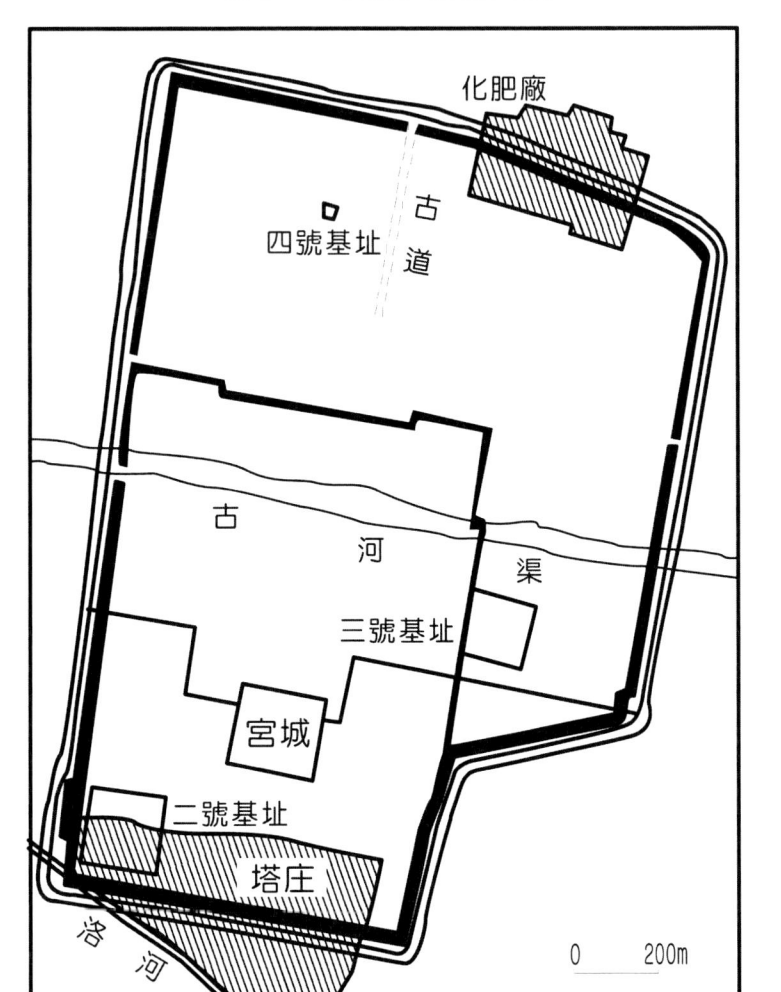

資料來源：據《先秦城市考古學研究》頁 55 附圖繪製

除去登封王城崗龍山文化二期城址由於佈局不明暫且不論外，綜合二里頭遺址以及「偃師商城」之內城佈局，可知其宮城所處之位置，基本上是在整個都城的中心。這種將宮城置於都城的中心位置，可說是夏王朝都城佈局的特色。夏王朝當時不但處在「天下之中」，其都城之選址以「擇中立國」為原則外，就連都城的佈局也受「居中」觀念的制約。可以說，「中」的觀念，在夏王朝的都城建設上，是一以貫之的。這也正是我們接受張錯生認為「偃

師商城」是「被早商利用的一座夏末都邑」的主要原因。

此外，由「偃師商城」整體重西南之佈局，迥異於商王朝都城重東北的方式（詳情見商代都城之佈局，此處不予贅述），並聯繫文獻中「湯既勝夏，欲遷其社，不可。作〈夏社〉」〔註60〕之記載，我們更有理由相信「偃師商城」確實是商王朝利用夏代之都城而改建的一個城址。而「偃師商城」重西南之佈局，似乎有著後世「厭勝」之作用。

## 二、商代都城之佈局

一如夏王朝，商王朝之都城亦屢有遷徙。在滅夏以前之先公時期，即有八次的遷移，〔註61〕滅夏以後至盤庚遷殷，又有五次遷移，即所謂「前八後五」之說。〔註62〕目前考古發現，並爲學者認爲是商代都城的有鄭州商城、安陽殷墟等二處。至於鄭州小雙橋遺址、〔註63〕安陽洹北花園庄商城遺址，〔註64〕亦有學者認爲是商代之都城遺址。以下即以鄭州商城、安陽殷墟，論

〔註60〕 見《尚書・商書・湯誓》。
〔註61〕 王國維對於商王朝滅夏以前的歷次遷都，均有詳細考證，其言：「《尚書》序：『自契至於成湯八遷。』《正義》僅舉其三。今考之古籍，則《世本・居篇》：『契居蕃。』契本帝嚳之子，實本居亳。今居於蕃，是一遷也。《世本》又云：『昭明居砥石。』由蕃遷於砥石，是二遷也。《荀子・成相篇》云：『契玄王，生昭明，居砥石，遷於商。』是昭明又由砥石遷商，是三遷也。《左氏襄九年傳》云：『陶唐氏之火正閼伯居商邱，祀大火而火紀時焉。相土因之，故商主大火。』是以商邱爲昭明子相土所遷；又《定九年傳》祝鮀論周封康叔曰：『取於相土之東都，以會王之東蒐。』則相土之時曾有二都。康叔取其東都以會王之東蒐，則當在東岳之下，蓋如泰山之祊爲鄭有者。此爲東都，則商邱乃其西都矣。疑昭明遷商後，相土又東徙泰山下，後復歸商邱，是四遷、五遷也。《今本竹書紀年》云：『帝芬三十三年，商侯遷於殷。』是六遷也。又孔甲九年：『殷侯復歸於商邱。』是七遷也。至『湯始居亳，從先王居』，則爲八遷。」參見氏著《觀堂集林》卷十二，〈說自契至於成湯八遷〉，收錄於《王觀堂先生全集》（台北：文華出版社，1968年），頁497～498。
〔註62〕 張衡〈西京賦〉云：「殷人屢遷，前八後五，居相圯耿，不常厥土。」
〔註63〕 參見陳旭，〈鄭州小雙橋商代遺址即隞都說〉，《中原文物》1997年第二期，頁45～50，亦收錄於氏著，《夏商文化論集》（北京：科學出版社，2000年1月），頁163～170；郜衡，〈鄭州小雙橋商代遺址隞（囂）都說輯補〉，《考古與文物》1998年第四期，頁24～27。
〔註64〕 張國碩認爲：「此遺址是迄今發現規模最大且有城牆的商代城遺址，其應爲商代都城性質無疑。該城的始建年和使用年代早於殷墟相當長一段時間，即比盤庚遷殷的年代要早。……聯繫到文獻有安陽一帶爲相都、有亶甲城的記載，推測洹北商城可能即河亶甲相都所在。」（《夏商時代都城制度研究》，

述商代都城之佈局。

## （一）鄭州商城〔註65〕

自1955年發掘的鄭州商城遺址，位於今河南省鄭州市區東部及郊外，東起鳳凰台，西至西沙口，北抵花園路，南到二里崗，總面積達25平方公里。在遺址範圍內發現有夯土城牆、房基、手工業作坊、墓葬、青銅器窖藏坑、水井、蓄水池、祭祀坑、灰坑等遺蹟，並出土大量陶器、銅器、骨器、玉器、原始瓷器等遺物及少量陶文、甲骨習刻文字等。〔註66〕

鄭州商城範圍廣闊，遺存豐富，不僅有高大多重的城牆，還發現多處宏偉壯觀的宮殿建築和各種手工業作坊遺址，以及出土大型方鼎、圓鼎、精美玉器和原始瓷器等珍貴遺物，這些無不說明此處決不是一般的城邑遺址，應爲商代前期的都城。目前學界主要有湯都鄭亳說、〔註67〕仲丁隞都說〔註68〕等兩種論點。（圖十四）

在遺址中部，發現一座夯土城址，城牆分內城和外城兩部分。內城平面近似長方形，北城牆長1690公尺，西城牆長約1870公尺，東城牆和南城牆均長約1700公尺，周長近7公里。外城牆位於內城牆南牆和西牆之外約600～1000公尺處。早在20世紀50年代，在內城外東南二里崗一帶，即已發現外城牆2100公尺。1980、90年代，在內城外南、西南側又發現兩段外城牆，分別長980、435公尺，三段外城牆相連長度5000多公尺，圈築在內城東南角、南牆、西南角及西城牆南段之外，對內城形成一個環抱之勢。在內、外城牆之間，多分布有商代文化遺存，而外城牆之外則基本沒有商文化遺存分布。〔註69〕

---

頁35）

〔註65〕相關考古發掘報告與研究成果，參見河南省文化局文物工作第一隊，〈鄭州商代遺址的發掘〉，《考古學報》1957年第一期；河南省博物館、鄭州市博物館，〈鄭州商代城遺址發掘報告〉，《文物資料叢刊》第一輯（北京：文物出版社，1977年）；河南省文物研究所編，《鄭州商城考古新發現與研究：1985～1992》（鄭州：中州古籍出版社，1993年7月）；河南省文物考古研究所編著，《鄭州商城——1953年～1985年考古發掘報告》（北京：文物出版社，2001年10月）。

〔註66〕河南省博物館等，〈鄭州商代城遺址發掘報告〉，《文物資料叢刊》第一輯，；裴明相，〈鄭州商代王城的布局及其文化內涵〉，《中原文物》1991年第一期。

〔註67〕鄒衡，〈鄭州商城即湯都亳說〉，《文物》1978年第二期。

〔註68〕安金槐，〈試論鄭州商代遺址——隞都〉，《文物》1961年4、5合期。

〔註69〕安金槐，〈對於鄭州商城"外夯土牆基"的看法〉，收入於河南省文物研究所

圖十四：鄭州商城

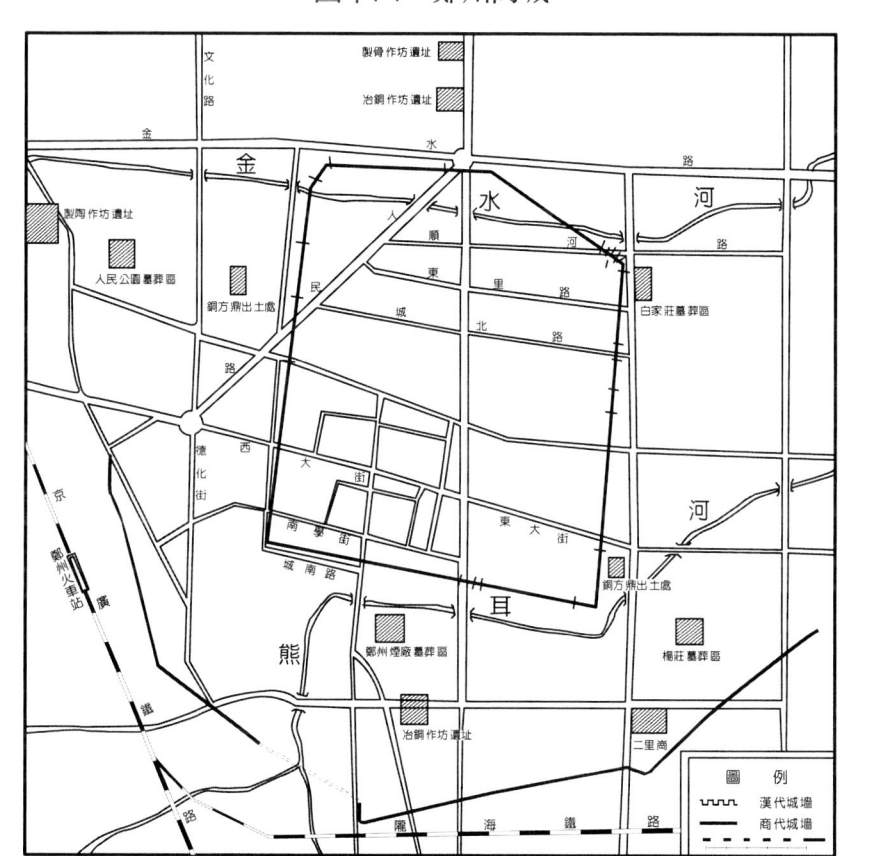

資料來源：據《鄭州商城——1953～1958 年考古發掘報告》，頁 2 附圖繪製

鄭州商城的宮殿區，位於內城中部偏北和東北部一帶，在東西 1000 公尺、南北 900 公尺的範圍內，發現數十座宮殿建築基址。

## （二）安陽殷墟〔註70〕

殷墟位於河南省安陽市西北，橫跨洹河南北兩岸。它的發現是由甲骨文的發現與研究而引起的，自 1928 年 10 月開始發掘以來，迄今已逾七十年。殷墟的發掘不僅使眾多的遺跡、遺物重見天日，而且這裡作為中國現代考古學的搖籃，培養了一代又一代的考古學家。它也以其清晰的文化地層遺存及

編，《鄭州商城考古新發現與研究：1985～1992》，頁 3。
〔註70〕相關考古發掘報告與研究成果，參見中國社會科學院考古研究所編著，《殷墟發掘報告：1958～1961》（北京：文物出版社，1987 年 11 月）；《殷墟的發現與研究》（北京：科學出版社，1994 年 9 月）。

大量的遺址、遺跡、遺物證明，這裡就是商代後期的都城所在。〔註71〕據陳夢家之考證，商王朝在殷墟建都的時間，約當公元前十四世紀末至公元前十一世紀，共歷二百七十三年。〔註72〕

由於殷墟不見圍繞宮殿區的城牆設施，只在小屯村西、南兩面發現有寬 7～21 公尺、深 3～10 公尺、總長約 1700 公尺的大型壕溝，與洹水一起組合成方形的防禦設施，因此曾被懷疑這裡不是商王朝的都城。〔註73〕然而，這裡不但存在著規模宏偉的宮殿建築群和大型王陵區及貴族墓葬，並且出土大量精美的白陶、原始瓷器、青銅器、玉器、象牙器等遺物，還有眾多的與王室有關的甲骨卜辭，這些無不說明這裡是商王盤庚遷殷後至殷亡期間的都城遺址。

在前述壕溝與洹水所圍繞的區域內，亦即小屯村東北、洹水南岸的遺址群，是殷商王朝後期宮殿宗廟的所在。它的範圍包括小屯村、花園庄兩個村落，面積約為 0.7 平方公里。這裡是殷墟都城全盤規劃、布局結構的主體部分和中心樞紐，考古工作者在此地發現了甲、乙、丙三組宮殿式建築基址。自北而南排列，依序為宮寢建築區、宗廟建築區和祭祀建築區（圖十五）。據學者研究，甲組出現最早，乙組次之，丙組則最晚出現。〔註74〕

綜合鄭州商城與殷墟宮殿區之所在，可以看出商王朝都城佈局均是以東北為重心。楊寬在述及商王朝都城佈局時，曾有以下觀點：

> 鄭州商城、安陽殷墟和盤龍城，儘管時間有先後，有的相距很遠，但是城牆的構築，宮殿的格局，墓葬的習俗，都有很多相似之處，而且

---

〔註71〕朱彥民，《殷墟都城探論》（天津：南開大學出版社，1999 年 12 月），頁 6。

〔註72〕陳夢家，《殷墟卜辭綜述》（北京：中華書局，1988 年 1 月），頁 214～215；而《古本竹書紀年》載：「自盤庚徙殷，至紂之滅，七（應為二之誤）百七十三年，更不徙都。」

〔註73〕否定殷墟是商王朝晚期都城所在，首先是由外國學者提出的，如宮崎市定。而中國學者亦有提出類似主張者，如秦文生、胡方恕、曲英杰、劉心健等人。分別參見宮崎市定，〈中国上代の都市国家とその墓地——商邑は何處にあったか——〉，《東洋史研究》第二十八卷第四號，1970 年 3 月；宮崎市定，〈中国上代の都市国家とその墓地（補遺）——商邑は何處にあったか——〉，《東洋史研究》第二十九卷第二、三合併號，1971 年 12 月；秦文生，〈殷墟非殷都考〉，《鄭州大學學報》1985 年第一期；胡方恕，〈小屯並非殷墟辨析〉，《東北師大學報》1987 年第二期；曲英杰，《先秦都城復原研究》，黑龍江人民出版社，1991 年 8 月；劉心健，〈關於殷墟與殷都——兼與楊升南先生商榷〉，《史學月刊》1994 年第四期。

〔註74〕朱彥民，《殷墟都城探論》，頁 133。

整個佈局有其共同的特點，即都是以東北爲重心的。特別是鄭州商城和盤龍城的城牆都從東北而略爲偏向西南，宮殿建築都從西北而偏向東南（筆者按：應爲東北偏向西南之誤），說明當時商代疆域內，從中央到地方，建設都城已有統一的格局，可能已有規定的禮制了。[註75]

### 圖十五：殷墟甲、乙、丙組宮殿建築基址分佈圖

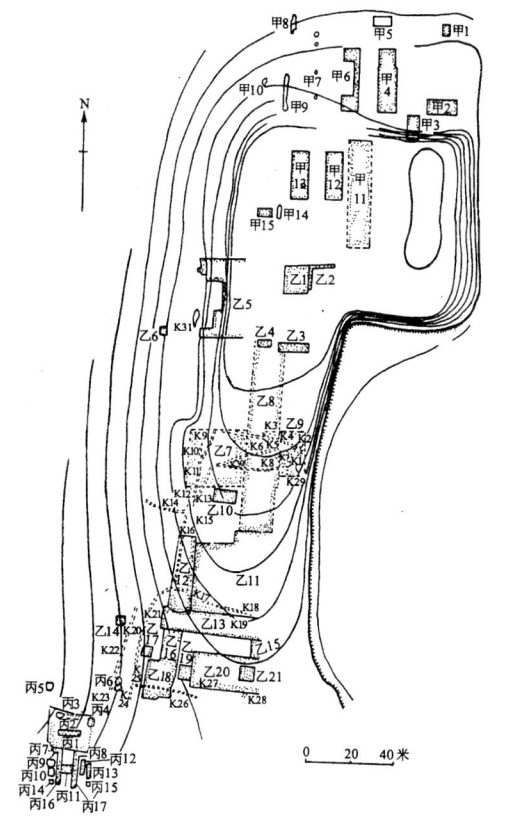

資料來源：《殷墟文化研究》，頁 6

朱彥民在介紹殷墟佈局時，亦反覆論述：

> 商代都城規劃中重東北方位的經營，是個普遍的現象，如鄭州商城、黃陂盤龍城、夏縣東下馮商城等都是如此，而殷墟都城表現得最爲

---

典型。首先，殷墟地區時代最早的遺址在殷墟都城的東北部。……
其次，殷墟都城之宮殿區在王城的東北部。……其三，小屯宮殿區
的佈局以東北為先，在殷墟都城王城中宮殿區發掘的53座基址，學
者們將其分為甲、乙、丙三組。甲組在最東北部，乙組基址在其西
南部分布，丙組又在乙組的西南部。……其四，宮殿區乙組建築基
址的朝向皆是坐北偏東。乙組基址應是王城之中最重要的最龐大的
建築群基址，是商王朝宗廟建築所在。而這群建築基址中，不管是
呈東西向（橫向）的主建築，還是呈南北向（縱向）的輔助建築，
走向都呈一定的傾斜形狀，坐東北面向西南，與正南正北方向成一
較小的夾角。〔註76〕

由此可見，商代都城有一定的佈局，做為政治中心的宮殿區，都設在城內東
北部，朝向亦為坐東北朝西南；換言之，以東北方為佈局重心，應為商王朝
都城規劃的通則。

## 三、西周都城之佈局

周王朝是中華民族文化發展走向定型的一個時期，特別是在宮室、城郭
制度上，歷代王朝都基本沿襲了周朝的傳統來建造。就連中國北方傳統的四
合院，其原始模式亦形成於西周早期。

豐鎬為西周王朝之都城，《詩經·大雅·文王有聲》對其經營始末，有如
下之記載：

文王受命，有此武功。既伐于崇，作邑于豐。築城伊淢，作豐伊匹。
匪棘其欲，遹追來孝。王公伊濯，維豐之垣。四方攸同，王后維翰。
豐水東注，維禹之績。四方攸同，皇王維辟。……鎬京辟雍，自西
自東，自南自北，無思不服。考卜維王，宅是鎬京。維龜正之，武
王成之。

文王在豐邑，不但築有城牆，並築有與城牆相配合的城溝。其後，武王又於
灃水以東另建鎬京。豐邑雖建於西周建立之前，然而據《史記·周本紀》和
《竹書紀年》記載，周武王建立西周後，周武王、周公旦、周成王等人的許
多重大活動仍在豐邑舉行。〔註77〕整個西周時期，豐邑和鎬京同為周王朝政

---

〔註76〕朱彥民，《殷墟都城探論》，頁147～148。
〔註77〕《史記·周本紀》：「成王在豐，使召公復營洛邑，如武王之意。……召公為

治、經濟和文化中心，實際上是一個都城的兩個區域。〔註 78〕因此，古代文獻中常以「豐鎬」並稱。周天子主要在豐邑進行祭祀祖先等禮儀活動，在鎬京處理政務工作。

　　此外，周公平定管叔、蔡叔聯合武庚以及東夷的叛亂以後，爲防止殷遺貴族的再次叛亂、加強對東方新征服土地的控制，於是繼承武王遺志，於雒邑建立東都成周。《逸周書・作雒解》中對成周之建設，有具體之敘述：

> 周公敬念于後日：「予畏周室不延，俾中天下。及將致政，乃作大邑
> 成周于土中。」立城方千七百二十丈，郭方七十里，南繫于雒水，
> 北因于郟山，以爲天下之大湊。

因此，要討論西周都城之佈局，即應先從豐鎬、雒邑兩處入手。

## （一）豐鎬遺址〔註 79〕

　　遺址位於陝西省西安市西南灃河兩岸，豐邑在灃河以西，鎬京則在灃河以東，兩者隔河相望。（圖十六）

　　經考古調查，豐邑之位置在今客省莊、馬王村、西王村一帶，東以灃河爲界，西至靈沼河，北至客省莊、張家坡，南到席王村、馮村，遺址總面積約 6 平方公里。〔註 80〕其中，遺址北部的馬王村和客省莊一帶，發現了成組

---

保，周公爲師，東伐淮夷、殘奄，遷其君薄姑。成王自奄歸，在宗周，作〈多方〉。既絀殷命，襲淮夷，歸在豐，作《周官》。」《古本竹書紀年》：「（武王十二年）夏四月，王歸于豐，饗于太廟。」「（成王）七年，周公復政于王，春二月，王如豐。」

〔註 78〕許宏，《先秦城市考古學研究》，頁 63。此外，張傳璽亦認爲豐邑、鎬京同爲西周都城，參見張傳璽主編，《中國古代史教學參考手冊》（北京：北京大學出版社，1985 年 7 月），頁 424。

〔註 79〕相關考古發掘報告，參見石璋如，〈傳說中周都的實地考察〉，《中央研究院歷史語言研究所集刊》第二十本下冊（1949 年）；考古研究所陝西調查發掘團，〈豐鎬一帶考古調查簡報〉，《考古通訊》1955 年創刊號；胡謙盈，〈豐鎬地區諸水渠踏察——兼論周都位置〉，《考古》1963 年第四期；中國科學院考古研究所編，《灃西發掘報告：1955～1957 年陝西長安縣灃西鄉考古發掘資料》（北京：文物出版社，1963 年）；中國科學院考古研究所豐鎬考古隊，〈1961～62 年陝西長安灃東試掘簡報〉，《考古》1963 年第八期；鄭洪春、蔣祖棣，〈1976～1978 年長安灃西發掘簡報〉，《考古》1981 年第一期；中國社會科學院考古研究所灃西發掘隊，〈長安灃東西周遺存的考古調查〉，《考古與文物》1986 年第二期；陝西省考古研究所，《鎬京西周宮室》（西安：西北大學出版社，1995 年 7 月）。

〔註 80〕保全，〈西周都城豐鎬遺址〉，《文物》1979 年第十期，頁 69。楊寬則稱豐邑之總面積約有 12 平方公里。見氏著《西周史》（上海：上海人民出版社，1999

分佈的西周時期夯土基址建築群，已發掘和探明了 14 座。最大的 4 號基址，平面呈「T」字形，面積達 1800 多平方公尺，使用年代爲西周早中期之交至晚期偏早階段。〔註81〕

### 圖十六：豐鎬遺址位置圖

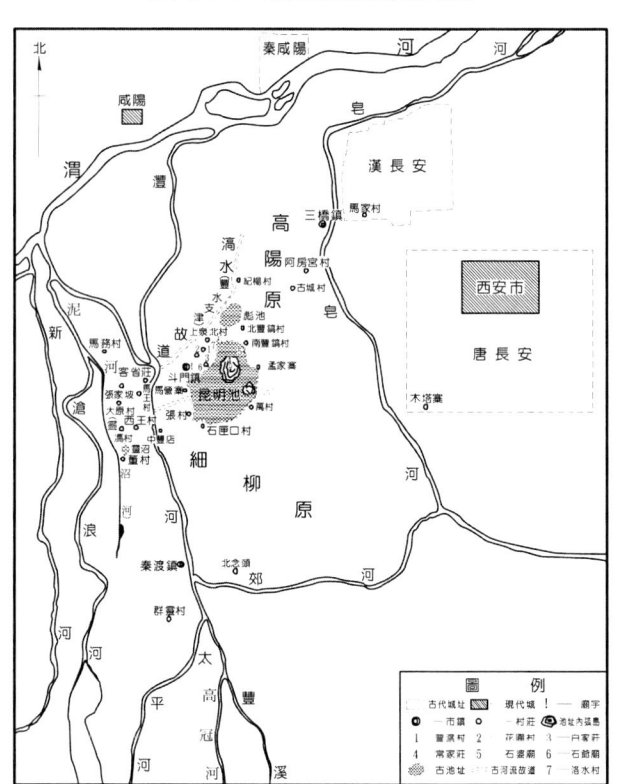

資料來源：據胡謙盈，〈豐鎬考古工作三十年（1951～
1981）的回顧〉，頁 58 附圖繪製

鎬京的範圍則在今灃河東岸，滈水故道南岸，斗門鎮花園村以北、普渡村以東、上泉村和下泉村以南的地區。〔註82〕在斗門鎮官莊村、花園村一帶，發現了大面積的夯土建築群，在東西長 3 公里，南北寬 2 公里的範圍內，現已發現西周時期的夯土建築基址 11 座。最大的 5 號宮殿基址坐落於面積爲

年 11 月），頁 84。
〔註81〕許宏，《先秦城市考古學研究》，頁 62。
〔註82〕楊巨中，〈周豐邑鎬京城址考〉，《文博》2000 年第四期，頁 28；陝西省考古研究所，《鎬京西周宮室》，頁 56。

3300 多平方公尺的夯土台基上，建築總面積爲 2891 平方公尺。宮室面向東南，平面呈「工」字形，主體建築居中，兩端爲左右兩翼對稱的附屬建築，建築的年代估計約當西周中期偏晚時期。〔註83〕

## （二）雒邑遺址

自東漢班固、鄭玄以來，大多數的人都認爲西周初年營建的東都雒邑是一座由王城、成周東西兩城並立的城市。〔註84〕陳夢家、許倬雲等著名學者亦採此說。〔註85〕1950 年代，由於漢代河南縣城的考古發現，王城的位置被確認爲今洛陽市區內的澗、洛兩河交匯的洛北澗東一帶；〔註86〕至於成周的位置則被認定在漢魏故城遺址。然而，在可信的西周文獻中，未曾發現「王城」一詞，即使《尚書》中有多篇言及營建雒邑之事，「王城」一詞亦無所獲。此外，經多年的考古工作，根據文獻記載所找到的王城僅僅是東周王城，漢魏故城範圍內亦未發現成周遺址的線索。

近年來考古發掘之成果顯示，今瀍水兩岸恰是西周遺址和墓葬最爲豐富、集中的地區。此一區域東西長 3 公里，南北寬 2 公里，東起焦枝鐵路西側並延至塔灣村，西至瀍澗二水之間的史家溝，北到隴海線以北的北窰村，南達洛水之濱的洛陽老城南關，總面積達 6 平方公里左右。因此，有學者根據文獻記載及考古發現，以及自西周以來瀍水並無改道的歷史事實，提出了西周雒邑一城說的觀點，其遺址可能就在瀍河兩岸。〔註87〕（圖十七）

以現有資料，對西周豐鎬、雒邑兩處都城之佈局尚無法完全明瞭，僅有

---

〔註83〕陝西省考古研究所，《鎬京西周宮室》，頁 52～55。

〔註84〕班固，《漢書·地理志》：「河南，故郟鄏地。周武王遷九鼎，周公致太平，營以爲都，是爲王城，至平王居之。……雒陽，周公遷殷民，是爲成周。《春秋》昭公三十二年，晉合諸侯于狄泉，以其地大成周之城，居敬王。」鄭玄，《詩·王城譜》：「周公攝政五年，成王在豐，欲宅洛邑，使召公先相宅。既成，謂之王城，是爲東都，今河南是也。召公既相宅，周公往營成周，今雒陽是也。」

〔註85〕陳夢家：「西周時代東西兩都並立，而各有雙城。」（〈西周銅器斷代（二）〉，《考古學報》第十冊，1955 年 12 月），頁 135；許倬雲：「新邑大約有兩個城，一爲周王的東都，一爲殷遺遷入的成周。……王城在西，成周在東。然而兩地合稱則是新邑。」（《西周史》，北京：生活·讀書·新知三聯書店，1994 年 3 月增訂本），頁 124。

〔註86〕中國社會科學院考古研究所編著，《洛陽發掘報告：1955～1960 年洛陽澗濱考古發掘資料》（北京：北京燕山出版社，1989 年 12 月），頁 191～193。

〔註87〕葉萬松、張劍、李德方，〈西周洛邑城址考〉，《華夏考古》1991 年第二期，頁 70～76。

鎬京遺址中呈「工」字形的 5 號宮殿基址，其主體建築居中，宮室面向東南。因此，要探討西周之都城佈局，似有必要另闢蹊徑。

**圖十七：西周雒邑遺址位置圖**

資料來源：據《先秦考古學研究》，頁 64 附圖繪製

1989 年 10 月，陝西省地礦局地礦研究所遙感物探考古課題組的地質科學工作者，以尖端科學儀器和航空遙感照像方法，在陝西省岐山縣京當鄉古周原中心地區，探測出一座地下古城的夯土牆基。這是繼考古工作者於 1976 年和 1977 年在同一地區先後發現「鳳雛甲組宮室（宗廟）建築基址」和周原甲骨文之後，又一突破性的重大發現。此一古城牆略呈南北向，北偏西 10°，南北長約 1300 公尺，東西寬約 600～700 公尺，全城面積約爲 945000 平方公尺。而鳳雛甲組宮室建築基址恰在此一古城的中心位置，南北長約 45.2 公尺，東西寬 32.5 公尺，面積 1469 平方公尺，其朝向與城牆相同。〔註88〕（圖十八）

據《詩經》、《史記》等文獻之記載，周人於古公亶父時遷移至岐山周原，以此做爲都邑，並開始營建宮室。〔註89〕其後，文王雖遷都豐邑，這裡仍爲

〔註88〕 參見龐懷清，〈岐邑（周城）之發現及鳳雛建築基址年代探討〉，《文博》2001 年第一期，頁 19～22；龐懷清，〈鳳雛甲組宮室年代問題再探討〉，《考古與文物》2001 年第四期，頁 58～59。

〔註89〕 《詩經‧大雅‧緜》：「古公亶父，來朝走馬，率西水滸。至于岐下，爰及姜女，聿來胥宇。周原膴膴，菫荼如飴。爰始爰謀，爰契我龜。曰止曰時，築室于茲。」《史記‧周本紀》：「（古公）乃與私屬遂去豳，度漆、沮，踰梁山，

周人的重要政治中心，西周初年且爲周公、召公之采邑。自文王「作邑於豐」至西周末年，周原岐邑雖非都城，但做爲周人政治上的發祥地，在周人的政治生活中仍佔有重要地位。因此，由「鳳雛甲組宮室建築基址」之朝向，以及其在古城的中心位置，對照鎬京之最大的 5 號宮殿遺址之面向東南，可以推想鎬京的建設應仿照岐邑，它們的佈局是一致的。亦即主要的建築位居都城中央，而其朝向爲坐西北朝東南。

### 圖十八：鳳雛甲組宮室基址位置圖

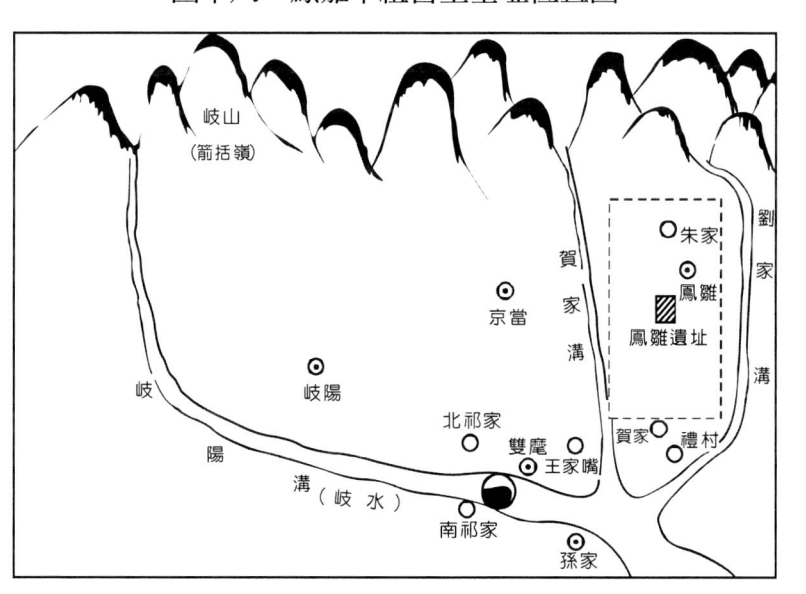

資料來源：據龐懷清，〈鳳雛甲組宮室年代問題再探討〉，頁 58 附圖繪製

綜觀前述夏、商、西周三代都城之佈局，可以看出他們各有其特色。夏、商、周是中國上古時代同時存在且東西對峙的三個民族（或氏族），夏人居中，而商人、周人分居東西。此一觀點，傅斯年論之甚詳。〔註90〕由於夏代是中

---

〔註90〕前〕止於岐下。豳人舉國扶老攜弱，盡復歸古公於岐下，及他旁國聞古公仁，亦多歸之。於是古公乃貶戎狄之俗，而營築城郭室屋，而邑別居之，作五官有司，民皆歌樂之，頌其德。」

〔註90〕傅斯年於〈夷夏東西說〉一文中云：「古代中國由部落進爲王國（後來又進爲帝國）的過程中，東西對峙的總局面，……我們可說夷與殷顯然屬於東系，夏與周顯然屬於西系。……同在西系之中，諸夏與周又不盡在一處。夏以河東爲土，周以岐、渭爲本。」收入於氏著，《民族與古代中國史》（石家莊：河北教育出版社，2002 年 8 月），頁 55～56。

國古史上第一個家天下的王朝，且其文化又高於四周其他民族，因此其所居之地即被尊為天下之中。《說文》即云：

> 夏，中國之人也。从夊、从頁、从臼。臼，兩手；夊，兩足也。〔註91〕

王師仲孚在論述「諸夏意識」，亦認為：

> 夷蠻戎狄並不在於他們的東南西北方位，而是文化的水準較低，其與華夏不同的特徵之一，就是未著衣冠。所以衣冠為古代中國文明的象徵，區別夷夏的明顯標記。小篆的「夏」（夓）字，似乎就是一個盛著衣冠的人形。或許夏代即已具備了以衣冠為特徵的較高文化，為其他落後的部落所不及，直到春秋時代，戎狄披髮左衽，與華夏之衣冠不同，成為鮮明的對比。夏為「中國之人」除了文明程度較高以外，似乎還有地理上的意義，那就是夏人活動的中心地區——伊洛河濟一帶，自古即稱為「天下之中」。〔註92〕

這種觀念對夏王朝都城佈局的影響，即顯現在都城之重心——宮殿區，置於都城的中心位置。此一現象均反映在偃師二里頭遺址、尸鄉溝商城內城遺址的佈局上。

至於商王朝都城之佈局，重東北方位之經營是個普遍的現象，鄭州商城之佈局即是如此，而殷墟都城之表現更為其中之典型。它們不但將宮殿區置於東北方，甚至朝向亦為坐東北朝西南，明顯地是以東北為重心。這種都城佈局的方式，與殷人視東北為尊位之觀念是相同的。對於這種現象，楊錫璋認為其原因有兩種：其一，可能與對日月星辰的崇拜有關；其二，可能與商族的起源地有關。〔註93〕

有關殷人的起源問題，歷來眾說紛紜。由於文獻不足，使得相關問題未能取得統一之見解。最早有關殷人之起源為陝西說，司馬遷於《史記‧六國年表》中，有如下之記載：

> 或曰：「東方物所始生，西方物之成熟。」夫作事者必於東南，收功實者常於西北，故禹興於西羌，湯起於亳，周之王也以豐鎬伐殷，秦之帝用雍州興，漢之興自蜀漢。

---

〔註91〕【漢】許慎撰，【清】段玉裁注，《說文解字注》，五篇下，〈夊部〉，頁233。
〔註92〕王仲孚，〈試論春秋時代的諸夏意識〉，收錄於氏著《中國上古史專題研究》，頁599。
〔註93〕楊錫璋，〈殷人尊東北方位〉，收錄於《慶祝蘇秉琦考古五十五年論文集》（北京：文物出版社，1989年8月），頁311～314。

此外，《說文解字·亳》亦云：

> 亳，京兆杜陵亭也。從高省乇聲。〔註94〕

然而自王國維以來，陝西說雖仍有學者信從，〔註95〕但又添增了東方說、〔註96〕東北說、〔註97〕河北說、〔註98〕東南說、〔註99〕山西說〔註100〕等數種論

---

〔註94〕【漢】許慎撰，【清】段玉裁注，《說文解字注》，五篇下，〈高部〉，頁 226～227。

〔註95〕顧頡剛，〈殷人自西徂東說〉，收錄於王宇信主編，《甲骨文與殷商史，第三輯》（上海：上海古籍出版社，1991 年 8 月），頁 240～260；荊三林，〈試論殷商源流〉，《鄭州大學學報》1986 年第二期；張國碩，〈商族的起源與商文化的形成〉，《殷都學刊》1995 年第二期，頁 1～5。

〔註96〕王國維，〈殷周制度論〉、〈說亳〉、〈商〉等篇，收錄於氏著《觀堂集林》（石家莊：河北教育出版社，2001 年 11 月）；徐中舒，〈殷人服象及象之南遷〉，《國立中央研究院歷史語言研究所集刊》二本一分；徐中舒，〈商史研究中的幾個問題〉，《四川大學學報》1979 年第二期；王玉哲，〈商族的來源地望試探〉，《歷史研究》1984 年第一期，頁 61～77；景以恩，〈商族源於齊東新探〉，《學術月刊》1996 年第十期；孫瑋，〈商族起源新探〉，《安微史學》1999 年第四期，頁 3～14；龔維英，〈商的由來淺說〉，《中學歷史教學》1985 年第二期。

〔註97〕傅斯年，〈夷夏東西說〉，《慶祝蔡元培先生六十五歲論文集》（中央研究院歷史語言研究所，1935 年）；金景芳，〈商文化起源於我國東北說〉，《中華文史論叢》第七輯；于志耿、李殿福、陳連開，〈商先起源於幽燕說〉，《歷史研究》1985 年第五期，頁 21～34；于志耿、李殿福、陳連開，〈先商起源於幽燕說的再考察〉，《民族研究》1987 年第一期；蘭新建，〈商文化探源〉，《北方文物》1985 年第五期；黃中業，〈從考古發現看商文化起源於我國北方〉，《北方文物》1990 年第一期；張博泉，〈關於殷人的起源地問題〉，《史學集刊》復刊號，1981 年 10 月，頁 7～10。

〔註98〕翦伯贊，〈殷族與史前渤海系諸氏族的關係〉，收錄於氏著《中國史論集》（出版地不詳，文學史料研究會，1943 年），頁 76～89；丁山，《商周史料考證》（北京：中華書局，1988 年 3 月），頁 14～35；李亞農，《殷代社會生活·殷族的起源及其活動的區域》，收錄於氏著《李亞農史論集》（上海：上海人民出版社，1978 年三刷），頁 401～415；孫淼，《夏商史稿》（北京：文物出版社，1987 年 12 月），第六章〈商族的起源和先商時期的歷史情況〉，頁 245～270；田昌五，〈先商文化探索〉，收錄於氏著《中國古代社會發展史論》（濟南：齊魯書社，1992 年 3 月），頁 197～229；鄒衡，〈論湯都鄭亳及其前後的遷徙〉，《夏商周考古學論文集》，頁 183～218；曹定云，〈北京乃商族發祥之地——兼論北京"燕"稱之始〉，《北京社會科學》1998 年第一期，頁 112～116；江昌林，《夏商周文明新探》（杭州：浙江人民出版社，2001 年 12 月），頁 208；楊錫璋，〈殷人尊東北方位〉，《慶祝蘇秉琦考古五十五年論文集》，頁 305～314。

〔註99〕衛聚賢，〈殷人自江浙遷徙於河南〉，《江蘇研究》三卷第五、六期，1937 年。

〔註100〕李民，〈豫北是商族早期活動的歷史舞台〉，《殷都學刊》1982 年第二期；李民，〈關於商族的起源〉，《鄭州大學學報》1984 年第一期；陳昌遠，〈商族起源地望發微：兼論山西垣曲城發現的意義〉，《歷史研究》1987 年第一期；李

點。若從商王朝都城佈局重東北方位之情形來看，殷人起源於東北之說（包括山東、河北、東北）應較為正確。即使成湯滅夏，統有夏王朝故有「天下之中」的疆域後，商王朝的中心地區在河南東北部和山東、河北交界的地方，商王朝之王畿雖屬「中原」之範圍，它也處於中原的東北部。〔註101〕因此，偏東北方位之佈局，成為商王朝都城佈局的通則。

周人則與夏人似乎有著密切的淵源，《詩經》和《尚書》中，周人常自稱為夏人。《詩經・周頌・時邁》云：

> 允王維后，明昭有周，式序在位。載戢干戈，載櫜弓矢。我求懿德，
> 肆于時夏，允王保之。

又，〈周頌・思文〉云：

> 思文后稷，克配彼天。立我烝民，莫匪爾極。貽我來牟，帝命率育。
> 無此疆爾界，陳常于時夏。

這種「周人尊夏」的語氣，在《尚書》中有更多相關之記載。例如《尚書・康誥》云：

> 王若曰：惟乃丕顯考文王，克明德慎罰，不敢侮鰥寡，庸庸祇祇威
> 威顯民，用肇造我區夏，越我一二邦，以脩我西土。

又，《尚書・君奭》云：

> 公曰：君奭，在昔上帝割申勸寧王之德，其集大命于厥躬，惟文王
> 尚克修和我有夏。

而《尚書・立政》亦載：

> 乃惟庶習逸德之人，同于厥政。帝欽罰之，乃伻我有夏，式商受命，
> 奄甸萬姓。

歷來注家對於所謂「我有夏」、「我區夏」，大多釋之為周人自稱或冒稱夏人。〔註102〕甚至，提出夏、周兩族同源之說。〔註103〕李民在分析「周人尊夏」

---

伯謙，〈先商文化探索〉，收錄於《慶祝蘇秉琦考古五十五年論文集》，頁280～293，又收錄於氏著《中國青銅文化結構體系研究》（北京：科學出版社，1998年4月），頁78～89。

〔註101〕田繼周，〈夏代的民族和民族關係〉，《民族研究》1985年第四期，頁29。

〔註102〕楊筠如，《尚書覈詁》：「此有夏即謂有周。」童書業，〈蠻夷考〉：「自東周以前，未聞有以夏泛稱中原者。蓋周本西方夷族，冒夏之名，逮為中原宗主後，始漸以夏為中原民族之統稱。」見《禹貢》半月刊，第二卷第八期。

〔註103〕田繼周，《先秦民族史》（成都：四川民族出版社，1988年1月），頁291～297。

時，提出原因有三：（1）周、夏之間在族源上確有密切的關係，夏、周之先祖實爲一個強大部落聯盟的不同氏族或部落；（2）周之先民與夏本在同一地區活動；（3）周人統治的宣傳工具。〔註 104〕無論是何種原因，均反映出周人與夏人的關係匪淺。此外，文王的妃子，武王的母親太姒，與夏人同姓，亦爲周、夏關係密切之佐證。否則周人一再表明夏、周關係之密切，如果僅出於周人宣傳之需要，而毫無任何歷史根據，這是矇騙不了「有冊有典」的殷人的。〔註 105〕

　　因此，西周王朝之都城佈局，亦仿照夏王朝的方式，將重要之宮殿區置於全城的中心位置，岐邑「鳳雛甲組宮室（宗廟）建築基址」之佈局正是如此。豐鎬、雒邑之詳細佈局雖無法從考古成果得知，但其佈局也應如此。尤其被學者認爲是依照《考工記》營國制度所規劃的都城雒邑，〔註 106〕其宮城自當位於中央位置。（圖十九）然而，如同商族之起源對商王朝都城之佈局產生作用一樣，西周王朝之都城亦受周族起源地之影響，其都城坐北而偏西，和其族源地是一致的。〔註 107〕

　　夏、商、西周三代的都城時有遷移，傅筑夫對於此一現象，曾經有如下之敘述：

> 古代帝王都邑之遷徙不定，是古史中一個很大的疑難問題。史稱夏后氏十遷，殷人自稱是「不常寧」、「不常厥邑」，周在宗周以前也是屢次舉族遷播。〔註 108〕

在三代都城屢次遷徙的過程中，「擇中立國」似乎成爲他們都城選址時的原則。

〔註 104〕李民，〈釋《尚書》「周人尊夏」說〉，《中國史研究》1982 年第二期，頁 128～134。

〔註 105〕同前註，頁 133。

〔註 106〕參見劉敦楨主編，《中國古代建築史》，頁 36。

〔註 107〕周人的發源地，自古以來學者們都認爲是在關中，但自 1931 年錢穆首創晉南說以來，贊成錢氏新說的史學家越來越多，不過大多數考古學家仍持關中說，他們普遍認爲客省莊二期文化（陝西龍山文化）是周文化的源頭，只有少數學者認爲先周文化發源於晉南或晉中。然而，無論是關中說或晉南說，相對於「土中」的伊洛地區而言，均偏西方。有關周族起源之探討，可參見葉文憲，〈周人起源與周文化淵源研究述評〉，《中國史研究動態》1992 年第八期，頁 10～13。

〔註 108〕傅筑夫，〈殷代的游農與殷人的遷居——殷代農業的發展水平和相應的土地制度和剝削關係〉，收錄於氏著《中國經濟史論叢》（台北：谷風出版社，1987年 12 月），頁 27。

## 圖十九：王城基本規劃結構示意圖

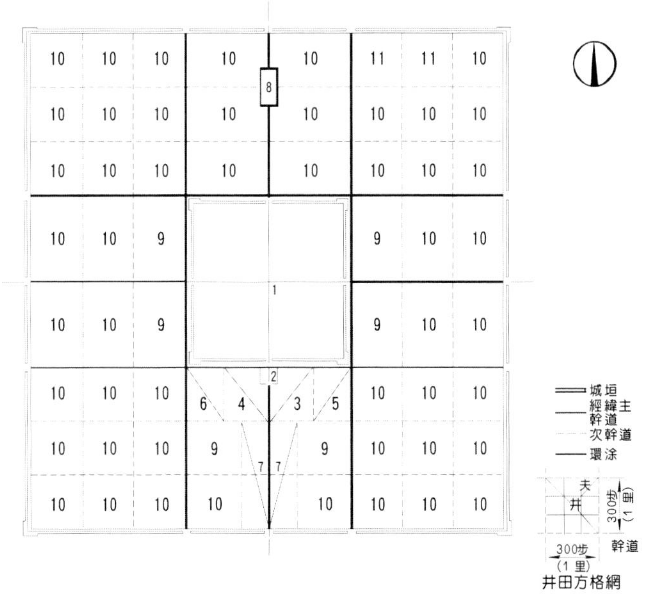

1－宮城；2－外朝；3－宗廟；4－社稷；5－府庫；6－廄
7－官署；8－市；9－國宅；10－閭里；11－倉廩

資料來源：據賀業鉅，《考工記營國制度研究》，頁 51 附圖繪製

　　隨著不同時期領土之範圍不同，而有不同的中心位置，然而夏王朝晚期都城所在之伊洛地區，成爲當時公認的「天下之中」，因此建都於伊洛地區便成爲三代都城選址與設置時之首選。但是並不是所有時期均能建都於「天下之中」，因此他們轉而著眼於都城之佈局以爲補救之措失。三代都城中的重要之宮殿建築區所在之位置，往往和他們氏族的發源方位有關。朱彥民在討論殷墟都城重東北方位時，曾說：

> 殷人尊崇東北方位，就是不忘其祖源地、大本營而已。因爲上古眾多民族都有把一個方向當做吉向尊位的傳統，而這個方位正是指向其民族的起源地。如夏民族源於中原地帶的西北部，其後以豫西和晉南爲兩個中心區域發展，故這一民族尊西北方位。這從屬於夏文化的二里頭文化遺址中發掘的大量墓葬的朝向即可證明。周人也是自西北方向入主中原的一個民族，自然也把西北方向當做尊位吉向。周原鳳雛村、灃西發現的窖灶、夯土基址的方向，都是北偏西若干度不等。扶風黃堆西周墓地遺址大多呈北偏西方向。這種情況

也可在東周王城、蔡國、晉國、趙國、鄭韓故城的朝向看出，表現

了這種傳統的繼承性。〔註109〕

在講求天命的時代裡，先民們認爲他們的起源地就是承接天命的所在，故將
其所在方位視爲尊位吉向。在都城的建設當中，也要適應這種觀念，來從事
都城之佈局，並以此確立其統治權的合法性與正當性。

## 第三節　春秋、戰國時期列國都城之佈局

西周末年，申侯聯合西夷犬戎，殺幽王於驪山之下，西周滅亡。平王宜
臼繼位，因鎬京殘破，於是遷都位於今河南省洛陽的東都，史稱東周。東周
開始於周平王元年，即西元前 770 年，整個東周時代又分春秋、戰國兩大時
期。所謂春秋時期，本得名於孔子改削的魯史《春秋》一書，原指魯隱公元
年至魯哀公十四年（西元前 722～481 年）的一段時期；戰國時期的起始年代，
亦有許多種說法，〔註110〕目前學界多以《史記‧六國年表》之始，即周元王
元年（西元前 475 年）做爲戰國時期的開始。

整個東周時期，政治上列國分立，軍事上兼併戰爭頻繁，農業、手工業
因鐵器的運用亦得到長足的進步，這些都促進了城市的進一步發展。在巨大
的社會變革中，城市大量興起，其功能與性質亦隨之發生根本性的變化。此
一時期在中國古代城市的發展史上，具有承先啓後的地位。〔註111〕

目前有關春秋、戰國時期重要的列國都城遺址，大都已被發現。其中經
系統勘查與發掘、佈局較爲清楚的有河南洛陽東周王城、陝西鳳翔秦都雍城、
山西侯馬晉都新田、山東曲阜魯國故城、山東臨淄齊國故城、河南新鄭鄭韓
故城、河北邯鄲趙國故城、山西夏縣魏都安邑、湖北荊州楚郢都紀南城、河
北易縣燕下都等。以下即分別敘述這些春秋戰國時期重要列國都城之佈局，
至於咸陽秦都咸陽，由於它仍做爲秦統一六國後之全國性都城，關於其佈局
則留待討論秦漢時期之都城佈局時，再行論述。

〔註109〕朱彥民，《殷墟都城探論》，頁 146。

〔註110〕楊寬整理戰國起始年代的不同說法，共計四種，分別爲：魯哀公十四年（西
　　　　元前 481 年）、周元王元年（西元前 475 年）、周貞王元年（西元前 486 年）、
　　　　周威烈王二十三年（西元前 403 年）。參見氏著《戰國史》（上海：上海人民
　　　　出版社，1980 年 7 月第二版，1991 年 11 月第八次印刷），頁 4～5。

〔註111〕許宏，《先秦城市考古學研究》，頁 84。

# 一、東周王城 〔註112〕

城址位於河南省洛陽市澗河與洛河交匯處的王城公園一帶，是周平王東遷以後，在位於瀍水兩岸的西周東都成周之西，今澗河東岸所興建的新都城，仍稱爲「成周」，亦稱「王城」。〔註113〕1954 年以來，考古工作者首先在此確定了漢代河南縣城遺址及城牆。由於文獻中「河南」與「王城」有著因襲的關係，且從河南縣城下之堆積證明，河南縣城是建築在東周文化層之上，這些對於尋找東周王城的城址，均提供了有利的線索。自 1955 年開始，即多次展開東周王城的發掘工作，並取得豐碩的成果，對王城的內涵與佈局亦已大致瞭解。〔註114〕

東周王城爲不甚規則的方形，除東南部因洛河地勢低窪未發現城牆遺跡外，其餘部分大體保存完好，南北長約 3700 公尺，東西寬約 2890 公尺。城牆內外，發現了豐富的東周時代遺存。在城內西南部今瞿家屯一帶，接近澗河入洛處，地勢四周稍低而中部隆起，經鑽探發現了大面積的夯土建築基址。夯土基址分上下兩層，下層又分南北兩組，北組建築四周築有圍牆，東西長約 344 公尺，南北寬約 182 公尺，平面呈長方形。圍牆內最大的兩片夯土基址位於中部偏北，均作長方形，南北並列，當爲此組建築的主體。其西南面與西牆連接處，尚有一片長方形夯土基址；南組建築分東西兩部分，圍牆內未發現有較大面積的夯土基址，可能爲北組建築的附屬建築。（圖二十）

這兩組建築被疊壓在漢文化層之下，基址附近出土大量東周板瓦、筒瓦、瓦當，論者推斷此處應爲王城內的主要建築所在；並由《國語‧周語下》「穀、洛鬥，將毀王宮」之記載，推知鄰近穀（澗水）洛交匯處的這一區域，很可能是東周王城內的宮殿建築區。〔註115〕

---

〔註112〕相關考古發掘報告，參見考古研究所洛陽發掘隊，〈洛陽澗濱東周城址發掘報告〉，《考古學報》1959 年第二期；中國社會科學院考古研究所編著，《洛陽發掘報告：1955～1960 年洛陽澗濱考古發掘資料》（北京：北京燕山出版社，1989 年 12 月）。

〔註113〕梁云，〈成周與王城考辨〉，《考古與文物》2002 年第五期，頁 54～55。

〔註114〕中國社會科學院考古研究所編著，《洛陽發掘報告：1955～1960 年洛陽澗濱考古發掘資料》，頁 107～165。

〔註115〕中國社會科學院考古研究所編著，《新中國的考古發現與研究》，頁 271；楊育彬、袁廣闊主編，《20 世紀河南考古發現與研究》（鄭州：中州古籍出版社，1997 年 12 月），頁 427。

圖二十：東周王城

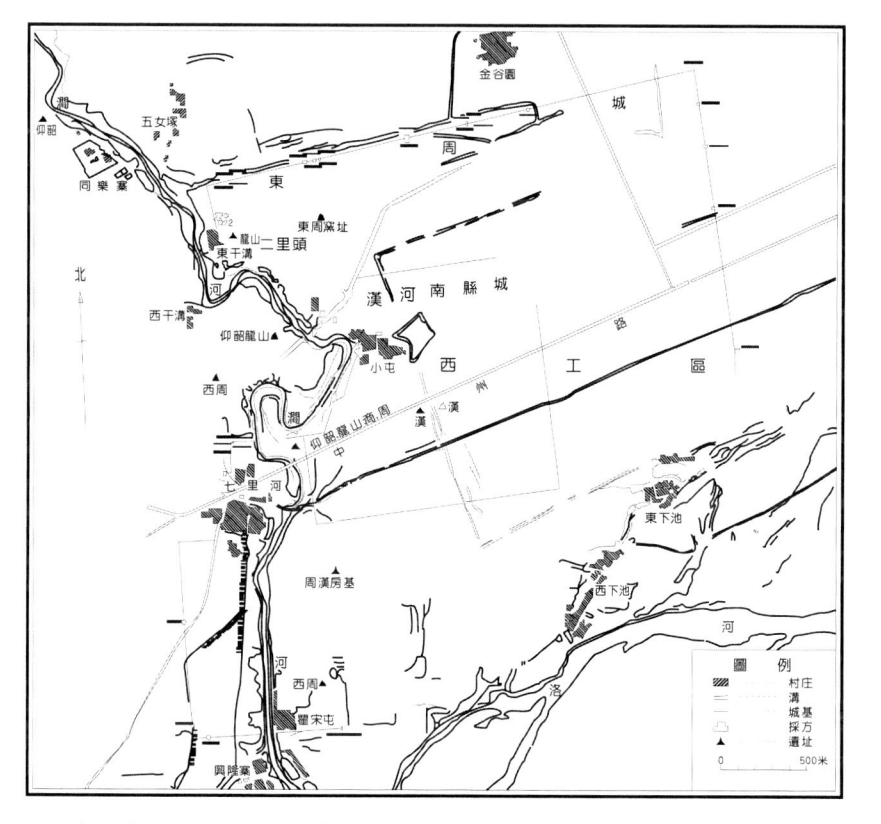

資料來源：據《洛陽發掘報告：1955～1960 年洛陽澗濱考古發
掘報告》，頁 4 附圖繪製

## 二、秦都雍城 〔註116〕

　　雍城爲春秋中期至戰國早期之秦國都城，自秦德公元年（西元前667年）從平陽（今寶雞縣東）徙都到雍，至秦獻公二年（西元前383年）遷都櫟陽，前後凡294年。此後，秦雖不斷有遷都之舉，但未廢棄這個長期使用的舊都，宮殿、宗廟依然繼續使用，有些重要的傳統禮儀，仍在雍城的祖廟舉行。史載，秦始皇行冠禮之地，即在此處。〔註117〕

---

〔註116〕相關考古發掘報告，參見陝西省社會科學院考古研究所鳳翔隊，〈秦都雍城遺址勘查〉，《考古》1963 年第八期；陝西省雍城考古隊，〈秦都雍城鑽探試掘簡報〉，《考古與文物》1985 年第二期；韓偉、焦南峰，〈秦都雍城考古發掘研究綜述〉，《考古與文物》1988 年第五、六期。

〔註117〕《史記·秦始皇本紀》：「（九年）四月，上宿雍。己酉，王冠、帶劍。」

　　雍城位於陝西省鳳翔縣城南，地處關中平原西部的渭水北岸，依山傍水，南為雍水，北為汧山，是南控漢中、四川，西通甘肅的唯一交通要道，地理位置十分重要。從 1930 年代開始，考古工作者即依據文獻記載在此尋覓。1950年代起，開始有計劃地勘探、試掘和發掘，取得了一系列的成果。

　　城址平面略呈正方形，東西長約 3300 公尺，南北寬約 3200 公尺，方向北偏西 14°。城中共有幹道八條，東西、南北各四條，縱橫交錯呈棋盤狀，將城內分成 25 個類似後世都城中「坊」的結構。城內主要有三大宮殿區，包括姚家崗宮殿建築區、馬家莊宗廟建築區，以及鐵溝、高王寺宮殿建築區。其中，位於城址中部偏西的姚家崗遺址，西距雍城西垣約 500 公尺，是春秋前期的宮殿區；位於中部的馬家莊宗廟遺址，為一圍牆環繞的全封閉式建築群，建築時代約當春秋中晚期；至於鐵溝、高王寺宮殿建築區則位於雍城北部，北起鐵溝鳳尾村，南至高王寺，西到棉織廠、翟家寺，為戰國早、中期之建築遺址。〔註118〕（圖二一）

　　有關秦都雍城的佈局，楊寬曾有以下之論點：

> 雍的主要宮殿和宗廟建築，都在城內偏西南的中部地區。……秦都雍城以西南作為君主和貴族的居住地，是很明顯的。不僅宮殿和宗廟都造在城內偏西南地區，而且墓葬也都在城外的西南地區。在古城西南、雍水南岸的高莊、東村、八旗屯一帶，分佈有許多秦國小墓群；在八旗屯西南的南指揮、西村以南，又是秦的國君的陵區，已發現「秦公陵園」十三座，陵園都坐西朝東，陵墓也都在陵園的西南部。〔註119〕

　　由雍城三大宮殿區建築年代來看，其論點似乎可以成立。但由雍城中宗廟所在的馬家莊遺址之位置來看，當時宗廟為都城佈局之重心，因此雍城之佈局仍是以中心為主。但是，雍城的宗廟與宮室已經形成兩個獨立的建築，均位於中部南北中軸線的兩側，說明這時秦人已經把宮室看得與宗廟同等重要了。〔註120〕可見，雍城之佈局重心有從中央往西南方轉移的趨勢。因此，雍城之佈局在中國古代都城發展史上，具有承上啓下之地位，並開後來宮城置於都城西南部之先例。

---

〔註118〕徐衛民，《秦都城研究》（西安：陝西人民教育出版社，2000 年 1 月），頁 71～82。

〔註119〕楊寬，《中國古代都城制度史研究》，頁 76～80。

〔註120〕徐衛民，《秦都城研究》，頁 84～85

## 圖二一：秦都雍城平面圖

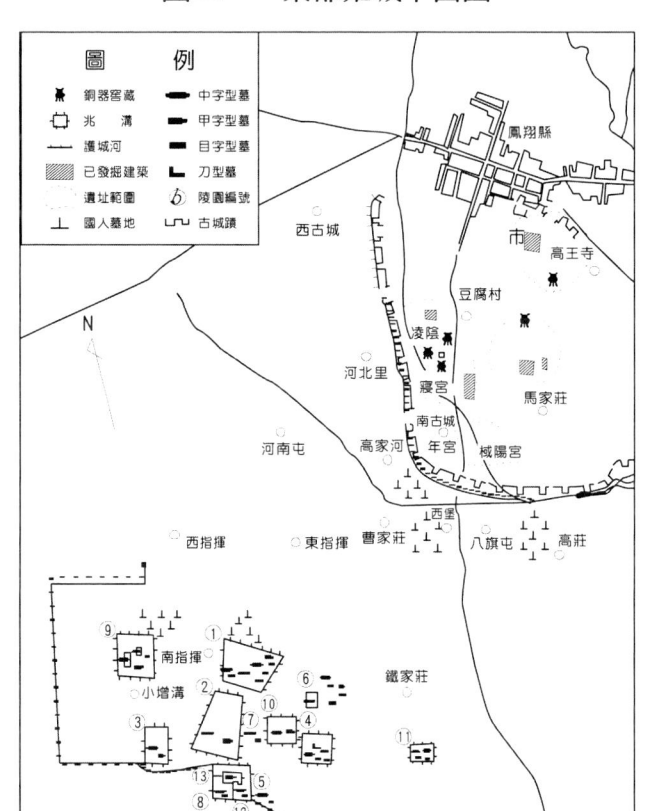

資料來源：據《咸陽帝都記》頁 54 附圖繪製

## 三、晉都新田 〔註121〕

新田爲春秋晉國晚期之都城，史載晉景公十五年（西元前 585 年），自絳

〔註121〕相關考古發掘報告，參見楊富斗，〈侯馬西新發現的一座故城遺跡〉，《文物參考資料》1957 年第十期；暢文齋，〈侯馬地區古城址的新發現〉，《文物參考資料》1958 年第十二期；山西省文物管理委員會，〈山西省文管會侯馬工作站的總收穫〉，《考古》1959 年第五期；山西省文管會侯馬工作站，〈侯馬"牛村古城"南東周遺址發掘簡報〉，《文物》1960 年第八、九期；侯馬市考古發掘委員會，〈侯馬牛村古城南東周遺址發掘簡報〉，《考古》1962 年第二期；山西省考古研究所侯馬工作站，〈侯馬呈王路建築群遺址發掘簡報〉，《考古》1987 年第十二期；〈山西侯馬晉國遺址牛村古城的試掘〉，《考古與文物》1988 年第一期；〈山西侯馬呈王古城〉，《文物》1988 年第三期。

遷都於此。〔註122〕據《史記‧六國年表》云：

魏武侯十一年（筆者按：西元前376年），魏、韓、趙滅晉，絕無後。
則新田做為晉都，前後共計二百一十年。

新田所在，自唐以來多以為在曲沃縣南，清乾隆二十三年張坊新修《曲
沃縣志》，作《新田徵》，認為當在曲沃縣西侯馬鎮，此已為考古發掘所證實。
遺址位於今山西省侯馬市西北，正臨汾、澮交匯處之平原上。1952年，考古
工作者在此發現一座城址遺蹟，經過數次的調查，逐漸瞭解其結構。在東西9
公里，南北7公里的範圍內，共發現六座城址，即平望、牛村、台神、馬莊、
呈王、北塢古城。前三者集中分布於遺址西部，面積較大且彼此相連，平面
呈「品」字形，據推測應屬晉國公室之宮城。（圖二二）

牛村古城，城址南北長約1070～1390公尺，東西寬約955～1070公尺，
其興建於西元前6世紀下半葉，廢棄於西元前5世紀下半葉；台神古城緊靠
牛村古城西側，平面呈長方形，南北長約1250公尺，東西寬約1700公尺，
南城牆與牛村古城基本成一直線；平望古城位於台神、牛村古城北部，亦呈
長方形，南北長約900公尺，東西寬約250公尺。台神、平望二城址修築和
使用的時間，大致可判斷為春秋中晚期至春秋、戰國之交。

侯馬晉都新田的「品」字形之都城佈局，不僅打破了以《考工記》所代
表的傳統都城設計思想，而且創造了新的都城佈局方式，它在先秦都城史上，
亦具有承先啟後的意義。〔註123〕

## 四、魯都曲阜〔註124〕

曲阜為西周至戰國時期的魯國都城，位於山東省曲阜市城區及其附近。

---

〔註122〕《左傳‧成公六年》：「晉人去故絳，諸大夫皆曰：『必居郇、瑕氏之地，沃饒
而近鹽，國利君樂，不可失也。』……（韓獻子）對曰：『不可！郇、瑕氏土
薄水淺，其惡易覯。易覯則民愁，民愁則墊隘，於是乎有沉溺重膇之疾。不
如新田，土厚水深，居之不疾，有汾、澮以流其惡。且民從教，十世之利也。
夫山澤林鹽，國之寶也。國饒，則民驕佚；近寶，公室乃貧，不可謂樂。』
公說，從之。夏四月丁丑，晉遷於新田。」

〔註123〕參見橋本淳，〈關於新田都城的一點思考〉，《西北大學學報》1997年第二期，
頁92～94。

〔註124〕相關考古發掘報告，參見田岸，〈曲阜魯城勘探〉，《文物》1982年第十二期；
張學海，〈淺談曲阜魯城的年代和基本格局〉，《文物》1982年第十二期；山
東省文物考古研究所、山東省博物館編，《曲阜魯國故城》（濟南：齊魯書社，
1982年9月）。

《左傳》、《史記》等均記載了西周初年周公之長子伯禽代父就封於魯，建都曲阜的史實。〔註125〕然而，從考古發掘來看，城中缺乏殷末周初的遺跡，最早的遺存約當西周中期前半，論者以爲與「煬公徙魯」之記載不謀而合。〔註126〕至魯頃公二十四年（西元前 249 年）楚滅魯，魯國以曲阜爲都凡 700 餘年。

### 圖二二：晉都新田平面圖

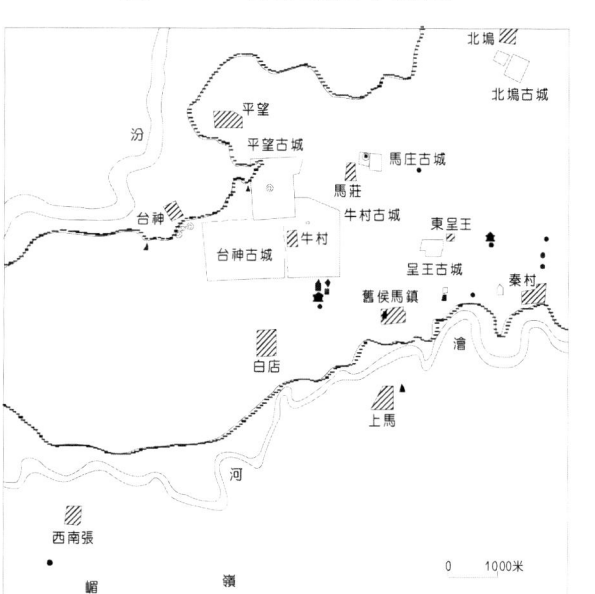

資料來源：據《先秦城市考古學研究》頁 87 附圖繪製

　　曲阜魯城平面呈不規則之長方形，東西最長處約 3.7 公里，南北最寬處約 2.7 公里，總面積約 10 平方公里。其中，東周時期的大型夯土基址，大多集中於中部與中南部。中部略偏東北的周公廟高地上，亦發現一範圍東西 550 公尺，南北 500 公尺的建築群，在它四周斷斷續續發現了夯土牆基。〔註127〕

〔註125〕《左傳・定公四年》：「昔武王克商，成王定之，選建明德，以藩屏周，故周公相王室以尹天下，於周爲睦。分魯公以大路、大旂，……以法則周公，用即命于周，是使之職事于魯，以昭周公之明德。……因商奄之民，命以伯禽，而封於少皞之虛。」《史記・魯周公世家》：「封周公旦於少昊之虛曲阜，是爲魯公。周公不就封，留佐武王。其後武王既崩，成王少，在強葆之中，周公恐天下聞武王崩而畔，周公乃踐阼代成王攝行政當國。……於是卒相成王，而使其子伯禽代就封於魯。」
〔註126〕許宏，《先秦城市考古學研究》，頁 95。
〔註127〕山東省文物考古研究所、山東省博物館編，《曲阜魯國故城》，頁 12～13。

關於此一夯土城垣之性質，學者認爲此應屬宮城城垣；〔註128〕亦有學者認爲，此一城垣範圍之面積與牆寬均顯得過於窄小，可能只是魯國公室的宗廟所在。〔註129〕若對照《左傳》、《穀梁傳》等記載，魯城內確有內城之存在。〔註130〕然而，此一內城由於是魯公懼於仲孫、叔孫、季孫三家所修築的，僅具應急之用，可能不包含當時魯國宮殿區之全部。因此，魯城的宮殿區，還應包括上述大型建築基址相當集中的中部與中南部。但不可否認的是，此一內城應爲魯國公室最重要之宮殿所在。（圖二三）

### 圖二三：魯國都城曲阜平面圖

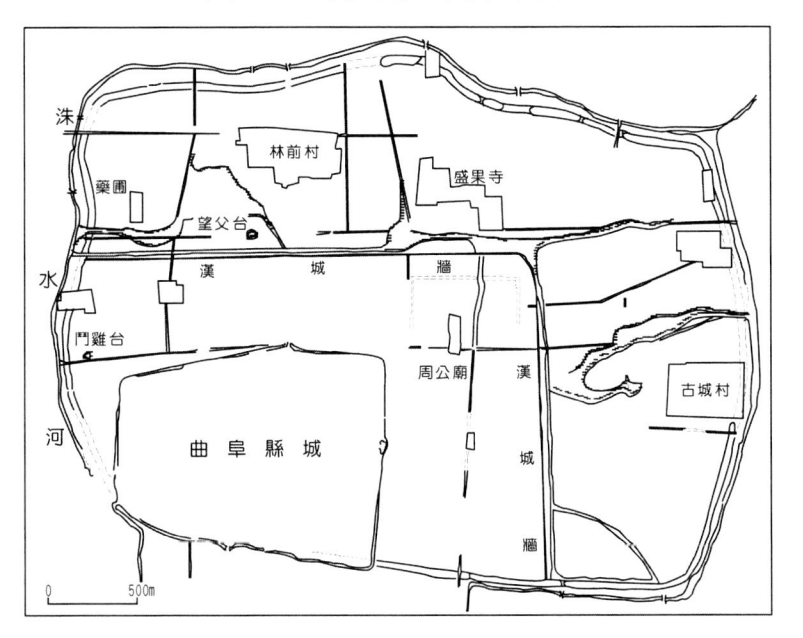

資料來源：據《曲阜魯國故城》，頁4插圖繪製

此外，在魯城的鑽探和試掘中，其南部和西南部還發現了一座漢代城址。該城呈長方形，西、南兩牆分別利用了魯城的西南垣，東、北兩牆則爲新築。

〔註128〕 張學海，〈淺談曲阜魯城的年代和基本格局〉，《文物》1982年第十二期，頁15。
〔註129〕 曲英杰，《先秦都城復原研究》，頁276～281。
〔註130〕 《左傳·成公九年》：「城中城。」《左傳·定公六年》：「冬，城中城。」《穀梁傳·定公六年》：「城中城者，三家張也。或曰：非外民也。」【晉】范寧《集解》曰：「大夫稱家，三家：仲孫、叔孫、季孫也。三家侈張，故公懼而脩內城。譏公不務德政，恃城以自固。」

從魯城報告所刊布的漢城城垣試掘探溝的材料看，這一漢城的始建年代可上溯至戰國。因此，許宏即根據此一現象，認爲戰國時期的魯城應有割取大城西南部的小城之存在。〔註131〕

## 五、齊都臨淄〔註132〕

　　齊國開國之君呂尚姜太公，在周王朝滅商之過程中立下汗馬功勞，故封於齊。最初都於營丘，後遷薄姑，至七世獻公元年（西元前 859 年）始遷都於臨淄，直到齊王建四十四年（西元前 221 年）爲秦所滅，一直以此爲都凡六百餘年。〔註133〕考古工作者之勘探和試掘資料，亦證明了這一點。考古資料顯示，現在的臨淄故城主要屬東周時期，秦漢完全沿用此城，大城內基本上均爲漢代以前的堆積。〔註134〕

　　遺址位於山東省臨淄縣城周圍，自 1964 年起，考古工作者先後對全城做了鑽探和小規模的發掘。故城東臨淄水，西依系水（今稱泥河），由東北、西南嵌築的大小兩城所組成，總面積約 20 平方公里。據試掘得知，兩城垣主要屬東周時期，小城之始建則不早於戰國。

　　小城位於大城西南，部分嵌入大城西南角，平面略呈長方形，南北長約 2200 公尺，東西寬約 1400 公尺，面積約 3 平方公里。因其始建年代爲戰國時期，論者以爲極有可能是田氏代齊後始建之新宮城。〔註135〕至於姜齊之宮城所在，論者有以爲在城內中心地帶者。〔註136〕然而，此一地區在考古發掘中，並非遺存密集分布之區域，反而是大城東北部，尤其是河崖頭村西南和闞家寨村東北一帶的「韓信嶺」高地，文化堆積層最厚。此外大城中部南北向幹道，在與大城北部東西向幹道交匯後西折約 100 公尺，至與大城中部東西向幹道交匯處又向東折回 100 公尺左右。這種情況最大可能是該處原先存有無

〔註131〕許宏，〈曲阜魯國故城をめぐる諸問題について〉，《東洋學報》（東京）第七十七卷一・二號合刊（1995 年 10 月），頁 60～61。

〔註132〕相關考古發掘報告，參見山東省文物管理處，〈山東臨淄齊故城試掘簡報〉，《考古》1961 年第六期；群力，〈臨淄齊國故城勘探紀要〉，《文物》1972 年第五期。

〔註133〕中國大百科全書出版社編輯部編，《中國大百科全書・考古學》（北京・上海：中國大百科全書出版社，1986 年 8 月）〈臨淄齊城遺址〉，頁 281。

〔註134〕群力，〈臨淄齊國故城勘探紀要〉，《文物》1972 年第五期，頁 52。

〔註135〕許宏，《先秦城市考古學研究》，頁 99。

〔註136〕曲英杰，《先秦都城復原研究》，頁 237～238。

法拆除的重要建築物，因此上述兩條東西向幹道和向西折曲的南北向幹道圍起的闞家寨一帶，極有可能是姜齊宮城之所在。〔註137〕（圖二四）

### 圖二四：齊都臨淄平面圖

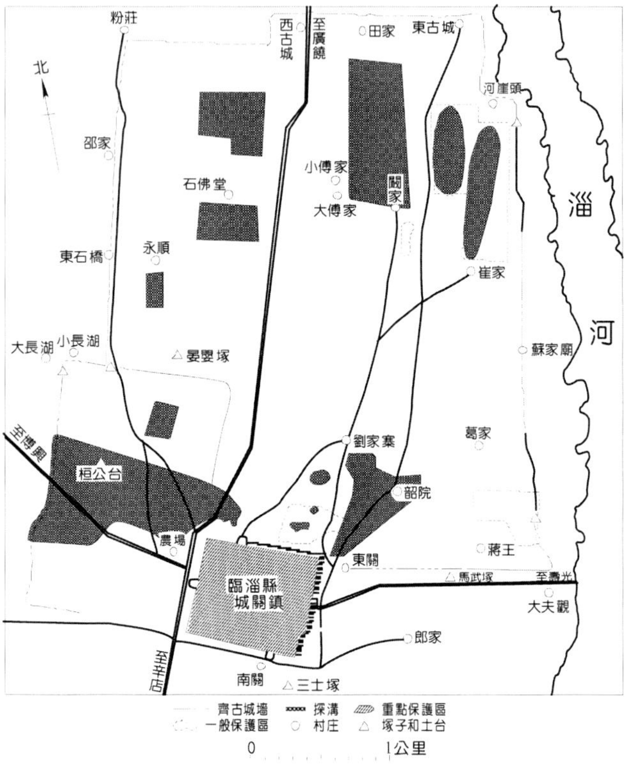

資料來源：據〈山東臨淄齊都試掘簡報〉頁 289 附圖繪製

此外，在大城東北部河崖頭村曾現西周、春秋時代墓地，其中一座「中」字型春秋時代國君的大墓，東、北、西三面並環繞殉馬總數達 600 匹的大殉馬坑，對照先秦古城址中早期貴族的墓葬往往葬在居住區附近的情況，此一地帶很有可能是早期齊國國君宮殿區之所在。因此，齊國在建都臨淄之初，沿用與當地東夷民族關係較爲密切的商王朝禮制，將宮殿設置在整個城內的東北部。〔註138〕

---

〔註137〕許宏，《先秦城市考古學研究》，頁 100。

〔註138〕楊寬，《中國古代都城制度史研究》，頁 70。此外《史記‧齊太公世家》：「太公至國，脩政，因其俗，簡其禮，通工商之業，便漁鹽之利，而人民多歸齊。」可以推知，臨淄都城之佈局，或許受到東夷民族之影響，故以重東北方之佈

## 六、鄭韓故城〔註139〕

　　鄭為姬姓國，史載周宣王二十二年（西元前 806 年）封庶弟友於鄭（今陝西省華縣境），是為鄭桓公。〔註140〕西周末年，犬戎殺幽王於驪山下，並殺桓公，其子武公與平王東遷，取虢、鄶之地，建都新鄭。戰國初期，韓哀侯（西元前 376～375 年）滅鄭，從陽翟遷都新鄭。因此，新鄭連續為鄭、韓兩國之都城。

　　鄭、韓故城位於今河南省新鄭縣城關一帶，地處河南中部廣闊原野上，夾於雙洎河（古洧水）與黃水河之間的三角地帶，依自然地勢而構築。城址呈不規則的長方形，東西長約 5000 公尺，南北寬約 4500 公尺，中部有一道南北向夯土牆將故城分隔成東西兩部分。從目前所得之考古資料研判，西城的建築年代較早，東城的城牆則是後來加築而成的，當是春秋晚期或戰國時代所建。〔註141〕（圖二五）

### 圖二五：鄭韓故城平面圖

資料來源：據《先秦城市考古學研究》，頁 92 附圖繪製

　　局為之。

〔註139〕相關考古發掘報告，參見河南省博物館新鄭工作站，〈河南新鄭鄭韓故城的鑽探和試掘〉，《文物資料叢刊》第三輯（北京：文物出版社，1980 年）。

〔註140〕《史記‧鄭世家》：「鄭桓公友者，周厲王少子而宣王庶弟也。宣王立二十二年，友初封於鄭。」另《世本》載：「鄭桓公封棫林。」

〔註141〕楊寬，《中國古代都城制度史研究》，頁 72。

西城位於東城之西北方，平面略呈長方形，北牆保存較好，長約 2400 公尺，東牆即故城東西城之隔城，長約 4300 公尺，西牆和南牆則多被雙洎河所沖毀。西城的中北部，即今閣老墳村一帶，已發現密集分布的夯土建築基址 10 餘處，面積有達 6、7 千平方公尺者，並發現有上下層夯土建築基址疊壓和打破的關係，表明這裡是春秋戰國時期鄭、韓兩國宮殿區或與宮殿建築有關的建築遺存的集中分布區域。中部亦發現宮城遺址，東西長約 500 公尺，南北寬約 320 公尺，宮城中部偏北處發現了大型夯土建築台基。在這片建築基址的西北部，尚有一處地面夯土高台建築遺存，俗稱「梳妝台」。〔註 142〕據史念海之研究，所謂宮城應是鄭國都城中最重要的建築——大宮，梳妝台應是當時的西宮，大宮偏北的夯土基址應是當時的北宮。〔註 143〕

## 七、趙都邯鄲 〔註 144〕

邯鄲為戰國時代趙國之都城，據史載趙敬侯元年（西元前 386 年）自中牟遷都於此。當時為避免宮城區與居民區混雜在一起，因此選擇城西南丘陵上作為基地，興建了一座規整的宮城，其位置居高臨下，可俯瞰丘陵下的邯鄲城。〔註 145〕至趙王遷八年（西元前 228 年）為秦所滅，邯鄲作為趙國之都城凡 159 年。

城址位於今河北省邯鄲市復興區境內西南部，《漢書・地理志》稱其「北通燕涿，南有鄭衛，漳、河間一都會也」，地理位置相當重要。據考古學者之勘察，城址分為大城（大北城）與小城（趙王城）兩部分，彼此並不相連。大北城遺址應是春秋戰國以至漢代邯鄲城的主要組成部分，趙王城則為戰國趙都宮殿區。〔註 146〕楊寬即認為，春秋晚期邯鄲是晉大夫趙午的封邑，趙鞅曾將「衛貢五百家」置之邯鄲，說明邯鄲已有一定的規模。很可能邯鄲的大郭是在春秋晚期邯鄲城的基礎上擴展而成的，大郭東北的「叢臺」也是在春

---

〔註 142〕楊育彬、袁廣闊主編，《20 世紀河南考古發現與研究》，頁 429。
〔註 143〕史念海，〈鄭韓故城溯源〉，《中國歷史地理論叢》1998 年第四輯，頁 22。
〔註 144〕相關考古發掘報告，參見邯鄲市文物保管所，〈河北邯鄲市區古遺址調查簡報〉，《考古》1980 年第二期；河北省文物管理處、邯鄲市文物保管所，〈趙都邯鄲故城調查報告〉，《考古學集刊》第四集（北京：中國社會科學出版社，1984 年 10 月）。
〔註 145〕《史記・趙世家》：「敬侯元年，武公子朝作亂，不克，出奔魏。趙始都邯鄲。」
〔註 146〕邯鄲市文物保管所，〈河北邯鄲市區古遺址調查簡報〉，《考古》1980 年第二期，頁 158。

秋晚期趙午的宮殿基址上發展起來的。〔註147〕（圖二六）

### 圖二六：趙都邯鄲平面圖

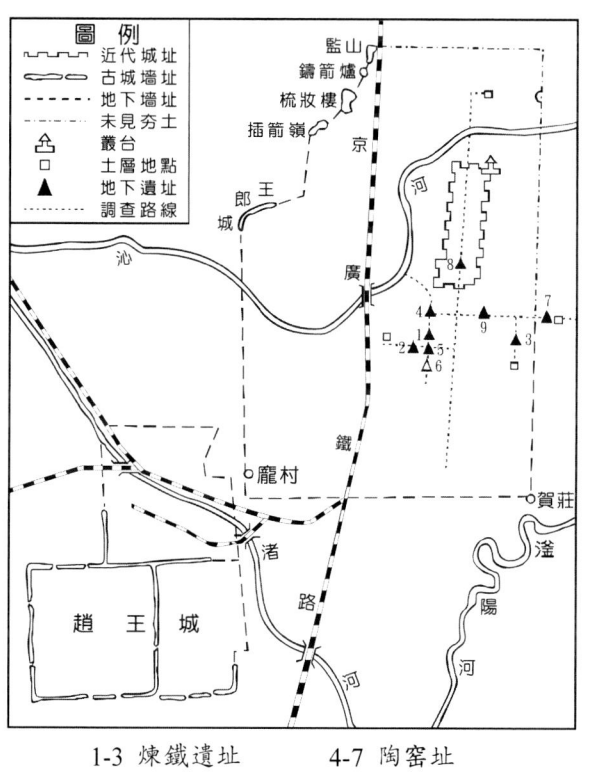

1-3 煉鐵遺址　　4-7 陶窯址
8 石器作坊　　9 製骨作坊

資料來源：據《河北邯鄲市區古遺址調查簡報》，頁 142 附圖繪製

　　小城（趙王城）為趙都宮城，由平面呈「品」字形的東城、西城、北城三部分所組成，總面積約 5 平方公里。三處均有為數不少且巨大的宮殿基址，最大一處在西城內。西城平面近方形，東西寬 1354 公尺，南北長 1370 公尺，其中部偏南處之一號夯土台「龍台」，為一大型夯土建築台基，東西寬 265 公尺，南北長 296 公尺，殘高 19 公尺，應是當時主要的宮殿建築所在，也是迄今所見戰國時期最大的夯土台基。由此往北經夯土台二號至三號，形成一條中軸線。在這中軸線兩側，還存在許多夯土基址。這些高大廣闊的建築群基址，證明了西城應為當時趙國宮城的重心所在。

〔註147〕楊寬，《中國古代都城制度史研究》，頁 93～94。

## 八、魏都安邑〔註148〕

安邑為戰國時代魏國前期之都城，據載晉悼公十一年（西元前 562 年）魏絳徙治安邑，魏文侯二十二年（西元前 403 年）魏始立為諸侯，至惠王九年（西元前 362 年）徙都大梁，魏居安邑前後約 200 年。〔註149〕

安邑故城坐落於山西省夏縣西北 7 公里之禹王鄉，傳說夏禹曾居此，故俗稱「禹王城」。城址分為大城、中城、小城。中城的時代較晚，大概是修築於秦漢時的河東郡治；大城與小城則同為戰國時期所修築，〔註150〕（圖二七）

### 圖二七：魏都安邑平面圖

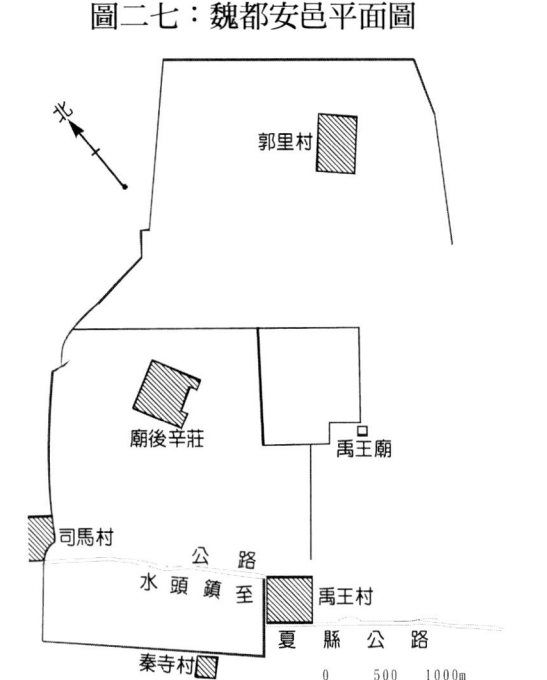

資料來源：據〈山西夏縣禹王城調查〉頁 474 附圖繪製

---

〔註148〕相關考古發掘報告，參見陶正剛、葉學明，〈古魏城和禹王古城調查簡報〉，《文物》1962 年第四、五期；中國科學院考古研究所山西工作隊，〈山西夏縣禹王城調查〉，《考古》1963 年第九期。

〔註149〕《史記・魏世家》：「魏絳事晉悼公。……悼公之十一年，曰：『自吾用魏絳，八年之中，九合諸侯，戎、翟和，子之力也。』賜之樂，三讓，然後受之，徙治安邑。」《水經注・涑水》：「安邑，……春秋時魏絳自魏遷此。」《漢書・地理志》：「魏絳自魏徙此，至惠王徙大梁。」

〔註150〕李自智，〈東周列國都城的城郭形態〉，《考古與文物》1997 年第三期，頁 69～70。

大城平面略呈梯形，北窄南寬，方向北偏東 50°。北垣長 2100 公尺，西垣長約 4980 公尺，南垣現長約 3565 公尺，東垣北段現長約 1530 公尺，東南城垣已無存，總面積 13 平方公里。小城位於大城的正中，平面呈方形，東南角向內凹進，北牆長 855 公尺，西牆長 930 公尺，面積為 0.754 平方公里。由於未經正式發掘，城內之內涵尚不清楚。但由小城所處地勢，較周圍地面高出 1～4 公尺，再考慮到其與大城的關係，勘查者推測小城可能是宮城。〔註 151〕然而，目前在小城城內並未發現宮室基址，是否確為宮城之所在，有待考古發掘進一步的證明。

## 九、楚郢都紀南城〔註 152〕

郢都為東周時期楚國之都城，城址位於湖北省荊州市境內，因其在紀山之南，後人稱之為「紀南城」。〔註 153〕春秋初期，自丹陽（湖北省秭歸縣東南）遷都於此。但據考古發掘得知，紀南城城垣之修築不早於春秋晚期，周圍已發掘之楚墓的年代絕大多數亦為春秋晚期至戰國中晚期之交。因此，有關郢都之地點與紀南城之起迄年代，引發了許多討論。〔註 154〕

---

〔註 151〕陶正剛、葉學明，〈古魏城和禹王古城調查簡報〉，《文物》1962 年第四、五期，頁 64。

〔註 152〕相關考古發掘報告與研究成果，參見湖北省博物館，〈楚都紀南城的勘查與發掘〉，《考古學報》1982 年第三、四期；郭德維，《楚都紀南城復原研究》（北京：文物出版社，1999 年 2 月）。

〔註 153〕「紀南城」之名，最早見於《三國志・吳志・朱然傳附子績傳》，以後《荊州記》、《水經注》、《括地志》等著作均有記載，可見至遲三國時代已有此名，並沿用至今。

〔註 154〕《左傳・桓公二年》《正義》引《世本》載楚武王（西元前 740～690 年）徙郢，《史記・楚世家》則載楚文王（西元前 689～677 年）始都郢。楊寬據《左傳・襄公十四年》及《左傳・昭公二十三年》杜預《注》之記載，以為楚剛遷都至郢，並未有築城，至楚康王時，在令尹子囊之建議下始築郢城。因此現存紀南城，是春秋晚期和戰國早期經過多次擴建加固而成的（參見氏著，《中國古代都城制度史研究》，頁 94）。郭維德則認為春秋初期遷郢的地點可能在 1970 年代發現的沮漳河西岸的季家湖古城。楚昭王（西元前 515～489 年）時期，吳師攻破楚郢（南郢），昭王被迫遷往鄀郢。其後昭王欲遷回南郢，但季家湖古城已遭嚴重破壞，只得在紀南城建立新都。但吳師入郢後，楚因急於整頓內部，在國內進行修養生息，昭王時期並未將郢遷至紀南城。直至惠王（西元前 488～432 年）時期，平定白公勝叛亂後，國內一直很安定，從惠王中期開始，積極向東開拓、擴張成了楚的基本國策，故在此時遷都紀南城（參見郭德維，《楚都紀南城復原研究》，頁 27～39）。

　　城址平面略呈長方形，東西長約 4500 公尺，南北寬約 3500 公尺，城牆總周長 15506 公尺，總面積約 16 平方公里。除東南城角外，西北、東北、西南三城角均作切角形，南牆東部受鳳凰山高地的影響向外突出。（圖二八）

### 圖二八：楚都紀南城平面圖

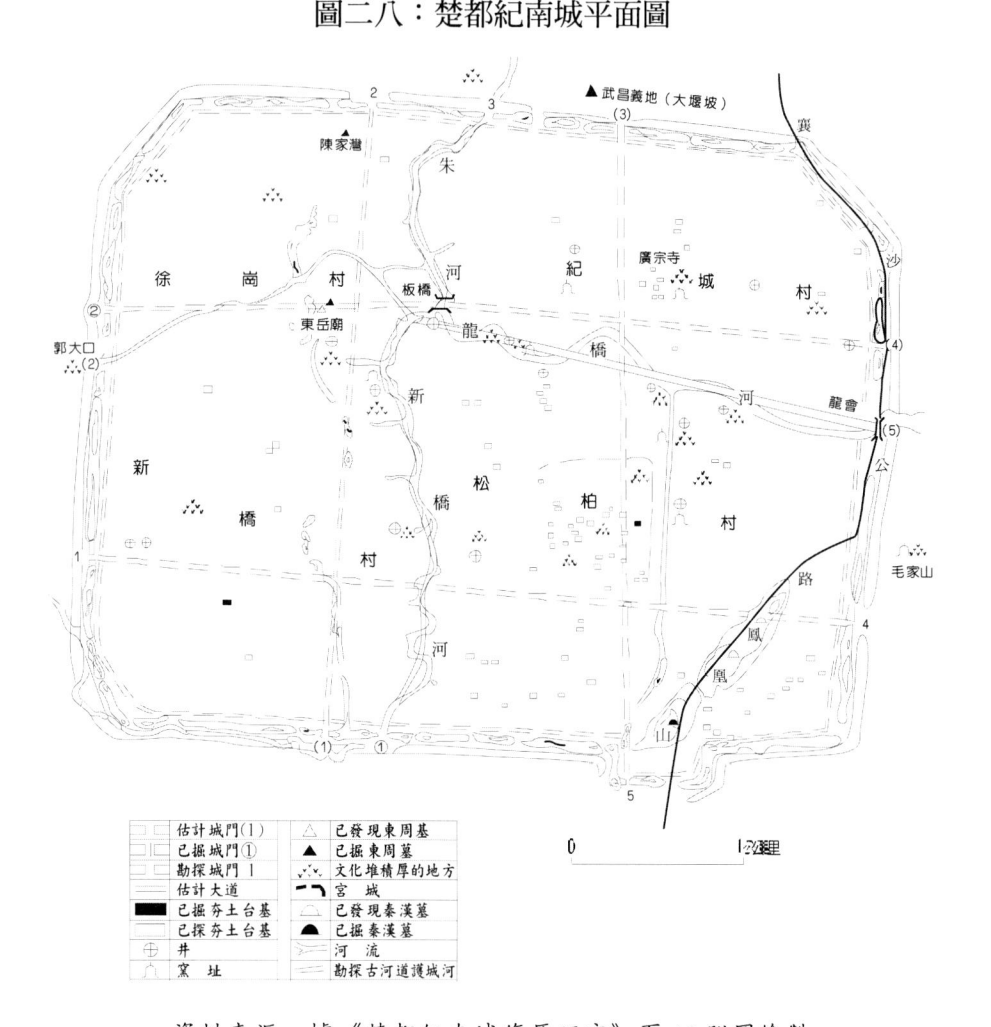

| 圖例 | | |
|---|---|---|
| 估計城門(1) | △ | 已發現東周墓 |
| 已掘城門① | ▲ | 已掘東周墓 |
| 勘探城門 | | 文化堆積厚的地方 |
| 估計大道 | | 宮　城 |
| 已掘夯土台基 | | 已發現秦漢墓 |
| 已探夯土台基 | | 已掘秦漢墓 |
| 井 | | 河　流 |
| 窰　址 | | 勘探古河道護城河 |

資料來源：據《楚都紀南城復原研究》頁 49 附圖繪製

　　城內已發現東周時期夯土建築基址 84 座，其中 61 座在東南部（松柏區），佔總數的 70% 以上。在東南部夯土密集分佈區的東部和北部，發現夯土圍牆的遺跡，東牆殘長約 750 公尺，北牆殘存約 690 公尺，據推測可能為宮城城垣。在宮城內經考古勘探的夯土建築台基有 40 座，分佈相當集中，有的相距僅 5 公尺，其中最大的台基長達 130 公尺，寬 100 公尺，周圍有很厚的瓦礫層。

## 十、燕下都 [註155]

　　燕下都武陽城，係戰國中晚期燕國的都城。城址位於今河北省易縣東南2.5 公里，介於北易水（即《水經注》所稱之濡水）和中易水之間，西北靠太行山，東南臨華北平原，為北上薊城、南下邯鄲和經紫荊關口西行之路的交匯點。據《世本》記載，春秋時期燕國曾以臨易（今河北雄縣）為都。[註156]戰國時遷都於薊（今北京市附近），後世稱為燕上都，至戰國中晚期又營建下都武陽。[註157]此時燕共有二都，而非遷都於下都武陽。[註158]

　　燕下都至今地面上仍殘存部分城牆及高台建築台基，在未進行詳細勘察之前，一直被認為僅有一個城。1958 年以後之調查發現城址中部有南北向之隔牆，將城隔成東西兩個部分。整個城址平面呈不規則的長方形，東西長約 8公里，南北寬約 6 公里，總面積為 30 餘平方公里，是戰國時期列國都城面積最大的一座。由於受易水流向的影響，整座城址的方位為坐東北朝西南。中部隔牆西側尚有一平行的古河道，二者聯合將燕下都分成東西兩城。東城北部又有一東西向的隔牆，將東城又分成兩部分。東城的始建年代不晚於戰國中期，西城則稍晚，約營建於戰國中期前後。學者據燕下都所出土的銅兵器，推測主要是燕昭王以後所修築的。[註159]（圖二九）

　　東城內文化遺存豐富，應為燕下都之主體部分。宮殿區在其東北部，有許多高台建築基址，其中以東西向隔牆以南之武陽台面積最大，東西長約 140公尺，南北寬約 110 公尺，高 11 公尺。武陽台東南、西南、東北還鑽探出 3

〔註155〕相關考古發掘報告，參見傅振倫，〈燕下都考古記〉，《地學雜誌》十八卷四期（1930 年）；〈燕下都發掘報告〉，《國學季刊》三卷一期（1932 年）；〈燕下都發掘品的初步整理與研究〉，《考古通訊》1955 年第四期；謝錫益，〈燕下都遺址瑣記〉，《文物參考資料》1957 年第九期；中國歷史博物館考古組，〈燕下都城址調查報告〉，《考古》1962 年第一期；河北省文化局文物工作隊，〈河北易縣燕下都故城勘察和試掘〉，《考古學報》1965 年第一期；王素芳、石永士，〈燕下都遺址〉，《文物》1982 年第八期；河北省文物研究所，《燕下都》（北京：文物出版社，1996 年 8 月）。

〔註156〕《世本》：「燕桓侯徙臨易。」

〔註157〕《水經注‧易水》：「易水又東逕武陽城南，蓋易自寬中歷武夫關東出，是兼武水之稱，故燕之下都擅武陽之名。……武陽，蓋燕昭王之所城也，東西二十里，南北十七里。」

〔註158〕李學勤，《東周與秦代文明》（台北：駱駝出版社），頁 92。

〔註159〕傅振倫，〈燕下都發掘品的初步整理與研究〉，《考古通訊》1955 年第四期，頁 24～25。

組建築基址群。而其北約 1400 公尺的中軸線上，依序排列著望景台、張公台、老姆台等夯土台基。

## 圖二九：燕下都平面圖

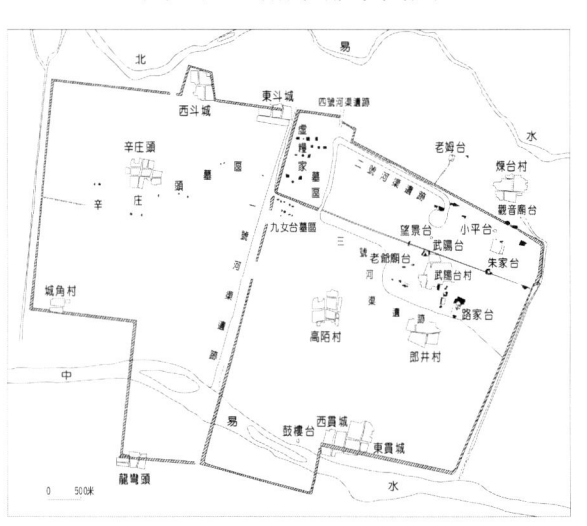

資料來源：據《燕下都》頁 14 插圖繪製

馬世之在研究東周時期的城市時，將其分爲四種類型：第一，新鄭型，由兩個連接的城組成；第二，侯馬型，由幾個並列的小城組成；第三，洛陽型，只有一個城圈；第四，夏縣型，由套在一起的大小二城組成。〔註 160〕李自智則根據宮城與城郭的組合情況，將其歸納爲五類：第一類，宮城位於城郭之中，形成環套的格局，如魯故城、魏安邑故城及楚紀南城；第二類，宮城與郭城分爲毗連的兩部分，如齊故城、鄭韓故城、燕下都故城；第三類，宮城與郭城分爲相依的兩部分，如邯鄲故城；第四類，有宮城而無郭城，如侯馬晉都遺址；第五類，無單一的宮城，而是分爲若干自成一體的宮殿區，如秦都雍城。〔註 161〕

我們根據宮城所在都城中之位置，則可將東周時期的列國都國分成四類：第一類，宮城位於都城的中央位置，如魯都曲阜、新鄭鄭韓故城、魏都安邑；第二類，宮城位於都城的西南部，如侯馬晉都新田、齊都臨淄、趙都邯鄲；第三類，宮城位於都城之東南部，如楚都紀南城；第四類，宮城位於

〔註 160〕馬世之，〈關於春秋戰國城的探討〉，《考古與文物》1981 年第四期，頁 94。
〔註 161〕李自智，〈東周列國都城的城郭形態〉，《考古與文物》1997 年第三期，頁 71。

都城的東北部，如燕下都。其中秦都雍城之重心佈局雖仍在宗廟所在的中心位置，但其宮城已與宗廟分離，且有向西南部發展之趨勢。至於東周王城，論者雖然以《國語・周語下》中「穀、洛鬥，將毀王宮」之記載，將穀（澗水）洛交匯處的西南部區域，做爲東周王城內宮殿建築區之所在。然而，由東周王城西北、東南分別爲澗水、洛河所沖毀，二水向中部集中之情形來看，「穀、洛鬥，將毀王宮」所指之區域，應爲東周王城的中部。〔註162〕只是這裡已爲漢代河南縣城所覆蓋，才看不到原先宮城之痕跡。〔註163〕馬先醒亦從文獻中所載周王城城圈長度與澗河東岸中部所挖掘漢河南縣城相比較，認爲：

> 已出土之漢河南縣城處，既未曾覓得周王城遺基，周、漢二城既位於一地，二者城圈差額又甚微，且有因度制換算致差之可能，今漢河南縣城基既完全覓得，而周王城竟毫不見迹影，是二城完全重合之可能性甚大。果如是，則周王城城圈即全同於近年所掘出之漢河南縣城城圈。〔註164〕

此外，由城址偏南的中部，仍發現有大片夯土遺跡，並有大量建築材料堆積的情形，我們有理由相信東周王城亦屬於第一類，其宮城是在都城中央位置的。

　　乍看之下，春秋、戰國時代列國都城之佈局，似乎不甚統一，僅以宮城在都城中的相對位置，即有四種類型之多。然而，其中仍可分析出「象天法地」在列國都城佈局之作用。

　　東周王城是周子天所在之都城，尤其又是位處「天下之中」的伊洛地區，因此很自然地承襲宗周之傳統，將宮城置於都城中央。我們相信，這種宮城居中的模式，應是春秋時期大多數列國都城遵循的模式，如魯都曲阜、鄭都城新鄭等，甚至於戰國時期的魏都安邑亦是如此。只是在宗法禮制下，他們都城的規模有所限制。〔註165〕當時周天子之地位雖有陵夷，但仍是名義上的

---

〔註162〕《國語・周語下》：「靈王二十二年，穀、洛鬥，將毀王宮。王欲壅之。太子晉諫曰：『不可！』……王卒壅之。」最後因周王「壅之」，王宮並未被沖毀。因此，王城之王宮位置，似乎不應在已被沖毀的西南部。

〔註163〕考古學者即認爲：「在洛陽東周城址內部找不到較大面積的西周居住遺址，與在漢河南縣城內部找不到較大面積的東周居住遺址的情況是一個道理，因爲前代的居住遺址必然要受到後代房屋建築的毀壞。」見中國社會科學院考古研究所編著，《洛陽發掘報告：1955～1960年洛陽澗濱考古發掘資料》，頁191。

〔註164〕馬先醒，〈漢代長安城之營築及其形制〉，收錄於氏著《中國古代城市論集》（台北：簡牘學會，1980年），頁32。

〔註165〕從《左傳・隱公元年》中有關「共叔段食京」之記載，共叔段對於「京」之

共主。因此，列國都城之佈局仍以王城馬首是瞻。〔註166〕

其中，齊都臨淄春秋時期姜齊的宮城是位於都城東北部，是較爲例外者。這是由於太公初封時，爲統治當地之東夷民族，「因其俗，簡其禮」的權宜方式，故採與東夷民族關係較爲密切的商王朝之禮制，將宮殿造在都城東北部。但是，正如《晏子春秋・景公成柏寢而師開言室夕晏子辨其所以然》中之記載：

> 景公新成柏寢之臺，使師開鼓琴。師開左撫宮，右彈商，曰：「室夕！」公曰：「何以知之？」師開對曰：「東方之聲薄，西方之聲揚。」公召大匠曰：「室何爲夕？」大匠曰：「立室以宮矩爲之。」于是召司空曰：「立宮何爲夕？」司空曰：「立宮以城矩爲之。」明日，晏子朝公，公曰：「先君太公以營丘之封立城，曷爲夕？」晏子對曰：「古之立國者，南望南斗，北戴樞星，彼安有朝夕哉？然而以今之夕者，周之建國，國之西方，以尊周也。」

齊都臨淄的城牆並非正南北向，而有些偏西，已爲考古發掘所證實。由此可見，在不同於周之禮制所營建的齊都臨淄，仍以都城朝向偏西的方式來表示對周天子的臣服。

至於秦、楚、吳、越等國，原就「不與中國諸侯之會盟，夷翟遇之」，〔註167〕其都城之佈局採取與中原諸國異制之方式處理，是可以理解的。

到了春秋末年，戰國時期，列國諸侯已視周天子如無物。正如王健文所言：

> 到了春秋戰國之際，封建體制逐漸瓦解，城邑制度也跟著崩壞。春秋中期以下，不論在城邑規模、城邑的建置數量、分布格局及一些具體營建設施上，都發生了違制問題。〔註168〕

其中尤以都城的佈局最爲顯著。諸國在列強爭霸中，開始採「象天法地」的方式擴建自己的都城。文獻中記載最先採用「象天法地」營建都城的東周列強，是春

---

營造，被視爲違制，可以看出以名份等級爲核心的城制，在春秋時期（至少是中期以前）仍爲大多數列國所遵循。

〔註166〕王師仲孚云：「雖然東周天子已無維繫封建秩序的實力，宗法制度也已開始瓦解，但封建與宗法的關係不可能立即斬絕，齊桓公之會盟定霸，以『尊王攘夷』爲號召，實流露了其維護宗法爲紐帶的封建制度。」見氏著，〈試論春秋時代的諸夏意識〉，收錄於《中國上古史專題研究》，頁 607。

〔註167〕語出《史記・秦本紀》。

〔註168〕王健文，《奉天承運——古代中國的「國家」概念及其正當性基礎》（台北：東大圖書公書，1995 年 6 月），頁 198～199。

秋末年的吳、越二國。據東漢趙曄所撰《吳越春秋・闔閭內傳第四》之記載：

> 闔閭曰：「善！夫築城郭、立倉庫，因地制宜，豈有天氣之數，以威
> 鄰國者乎？」子胥曰：「有！」闔閭曰：「寡人委計於子。」子胥乃
> 使相土嘗水，象天法地，造築大城，周迴四十七里。陸門八，以象
> 天八風；水門八，以法地八聰。築小城，周十里，陵門三。不開東
> 面者，欲以絕越明也。立閶門者，以象天門通閶闔風也；立蛇門者，
> 以象地戶也。闔閭欲西破楚，楚在西北，故立閶門以通天氣，因復
> 名之「破楚門」；欲東并大越，越在東南，故立蛇門以制敵國。吳在
> 辰，其位龍也，故小城南門上反羽爲兩鯢鱙，以象龍角；越在巳地，
> 其位蛇也，故南大門上有木蛇，北向首內，示越屬於吳也。

又《吳越春秋・勾踐歸國外傳第八》亦載：

> 越王曰：「寡人之計，未有決定。欲築城立郭、分設里閭，欲委屬於
> 相國。」於是范蠡乃觀天文，擬法於紫宮，築作小城，周千一百二
> 十二步，一圓三方。西北立龍飛翼之樓，以象天門；東南伏漏石竇，
> 以象地戶。陵門四達，以象八風。外郭築城而缺西北，示服事吳也，
> 不敢壅塞；內以取吳，故缺西北，而吳不知也。北向稱臣，委命吳
> 國，左右易處，不得其位，明臣屬也。

均可看出吳、越二國如何以「象天法地」之方式營造都城，以獲致在對列強
戰爭中取得有利的地位。

　　吳、越兩國以「象天法地」建築都城的方式，郭德維認爲應源自於楚國
之模式，其云：

> 春秋晚期，楚國有兩個很有名的人物，一個是伍子胥，因父、兄被
> 殺跑到吳國，幫助吳國打敗楚國，並引吳兵入郢；一個是范蠡，跑
> 到越國，幫助越國滅了吳國。他們從小受楚國的教育並是在楚國成
> 長的，他們的思想和對許多事物的看法、做法，顯然還是楚人那一
> 套，他們的思想也就代表楚人的思想。〔註169〕

其說甚確。在楚國的眾多都城中，其宮城大多在都城的東北部，論者有謂這
是與楚人是由山東遷往荊楚地區有關。〔註170〕然而，春秋晚期的楚都紀南城，

---

〔註169〕郭德維，《楚都紀南城復原研究》，頁92。
〔註170〕參見晏昌貴、江霞，〈楚國都城制度初探〉，《江漢考古》2001年第四期，頁
　　　　73～76。

則反以東南部爲都城佈局之重心。雖然目前尚未發現關於紀南城建城的直接
記載，但「象天法地」的思想必定用於紀南城的營造上，何況紀南城是修築
於吳、越都城之後，這一套思想更可仿效。

　　從上海博物館所藏楚竹簡中，有關「九州」之記載沒有北方的幽州，葛
兆光對此一現象有所解釋：

> 人們對於「天下」也就是自己生活的世界的理解，基本上還是立足
> 於自己所在爲中心向四面八方延伸想像，世界彷彿是井田的放大。
> 〔註171〕

由此可以推論，東周時期（尤其是春秋末年、戰國時期）的列國，不再以居
「天下之中」的周天子爲共主，開始有了以自己國家爲「中心」的觀念。在
都城的佈局上，也開始出現了「象天法地」之僭越行爲。吳、越如此，楚都
紀南城將宮城置於都城東南部之舉措亦是如此。〔註172〕聯繫到《左傳・宣公
三年》中楚王問鼎之記載，均可看出楚有逐鹿中原，取周天子以代之的野心。
此外，如《史記・封禪書》中稱：

> 齊所以爲齊，以天齊也。其祀絕，莫知起時。〔註173〕

齊地之先民自認當地上對天宇的正中，天宇的中心與齊國都城在上下垂直線
上。我們認爲這種思想即使有著久遠的淵源，但其強化則應在春秋晚期至戰
國時期。這種思想與楚國之自認爲處天下中心，並以此作爲其「象天法地」
營建都城的指導思想，可說是不謀而合。

　　戰國時期列國都城之佈局大多以西南方爲重心，論者以爲此和當時認爲
西南爲吉方有關，他們並徵引《周易》爻辭以證成其說。〔註174〕我們認爲除
了這個因素外，似乎也與「象天法地」之都城佈局有關，詳說將於論述西漢
都城長安之佈局時再行解釋。因此，列國才積極於都城西南方擴展，並成爲
宮城之所在，希望在列強爭霸中，取得一席之地。王充於《論衡・四諱篇》
中，曾記有「俗諱西益宅」之禁忌，或許就是在這種背景下產生的。

---

〔註171〕葛兆光，《中國思想史，第一卷，七世紀前中國的知識、思想與信仰世界》（上
　　　　海：復旦大學出版社，1998年4月第一版，1999年1月第二次印刷），頁233。
　　　　至於上海博物館楚簡之內容，則參見馬承源主編，《上海博物館藏戰國楚竹書
　　　　（二）》（上海：上海古籍出版社，2002年12月），《容成氏》，頁269～270。
〔註172〕楚國與中原地區的相對位置，恰在東南方。
〔註173〕裴駰《集解》引蘇林云：「當天中央齊。」司馬貞《索隱》引解道彪《齊記》
　　　　云：「臨菑城南有天齊泉，五泉並出，有異於常，言如天之臍腹也。」
〔註174〕參見俞孔堅，《理想景觀探源——風水的文化意義》，頁108。

## 第四節　秦漢時期都城之佈局

始皇二十六年（西元前221年），秦始皇歷經十年的時間，完成統一六國大業，建立了中國歷史上第一個統一的大帝國，仍以咸陽爲其都城。其後劉邦在秦末群雄之中異軍突起，建立大漢王朝，建都於長安，史稱西漢。西漢末年，王莽篡漢，建立新朝，引發赤眉、綠林之亂，劉秀逐漸統一全國，繼位爲帝，因長安殘破而遷都雒陽，史稱東漢。

秦漢時期，中國都市史上亦進入了另一個里程碑。即如徐蘋芳所言：

> 根據最近的考古學研究，中國古代城市史大體上可以分爲兩個階段，這兩個階段之分界在公元前221年秦始皇統一中國。秦以前可稱之爲先秦階段，秦以後直到清代則是另一個階段。這兩個階段由於社會歷史發展階段的不同，反映在城市形態和規劃原則上也截然不同。[註175]

做爲秦漢帝國都城的咸陽、長安和雒陽，其佈局突破了東周以來城郭的限制，以其宏偉的氣勢聳立於中國大地之上，顯示著國勢的強盛和皇權的至高無上。秦漢時期的都城規劃思想，是與當時大一統的中央帝國之情勢相一致的。其都城之建制，自是戰亂頻仍、築城郭以守的春秋戰國時代之諸侯國都所無法比擬的。

然而，深究秦漢時期都城之規劃，有其開創之局，亦有沿襲東周以來城市建設的傳統，尤其是「象天法地」的都城規劃原則，更是一脈相承，只是表現的方式有所不同。以下即分述秦都咸陽、漢都長安、雒陽之佈局，以明「象天法地」原則，在秦漢都城佈局上之運用。

### 一、秦都咸陽之佈局

戰國中期，秦國爲了「東向以制諸侯」，將都城自地處渭河北岸平原地帶的櫟陽（陝西省臨潼縣武屯鎮境內）遷至關中平原中部的咸陽原上，戰略、地理條件以及交通狀況均較爲優越的咸陽，時在秦孝公十二年（西元前350年）。[註176] 至秦二世三年（西元前207年）秦亡，咸陽作爲秦國與秦王朝之

---

[註175]　許宏，《先秦城市考古學研究》，徐蘋芳〈序〉，頁1。

[註176]　《史記‧秦本紀》：「（孝公）十二年，作爲咸陽，築冀闕，秦徙都之。」曲英杰則引〈秦始皇本紀〉後附〈秦紀〉：「其十三年，始都咸陽。」以及〈商君列傳〉載孝公十年「以鞅爲大良造，將兵圍魏安邑，降之。居三年，作爲築冀闕宮庭於咸陽，秦自雍徙都之。」認爲「秦之遷都咸陽當以孝公十三年爲是。〈秦本紀〉於孝公十二年後接記十四年之事，"十二年"或有可能爲"十三年"之抄誤。其當自櫟陽徙都之。」（參見氏著《先秦都城復原研究》，頁

都城凡 144 年。

學者根據考古工作者之勘查和發掘，以及發現大量與秦咸陽城密切相關的各類遺址、遺跡，歸納秦都咸陽之範圍東自柏家嘴村，西至長陵車站附近，北起成國渠故道，南到漢長安城遺址以北約 3275 公尺處，東西長約 7200 公尺，南北約 6700 公尺。〔註177〕整個城址所處地勢北高南低，全城由渭河北的咸陽原向渭河河谷逐漸低下。（圖三十）然而，由於渭河北移，秦都咸陽已遭嚴重的破壞。因此，有關秦都咸陽的佈局，無法用考古的方法來查明。只有依據文獻及其他考古資料來探索。

《華陽國志》、〔註178〕《蜀王本紀》、〔註179〕《郡國誌》、〔註180〕《水經注》、〔註181〕《七國考》〔註182〕等書中，均有成都仿照咸陽佈局之記載。有關成都城之佈局，《讀史方輿紀要》中有云：

> 成都城：府城舊有太城，有少城。……太城，府南城也，秦張儀、司馬錯所築。……少城，府西城也，惟西、南、北三壁，東即太城之西墉也。昔張儀既築太城，後一年又築小城。《蜀都賦》：「亞以少城，接于其西。」謂此也。〔註183〕

---

195）張守節《正義》對〈秦紀〉之記載註解時亦云：「〈本紀〉云：『十二年，作咸陽，築冀闕。』是十三年始都之。」然而，〈商君列傳〉中之「居三年」，應自孝公十年起算，當為十二年。且〈秦本紀〉有關徙都咸陽後，尚載「并諸小鄉，聚集為大縣」之事，而〈六國年表〉亦載孝公十二年「初聚小邑為三十一縣」。因此，秦徙都咸陽仍應在秦孝公十二年。

〔註177〕劉慶柱，〈論秦咸陽城佈局形制及其相關問題〉，《文博》1990 年第五期；亦收錄於氏著《古代都城與帝陵考古學研究》（北京：科學出版社，2000 年 7 月），頁 70～84。

〔註178〕《華陽國志·卷三·蜀志》：「惠王二十七年，（張）儀與（張）若城成都，周迴二十里，高七丈。……成都縣本治赤里街，若徙置少城內城，營廣府舍，置鹽鐵市官並長丞，修整里闠，與咸陽同制。」

〔註179〕《太平寰宇記》卷七十二引《蜀王本紀》：「秦惠王遣張儀、司馬錯定蜀，因築成都而縣之。都在赤里街，張若徙少城內，始造府縣寺舍，令與長安同制。」

〔註180〕《太平御覽》卷一百九十三引《郡國誌》：「成都郡，秦惠王二十七年張儀築，以象咸陽，沃野千里，號曰陸海。」

〔註181〕《水經注·江水》：「（張）儀築成都以象咸陽。」

〔註182〕董說，《七國考》卷十四〈小咸陽〉條：「揚雄云：『秦使張儀作小咸陽于蜀。』按《郡國誌》：『秦惠王二十七年使張儀築城，以象咸陽，沃野千里，號曰陸海。』所謂小咸陽也。」

〔註183〕【清】顧祖禹，《讀史方輿紀要》（台北：新興書局，1956 年 5 月），卷六十七，〈四川二〉，頁 2860。

圖三十：秦都咸陽區域示意圖

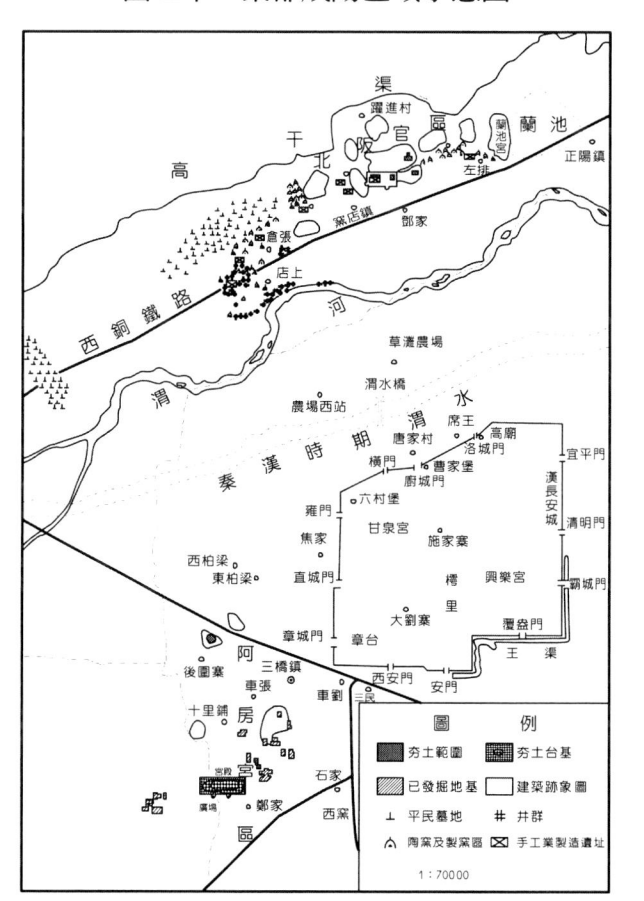

資料來源：據《咸陽帝都記》頁 104 附圖繪製

楊寬引李膺《益州記》之文以推論：

> 按 " （少城）惟西、南、北三壁，東即大城之西墉"，見於李膺《益
> 州記》。這種小城東牆即是大郭西牆的建築方式，齊國都城臨淄和
> 鄭、韓都城新鄭早就採用。看來商鞅主持營建咸陽的時候，是仿效
> 東方大國的佈局，而成都又是採用咸陽模式。

他並由《呂氏春秋・孟冬紀・安死》之記載：

> 世之為丘壟也，其高大若山，其樹之若林，其設闕庭、為宮室、造
> 賓阼也，若都邑。

認為這一段話是對秦始皇陵園的寫照，由秦始皇陵園亦可推測咸陽之佈局。
楊氏云：

目前秦始皇陵園的整個佈局已調查清楚。西部有長方形的小城，城內
有內外兩層，作長方形的"回"字形。外城東西寬 974 米，南北長
2,173 米。陵墓葬在長方形小城南半部的中心，正當整個陵園西南部。

因此，秦都咸陽的佈局應是以西南為重心。楊氏甚至認為：秦始皇在統一六
國過程中，開始擴大咸陽都城的範圍，大量營建新宮殿。但是作為朝廷中心
的朝宮——阿房宮，還是築在擴建後的咸陽之西南，整個佈局不變。〔註184〕

然而，細讀《讀史方輿紀要》中李膺《益州記》「惟西、南、北三壁，東
即大城之西墉」的佚文，則成都小城的位置亦有可能是處於大城的西北方。
尤其是《讀史方輿紀要》中「大城，府南城也」、「少城，府西城也」之記載，
則成都小城之位置，似乎在大城西北方才更合乎事實。從春秋、戰國時期都
城佈局之分類中，雖然秦都雍城之宮城位於都城西南部，咸陽之佈局是否亦
是如此，楊寬之推論是否為定論，仍有商榷之餘地。

作為戰國時期秦國之都城咸陽而言，其都城之佈局目前尚無法確認。但
是，以其所在之關中而言，咸陽的地理位置大致居於中央，合乎「擇中立國」
的都城選址原則。然而，自秦始皇統一六國之後，這種地理形勢有所改變。
因此，秦始皇開始大肆擴建咸陽，以新的都城佈局的思想對咸陽進行改造，
造成整個咸陽之氣象為之一新，都城的重心亦隨之改變。當時咸陽的重心，
並非如楊寬所說的居於西南部，因為在秦滅亡以前，帝都的重心一直都是在
渭北的咸陽宮，而非渭南的阿房宮。

秦國都城時期的咸陽，營建的重點在渭北。秦始皇即位後，除「因北陵
營殿」，在渭北營建咸陽宮，以及「每破諸侯，寫放其宮室，作之咸陽北阪上」
外，逐漸把營建之重點轉移到渭南。《史記‧秦始皇本紀》載其理由為：

> 吾聞周文王都豐，武王都鎬，豐、鎬之間帝王之都也。

意即以渭北為建築重點的咸陽，作為一個諸侯國之國都尚可，但要作為以「四
海為家」的大秦帝國之首都而言，則其格局明顯不足。因此，統一六國的第
二年（始皇二十七年），他就在渭水之南營建信宮和甘泉前殿；八年之後（始
皇三十五年），又在上林苑中，開始興建規模空前的阿房宮，與渭北的咸陽宮
遙遙相對，形成所謂「渭水貫都」的宏偉氣勢。

有關秦始皇擴建咸陽城之情形，主要見於《史記‧秦始皇本紀》與《三
輔黃圖》中，以下分別徵引，以見始皇營建咸陽的指導原則。《史記‧秦始皇

---

〔註184〕楊寬，《中國古代都城制度史研究》，頁 103～107。

本紀》云：

> 二十七年，始皇巡隴西、北地，出雞頭山，過回中焉。作信宮渭南，
> 已而命信宮爲極廟，象天極。自極廟道通酈山，作甘泉前殿。築甬
> 道，自咸陽屬之。……（三十五年）乃營作朝宮渭南上林苑中。先
> 作前殿阿房，東西五百步，南北五十丈，上可以坐萬人，下可以建
> 五丈旗。周馳爲閣道，自殿下直抵南山。表南山之顛以爲闕。爲復
> 道，自阿房渡渭，屬之咸陽，以象天極閣道絕漢抵營室也。

《三輔黃圖》亦載：

> 始皇二十六年，徙天下高貲富豪於咸陽十二萬戶。諸廟及臺苑皆在
> 渭南，秦每破諸侯，徹其宮室作之咸陽北坂上，南臨渭，自雍門以
> 東至涇、渭，殿屋複道，周閣相屬，所得諸侯美人、鐘鼓以充之。
> 二十七年，作信宮渭南。已而，更命信宮爲極廟，象天極。自極廟
> 道通驪山，作甘泉前殿，築甬道自咸陽屬之。始皇窮極奢侈，築咸
> 陽宮。因北陵營殿，端門四達，以制紫宮，象帝居。引渭水貫都，
> 以象天漢；橫橋南渡，以法牽牛，橋廣六丈、南北二百八十步、六
> 十八間、八百五十柱、二百一十二梁。橋之南北，隄立石柱。咸陽
> 北至九嵕、甘泉，南至鄠、杜，東至河西，西至汧、渭之交，東西
> 八百里、南北四百里，離宮別館相望。〔註185〕

即可看出，秦始皇自以爲功過三皇五帝，德高配天，於是整個秦王朝帝都的
設計思想是完全取法於天象。

　　咸陽城的規劃中，渭水比作是天上的銀河，咸陽宮象徵天帝所居之紫微
垣，並以其爲中心，各宮殿環列四周，形成拱衛之勢，構成「譬如北辰，居
其所而眾星共之」的格局。在咸陽宮與阿房宮的相互關係上，亦仿星象格局，
咸陽宮象徵天極，亦即北極星，阿房宮象徵營室宿，其間之渭水象徵銀河，
並通過閣道聯結，象徵「天極絕漢抵營室」之宏偉天象。《漢書·律曆志》載：

> 斗綱之端，連貫營室。

即指將北斗星中之天璇、天璣二星連線，延長後分別經過勾陳一、室宿一、室
宿二，這幾個星宿幾乎排在一直線上。這條連貫北斗、營室和北極星的直線，
對古人而言意義非比尋常。而秦王朝帝都咸陽之佈局，正是與此若合符節。秦
始皇自咸陽宮出發，通過橫橋閣道渡過渭水，直達渭南的阿房宮，猶如天上最

---

〔註185〕不著撰人，張閬聲校，《校正三輔黃圖》，卷一，〈咸陽故城〉，頁3～4。

尊貴的泰一神，從其居住的紫宮，經閣道渡天河，直達營室星一樣。此時作爲人皇的始皇帝，已與天上的泰一神合而爲一，他自己無異也成爲人世間的泰一。這種象天法地、天人合一的觀念，在秦都的設計中表現得淋漓盡致。

據學者研究，2200 多年前夏曆十月黃昏時分，北極星屹然不動，營室宿正當南天中，銀河居中東西橫跨。此時星象恰與咸陽城渭水兩岸的各個宮殿之佈局完全吻合。（圖三一）紫微垣對應咸陽宮，銀河對應渭水，營室宿對應阿房宮。此時天地融爲一體，天上群星與地上宮殿交相輝映，時空達到了最完美的結合，而秦王朝正是以十月爲歲首。〔註 186〕秦都咸陽這種與天同構的宏圖，充分顯示出秦始皇「二世、三世至於萬世，傳之無窮」、秦帝國與日月同輝的政治氣魄和博大胸懷，是皇權集中思想在都城佈局上的具體反映。無怪乎劉邦當年入咸陽，目睹帝都壯麗情景，以及始皇帝出巡之場景時，會發出「大丈夫當如此也」之讚嘆！

### 圖三一：秦都咸陽十月星象與都城佈局對照圖

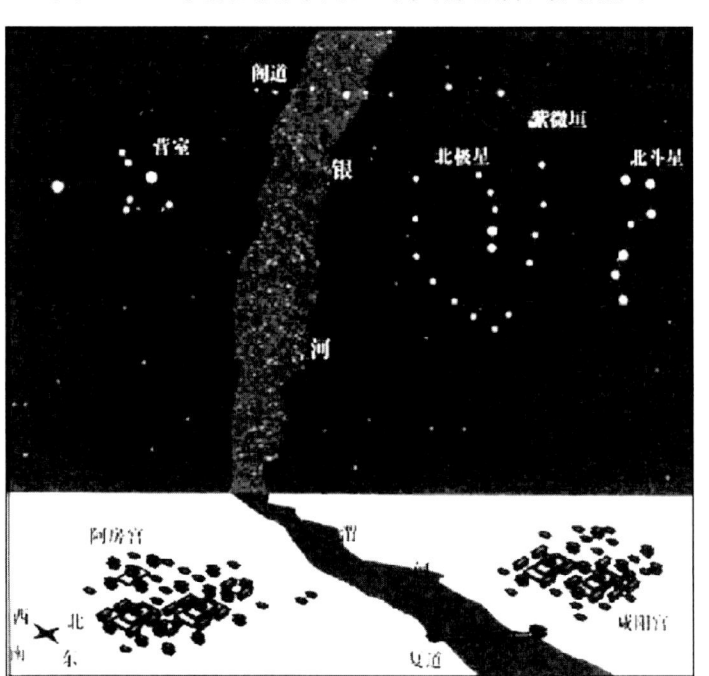

資料來源：陳喜波，〈“法天象地”原則與古城規劃〉頁 16

---

〔註 186〕陳喜波，〈“法天象地”原則與古城規劃〉，《文博》2000 年第四期，頁 16～17；一丁、雨露、洪涌，《中國古代風水與建築選址》，172～173。

## 二、西漢都城長安之佈局

西漢初年，漢高祖劉邦結束楚漢相爭的對峙情勢後，原欲定都洛陽，但在婁敬、張良等人的勸告下，西入關中定都長安。長安城不但是西漢王朝的都城，亦曾是與西方羅馬並稱於世的古代著名國際大都會，因此中國科學院考古研究所於 1956 年開始，即進行全面、系統的考古勘察和發掘工作，是目前中國古代都城遺址中展開考古工作最早、取得成果最多的城址之一。由於長安城在中國古代都城發展史上，佔有相當重要的地位，故有關其形制佈局的問題，亦引發多位學者討論。〔註187〕

西漢都城長安是逐步興建完成的。漢興初期，由於咸陽已毀於項羽之大火，於是在渭水南岸利用秦之離宮興樂宮擴建為長樂宮，又於長樂宮之西章臺故址建未央宮。此外，又在未央宮以北草創北宮，長樂、未央二宮間建武庫。直到惠帝時，才在周圍築起城牆。其中，未央宮是西漢王朝最主要的宮殿，是西漢都城長安之宮城重心所在。（圖三二）

### 圖三二：西漢都城長安平面圖

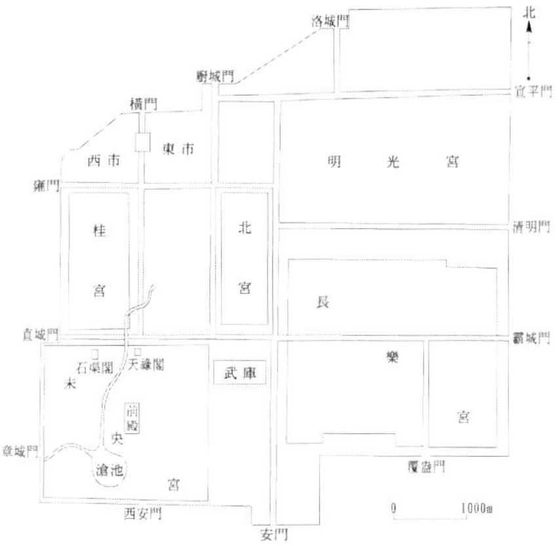

資料來源：據《漢長安城未央宮》頁 4 附圖繪製

---

〔註187〕王仲殊，《漢代考古學概論》（北京：中華書局，1984 年）。楊寬，〈西漢長安佈局結構的探討〉，《文博》1984 年創刊號；〈西漢長安佈局結構的再探討〉，《考古》1989 年第四期。劉慶柱，〈漢長安城佈局結構辨析——與楊寬先生商榷〉，《考古》1987 年第十期；〈再論漢長安城佈局結構及其相關問題——答楊寬先生〉，《考古》1992 年第七期：以上二文亦收錄於氏著《古代都城與帝陵考古學研究》一書中。劉運勇，〈再論西漢長安佈局及形成原因〉，《考古》1992 年第七期。王社教，〈論漢長安城形制佈局中的幾個問題〉，《中國歷史地理論叢》1999 年第二輯。

　　未央宮位於長安城西南隅，宮城平面近方形，邊長 2150～2250 公尺，周長 8800 公尺，面積約 5 平方公里。僅以位居宮城中央，目前仍保存在地面上的前殿台基而言，南北約 200 多公尺，東西約 100 多公尺，北端最高處殘存 10 公尺，即可想見當時未央宮宏偉之氣勢。〔註 188〕

　　我們由未央宮建造之時機，可以推測出其格局所隱含的真正目的。《史記‧高祖本紀》中對蕭何營建未央宮之經過，有如下之記載：

> 蕭丞相營作未央宮，立東闕、北闕、前殿、武庫、太倉。高祖還，見宮闕甚壯，怒謂蕭何曰：「天下匈匈苦戰數歲，成敗未可知，是何治宮室過度也？」蕭何曰：「天下方未定，故可因遂就宮室。且夫天子以四海為家，非壯麗無以重威，且無令後世有以加也。」高祖乃說。

何以深謀遠慮，能先收秦律令圖書，使漢高祖「具知天下阨塞、戶口多少、彊弱之處、民所疾苦者」〔註 189〕的蕭何，在天下未定，人民急需休養生息的時刻，會大興土木，建造規模如此巨大的未央宮？蕭何的真正目的，我們可由《漢書‧高祖紀》顏師古注中看出端倪。其云：

> 未央殿雖南嚮，而上書奏事謁見之徒，皆詣北闕，公車司馬亦在北焉。是則以北闕為正門，而又有東門、東闕，至於西、南兩面無門闕矣。蓋蕭何初立未央宮，以厭勝之術，理宜然乎？

可見，蕭何之營造未央宮，是為了施行「厭勝」之術。

　　至於「厭勝」所要達到的真正目的，則在於透過象天法地的原則，營建未央宮，使平民出身的漢高祖能夠獲取上天所賜予的統治權，建立其統治的合法性與正當性。如此一來，才能在「天下匈匈苦戰數歲」的情形下，攻無不克，戰無不勝，完成國家的統一。因此，蕭何不但承襲春秋戰國以來，宮城大多置於都城西南部的方式，將未央宮亦設於長安城之西南隅，甚至連宮名亦取為「未央」。「未」在天干地支的方位中代表西南，而西南在後天八卦方位中為「坤」。「坤」者土也，「央」者中央也，「未央」者「土中」也。因此，設在長安西南隅的未央宮，即是處於「天下之中」的位置。〔註 190〕

<hr>

〔註 188〕有關未央宮之佈局，可參考劉慶柱，〈漢長安城未央宮佈局形制初論〉，《考古》1996 年第十期，亦收錄於氏著，《古代都城與帝陵考古學研究》，頁 177～189。
〔註 189〕語出《史記‧蕭相國世家》。
〔註 190〕陳江風，《天人合一：觀念與華夏文化傳統》，頁 130～133。

再者,未央宮內的一些細部設施中,亦可看出西漢王朝不斷強調未央宮處於天下之中的意象。《三輔黃圖》載:

> 未央宮有宣室、麒麟、金華、承明、武臺、鈎弋等殿;又有殿閣三
> 十有二,有壽成、萬歲、廣明、椒房、清涼、永延、玉堂、壽安、
> 平就、宣德、東明、飛雨、鳳凰、通光、曲臺、白虎等殿。《廟記》
> 云:「未央宮有增城、昭陽殿。」《漢宮殿疏》曰:「未央宮有麒麟閣、
> 天祿閣;有金馬門、青瑣門、玄武、蒼龍二闕、朱鳥堂。」〔註191〕

其中,蒼龍、朱鳥、白虎、玄武象徵東、南、西、北的四靈俱在,未央宮位於「天下之中」的意象是很明顯的。

此外,長安城的城牆,亦反映了都城象天法地的佈局思想。根據考古測量,漢長安城平面形狀為不規則的方形,除東牆較平直外,南、西、北三面城牆均有不同程度的曲折,其中北牆有七處曲折為最多,其次則為南牆的四處。這種曲折,與天上的南斗、北斗星十分相像,因此古人又將漢長安城稱之為「斗城」。

有關長安城「斗城」之說,最早見於魏晉時期的著作,如《三輔黃圖》、《三輔舊事》和《周地圖記》等書。《三輔黃圖》載:

> (長安城)周回六十五里,城南為南斗形,北為北斗形,至今人呼
> 漢京城為斗城是也。〔註192〕

《三輔黃圖》一書,始著錄於《隋書·經籍志》,相傳為六朝人所撰寫,可見「斗城」之說淵源甚早。《三輔黃圖》雖非出自漢時人之手筆,但其中詳載漢長安城內外諸事,必有其根據。因此,有關「斗城」之說,在元代以前甚為流行。唐代李吉甫《元和郡縣圖志》和元代駱天驤《類編長安志》等著名志書,都沿用此一說法。〔註193〕然而,亦有人對此提出懷疑。如元代李好文《長安志圖》即云:

> 《三輔舊事》及《周地圖》曰:「長安城,南為南斗形,北為北斗形。」

---

〔註191〕不著撰人,張閬聲校,《校正三輔黃圖·卷二·漢宮》,頁14～15。

〔註192〕同前註書,卷一,〈漢長安故城〉,頁7。

〔註193〕《元和郡縣圖志·關內道一》:「長安故城,在縣西北十三里,漢舊都,惠帝修築,本秦離宮也。……城南為南斗形,城北為北斗形,周回六十五里。」
《類編長安志·城》:「漢長安故城,在今京城西北二十里。《漢書》高帝七年長樂宮城,自櫟陽徒(筆者按:應為「徙」之誤)都之。惠帝元年正月城長安,城北侣北斗形,故曰北斗城。」

今觀城形，信然！然《漢志》及班、張二賦皆無此説。予嘗以事理
攷之，恐非有意爲也。蓋長樂、未央，酇侯所作，皆據岡阜之勢，
周二十餘里，宮殿數十餘區。惠帝始築都城，酇侯已沒，當時經營
必須包二宮在內。今南城及西兩方凸出，正當二宮之地，不得不曲
屈以避之也；其西二門以北，渭水向西南而來，其流北拒高原，千
古無改，若取東城正方，不惟太寬，又當渭之中流。人有至其北城
者言：「其委曲迂廻之狀，蓋是順河之勢，不盡類斗之形。」以是言
之，豈後人偶以近似，而目之也歟？〔註194〕

其説頗似合理。因此，近來亦有多位學者持相同觀點，認爲長安城之不規則
形狀乃地理環境以及宮殿建築在前，城牆修築在後之限制所致，「斗城」之説
純屬附會。〔註195〕

　　然而，李小波曾將北斗七星、勾陳、北極、紫微右垣等星座連接起來，
與漢代長安考古復原圖進行比對，發現此一天文星圖與漢長安城之形狀極爲
相似。甚至連接安門、清明門、宣平門、洛城門、廚城門、橫門、雍門、直
城門的八條大道也與星象吻合。〔註196〕（圖三三）對照未央宮象天法地的
營造原則，我們有理由相信「斗城」之説亦非杜撰。尤其，當王社教接受《三
輔黃圖》中有關秦都咸陽「渭水貫都，以象天漢；橫橋南渡，以法牽牛」之
敘述，卻對「斗城」之説持否定看法，取捨之間似乎有所矛盾。同時，正如
馬先醒所言：

兩宮之築，長安之城，十餘年間，竟竣三大工程，眞正直接負責其
前後一貫之全責者，係陽城延。……陽城延既非關中人，則長安形

〔註194〕【元】李好文，《長安志圖》，收錄於中國地方志研究會編，《宋元地方志叢書》
　　　　第一冊（台北：大化書局，1980 年 4 月），卷中，〈北斗城〉，頁 146。

〔註195〕參見劉慶柱，〈漢長安城的考古發現及相關問題研究 —— 紀念漢長安考古工
　　　　作四十年〉，《考古》1996 年第十期，亦收錄於氏著《古代都城與帝陵考古學
　　　　研究》，頁 124～141；王社教，〈漢長安城斗城由來再探〉，《考古與文物》2001
　　　　年第四期，頁 60～62；史念海，〈漢唐長安城與生態環境〉，《中國歷史地理
　　　　論叢》1998 年第一輯，頁 15；周長山，《漢代城市研究》（北京：人民出版社，
　　　　2001 年 10 月）頁 65～67。此外，馬先醒對於「斗城」之説法亦持否定的觀
　　　　點，其討論可見〈漢代長安城之營築及其形制〉，收錄於《中國古代城市論集》，
　　　　頁 18～23。

〔註196〕李小波，〈辭賦中的古都規劃思想〉，《文史雜誌》2001 年第一期，頁 24～25。
　　　　此外，一丁、雨露、洪涌，《中國古代風水與建築選址》，頁 174；汪前進主
　　　　編，《中國古代科學技術史綱 —— 地學卷》，頁 223，亦有類似之觀點。

　　制，當蒙受東方文化之影響。〔註197〕

　　陽城延，又作陽成延，或陽咸延，長安城之營建既由其負責，則其營建之理念亦應前後連貫；而且其出身於「天下之中」範圍內的郟地，「擇中立國」的觀念，想必對其營建長安城有著深厚之影響。因此，將長安城之城牆，刻意營建成形似南、北斗之狀，以示長安城位居天下之中之意象，亦並非是不可能的。

　　長安城既然被設計為「斗城」，象徵著長安城是位於南、北斗之間，亦即表現長安帝都是位居天地之中央位置。《史記‧天官書》云：

　　　　斗為帝車，運于中央，臨制四鄉。分陰陽、建四時、均五行、移節
　　　　度、定諸紀，皆繫於斗。

圖三三：西漢都城長安天文對照圖

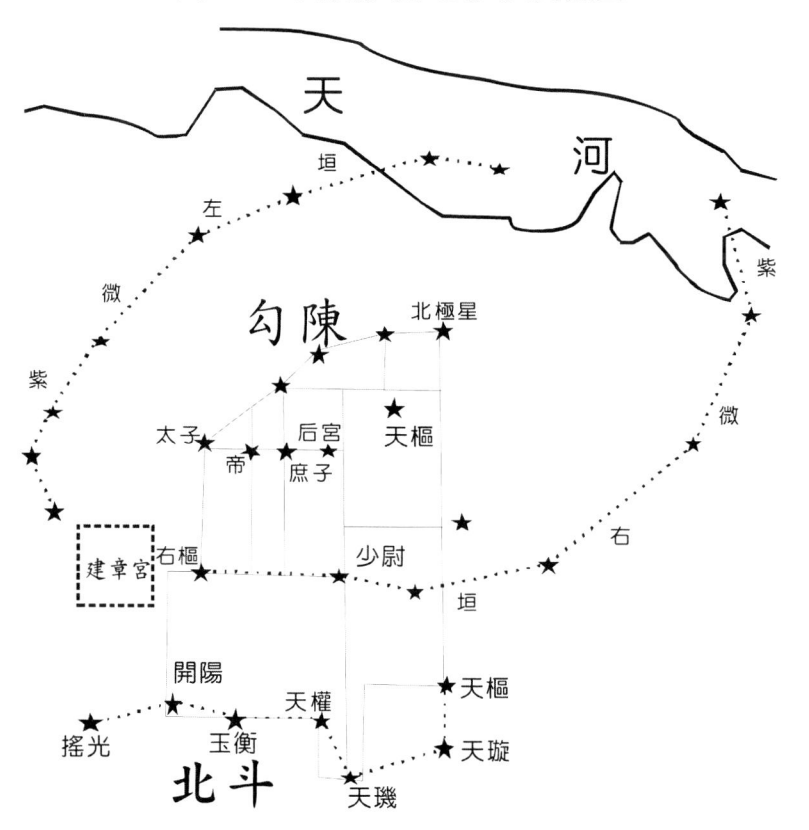

資料來源：據李小波，〈辭賦中的古都規劃思想〉頁 25 附圖繪製

〔註197〕馬先醒，〈漢代長安城之營築及其形制〉，收錄於氏著《中國古代城市論集》，
　　　　頁 8。

漢人將長安城之城牆規劃成北斗之形，正是將人間的帝王比附於天帝，同樣擁有絕對的權威以臨制四海。

此外，班固〈兩都賦〉中對長安城之佈局，亦有著如下的讚嘆：

> 體象乎天地，經緯乎陰陽；據坤靈之正位，倣太紫之圓方。……徇日離宮別寢，承日崇臺閒館，煥若列宿，紫宮是環。〔註198〕

而張衡〈西京賦〉亦云：

> 乃覽秦制，跨周法。狹百堵之側陋，增九筵之迫脅。正紫宮于未央，表嶢闕于閶闔；疏龍首曰抗殿，狀巍峩曰崷嶵。……若夫長年、神僊、宣室、玉堂、麒麟、朱鳥、龍興、含章，譬眾星之環極。〔註199〕

在在顯示著象天法地的設計意象，於整個西漢長安城的佈局上，是如何被巧妙地運用著！

## 三、東漢都城雒陽之佈局

西漢時期，高祖劉邦一度欲以洛陽爲都。其後雖定都長安，但西漢二百餘年中，洛陽在政治、經濟上仍佔有重要地位，歷代君王均有所經營。西漢末年，天下大亂，起事於南陽的世族光武帝劉秀，於建武元年（西元 25 年）進佔洛陽，由於長安殘破，乃於十月癸丑日，假洛陽南宮卻非殿宣布，以洛陽爲國都，因以火德故改稱洛陽爲「雒陽」，史稱東漢。

東漢都城雒陽城址，位於河南省洛陽市以東 15 公里處，即所謂漢魏故城。城址處介於邙山、洛河之間，南望伊洛平原，倚山臨河。晉人張華對於雒陽有著以下之論述：

> 周在中樞，西阻崤谷，東望荊山，南面少室，北有太嶽。三河之分，雷風所起，四險之國也。〔註200〕

可見其地理位置之險要。

有關東漢都城雒陽之規模，據《後漢書‧郡國志》劉昭補注引《帝王世

---

〔註198〕引自【清】嚴可均校輯，《全上古秦漢三國六朝文‧全後漢文》，卷二十四，〈班固〉，頁 603。

〔註199〕引自【清】嚴可均校輯，《全上古秦漢三國六朝文‧全後漢文》，卷五十二，〈張衡〉，頁 761～762。

〔註200〕【晉】張華撰，范寧校證，《博物志校證》（台北：明文書局，1984 年 7 月再版），卷一，頁 8。

紀》之記載：

> 城東西六里十一步，南北九里一百步。

又引《晉元康地道記》云：

> 城內南北九里七十步，東西六里十步，爲地三百頃一十二畝三十六步。

自 1950、60 年代以來，考古工作者對洛陽古城進行了長時期的考古勘查和實測，並取得許多重要成果。由考古勘查結果表明，雒陽城遺址的平面爲一不規則的長方形，東、西、北三面城垣各有幾處曲折，保存情形較好。東垣殘長約 3895 公尺，北垣全長約 2523 公尺，西垣殘長約 3500 公尺，南垣則因洛水改道沖毀，已無跡可尋，藉由東、西城垣之寬度，估計約爲 2460 公尺，整個周長可達 13 公里。〔註 201〕這些實測數據，若取其整數計算，南北城牆長度與東西城牆寬度，恰好分別合於漢代之 9 里、6 里，與古書中之記載相同。因此，雒陽又有「九六城」之稱。

「九六城」之說，見於華延儁《洛陽記》之記載：

> 陸機所謂洛陽城，即成周也。後漢、魏、隋並都于此。城東西六里，
> 南北九里，俗傳亦云「九六城」。〔註 202〕

經由科學的考古調查，已證實此一說法是確有根據的。

然而，雒陽城長九里，寬六里，總面積五十五里等數據，其中是具有深義的。「九」、「六」之數，正是《易經》中陽爻與陰爻的代表數字，亦代表著天與地，而「九」、「六」之和，又與《洛書》「十五」之數相合；全城面積之數「五十五」，又適與《河圖》所體現的「天地之數」相合。我們相信這絕非巧合，應是當時的營造者刻意規劃出來的結果。〔註 203〕因此，從東漢都城雒陽城之規模，即可看到象天法地之都城佈局原則，已深刻地烙印在其中。

除此之外，雒陽城中宮殿建築之佈局，亦可顯現出同一觀念的影響。東漢都城雒陽的佈局，明顯與長安不同。長安城中主要的未央、長樂兩宮，相對位置爲東西並列，最重要的未央宮位於長安城之西南隅。洛陽城中，主要

---

〔註 201〕東漢都城雒陽城牆之數據，參見洛陽市文物局洛陽白馬寺漢魏故城文物保管所編，《漢魏洛陽故城研究》（北京：科學出版社，2000 年 9 月），徐金星，〈前言〉，頁 1。

〔註 202〕引自【宋】王應麟，《玉海》（台北：華聯出版社，1964 年 1 月），卷一百七十三，〈九六城〉，頁 3267。

〔註 203〕汪前進主編，《中國古代科學技術史綱 —— 地學卷》，頁 204～205。

宮殿為南宮和北宮，則是南北縱列。據史載，漢高祖即帝位於氾水之陽後，曾「置酒雒陽南宮」，事見《史記・高祖本紀》。張守節《正義》於此事注云：

　　　　《括地志》云：「南宮在雒州雒陽縣東北二十六里，洛陽故城中。」

　　　　《輿地志》云：「秦時已有南、北宮。」

宋代王應麟《玉海》亦云：

　　　　蓋秦雖都關中，猶放周東都之制，建宮闕於雒陽。〔註204〕

《後漢書・劉玄傳》亦載：

　　　　二年二月，更始自洛陽而西。初發，李松奉引，人馬驚奔，觸北宮
　　　　鐵柱門，三馬皆死。

可見秦和西漢時期，雒陽已有南、北兩宮。其中，南宮頗為宏偉壯麗，僅《元河南志》所列重要殿堂即有二十處。〔註205〕自建武元年光武帝於南宮卻非殿宣布定都雒陽，朝廷重大之儀典，往往於南宮舉行，其地位遠遠高於北宮，終東漢之世不衰。

　　至於南、北宮的所在位置，王仲殊曾著文指出：

　　　　由於雒陽城的城門和城內主要街道的分布情形已經究明，南宮的
　　　　位置和範圍可以據此作大概的判斷。從實測的平面圖可以看出，
　　　　在雒陽城的南部，中東門大街之南，耗門──廣陽門，開陽門大
　　　　街之西，小苑門大街之東，有一片範圍廣大的長方形的區域，應
　　　　該便是南宮的所在。……南宮的範圍應為南北長約1300米，東西
　　　　寬約1000米，面積約1.3平方公里。……在雒陽城的北部，中東
　　　　門大街之北，津門大街之東，穀門大街之西，有一片範圍廣大的
　　　　長方形區域，應該便是北宮之所在。……北宮的範圍應為南北長
　　　　約1500米，東西寬約1200米，面積約1.8平方公里，比南宮更為
　　　　廣大。〔註206〕

可以看出，南、北二宮佔據了整個雒陽城中央區域的廣大範圍。（圖三四）

---

〔註204〕【宋】王應麟，《玉海》，卷一百五十五，〈漢雒陽南宮〉，頁2941。

〔註205〕計有崇德、卻非、章德、玉堂、嘉德、宣德、樂成、承福、宣室、明光、顯
　　　　親、建始、含章、敬法、銅馬、清涼、鳳凰、黃龍、壽安、竹殿等。見【元】
　　　　闕名，【清】徐松輯，《元河南志》，收錄於中國地方志研究會編，《宋元地方
　　　　志叢書》第一冊（台北：大化書局，1980年4月），卷二，〈後漢城闕宮殿古
　　　　蹟〉，頁316～317。

〔註206〕王仲殊，〈中國古代都城概說〉，《考古》1982年第五期，頁508。

圖三四：東漢都城雒陽平面圖

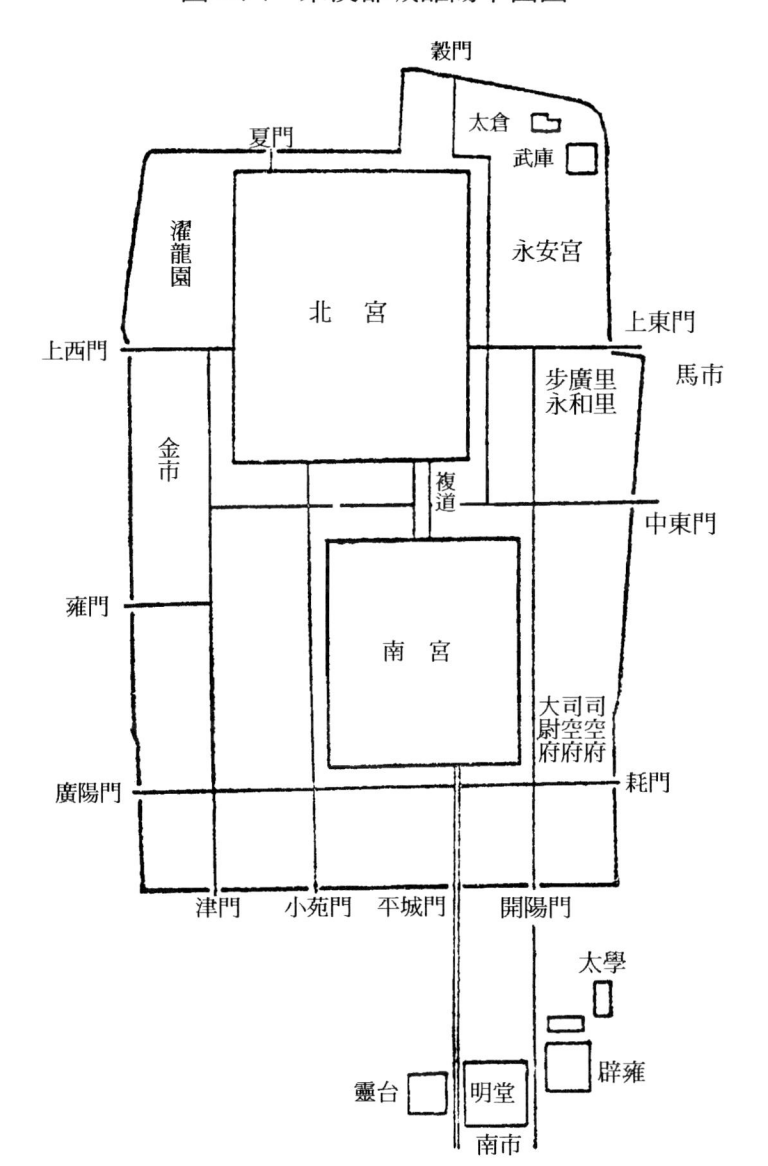

資料來源：據《中國古代都城制度史研究》，頁 136 附圖繪製

　　西漢定都長安，東漢建都雒陽。東漢時期的辭賦家們曾對東、西兩京孰優孰劣有過一番爭論。西京優勝論者主張還都長安，東京優勝論者則肯定東京雒陽，維護它的首都地位。班固和張衡都是主張東京優勝論，他們分別在創作其〈東都賦〉和〈東京賦〉時，均提出了他們的見解。班固云：

> 遷都改邑，有殷宗中興之則焉；即土之中，有周成隆平之制焉。……
> 且夫僻界西戎，險阻四塞，修其防禦，孰與處乎土中，平夷洞達，
> 萬方輻湊；秦嶺九嵕，涇渭之川，曷若四瀆五嶽，帶河泝洛，圖書
> 之淵；建章甘泉，館御列仙，孰與靈臺明堂，統和天人。〔註207〕

張衡則論道：

> 秦負阻二關，卒開項而受沛。彼偏據而規小，豈如宅中而圖大。……
> 漢初弗之宅（雒陽），故宗緒中圮，巨猾閒釁，竊弄神器。〔註208〕

二人都不約而同地提及雒陽的地理位置，認為居於天下中心的地理優勢，是雒陽得以成為首都的重要條件，也是它得天獨厚之處。東漢都城雒陽不但處於天下之中，而其重要宮殿所在之南、北宮亦設於城中的中心區域，完全符合「擇天下之中而立國，擇國之中而立宮」、象天法地的都城佈局原則。

　　綜觀秦漢時期的都城，為順應統一帝國的氣勢，佈局極其宏偉壯麗，超越以往之規模。不僅僅在宮城位置的佈局上，表現出「象天法地」的都城佈局原則，在宮殿的位置、名稱，城牆的形狀、大小等方面，甚至運用了眾多的象徵性手法，處處反映了帝都位居天下之中的意象，直接承接天帝所賦予的統治權力。宣告著帝王擁有絕對的權力，統治其下的萬千臣民。

# 小　結

　　先民在辨方正位的過程中，「北辰」（北極星）一直是重要的依據，因而逐漸演變為對「北辰」的崇拜。同時，由於歲差的關係，不同時代有著不同的北極星，在更古老的時代裡，極星應該是在北斗七星中，因此在古籍當中，「北辰」、「北斗」與「天中」往往混淆不清。至少可以說，「北斗」是尋找「北辰」或「天中」的依據。

《史記・天官書》記載：

> 北斗七星，所謂璇璣玉衡，以齊七政。……斗為帝車，運於中央，
> 臨制四鄉。分陰陽、建四時、均五行、移節度、定諸紀，皆繫於斗。

---

〔註207〕引自【清】嚴可均校輯，《全上古秦漢三國六朝文・全後漢文》，卷二十四，〈班
　　　　固〉，頁604～605。
〔註208〕引自【清】嚴可均校輯，《全上古秦漢三國六朝文・全後漢文》，卷五十三，〈張
　　　　衡〉，頁765。

在古人的觀念中，北辰是天帝所居之處，是天界權力中心之所在，天帝在那裡制定大政方針，統轄整個天界。基於這種認識，先民很早就把地上的人王與天上的北斗星聯繫在一起。《尚書・舜典》載舜取代堯成爲部落聯盟領袖時，稱：

> 正月上日，受終于文祖，在璿璣玉衡，以齊七政。

即把虞舜執掌大政比作天上北斗之運轉，以星象解人事。既然把地上的君王與天上的北斗聯繫起來，則人主所在的都城理應處於天下的中心，從而與人間帝王在政治上的中心地位相協調。這種觀念由來已久，從新石器時代半坡、北首嶺、姜寨等氏族聚落之佈局，即已看出端倪。

先秦時期，先民所認定的天下之中是有所變化的。從《史記・貨殖列傳》中之記載：

> 昔唐人都河東，殷人都河內，周人都河南。夫三河在天下之中，若鼎足，王者所更居也，建國各數百千歲。

即可看出在不同時期，由於疆域之不同，「天下之中」的位置亦有所變動。但是，到了夏王朝時期，它不但是中國歷史上第一個家天下的王朝，也是當時文化最高和最進步的區域。因此，夏王朝和夏民族所居住的區域，尤其是晚期都城所在的伊洛地區被視爲「天下之中」的觀念，也逐漸得到普遍的認可。由於，建都於「天下之中」，亦即宣示獲致了天帝所賦予之權力，代表著政權擁有絕對的合法性與正當性。因此，伊洛地區成爲三代、春秋戰國及秦漢時期，歷代都城選址時的首選。

然而，並非所有國家均有幸建都於「天下之中」，尤其是列強爭霸的春秋、戰國時期更是如此。因此，只有以「象天法地」的都城佈局方式，來補救此一缺憾。這種以「象天法地」的方式處理都城的佈局，在三代時期即已開始。夏王朝晚期建都於「天下之中」，其重要的宮殿區亦設置於都城之中央區域。例如，偃師二里頭遺址、偃師尸鄉溝商城內城遺址均是。商、周兩代亦嚮往立都於「天下之中」的伊洛地區，但是，其都城之佈局和其族源地亦有密切關係。以「天下之中」的伊洛地區爲基準，商族源自東北方，周族源自西北方，因此商王朝都城佈局以東北方爲重心，且坐東北朝西南；周王朝則因族屬與夏族相關，故其宮殿亦置於都城中央，但其朝向則爲坐西北朝東南。然而，我們亦可以推想，商、周兩朝都城佈局之坐向，可能亦與朝向「天下之中」有關。

　　春秋時期，周天子仍爲名義上之共主，在宗法禮制下，列國之都城佈局除少數特殊因素而有例外，均遵循著東周王城之模式，將宮城設於都城中央區域，只是規模有所限制。春秋末年起至戰國時期，周天子之地位大爲下降，形同列國封君，因此列強爲在逐鹿中原的過程中，爲取得有利的條件，破壞了原有營國之禮制，改以「象天法地」之方式擴建自己的都城。其中「不與中國諸侯之會盟，夷翟遇之」的秦、楚、吳、越等國首先發難，其餘列國亦紛紛跟進。

　　秦漢時期，爲反映統一大帝國的恢宏形勢，都城的佈局更是上合天象，創造出宏偉壯麗的帝都氣象，秦都咸陽之佈局，暗合其歲首黃昏時之天象，可謂其中之佼佼者。在都城佈局上，更運用了許多象徵性的手法，以明帝都「象天法地」之格局，例如長安城之「斗城」與未央宮所處位置與宮名、雒陽城之「九六城」均是。這些將都城上合天象，以及運用象徵性的佈局手法，均成爲後世都城規劃時模仿以及遵循的方式，其影響不謂不深。

# 第四章　高岸爲谷，深谷爲陵——風水術之形成

　　「風水」作爲一種選擇生存環境的思想，早在原始社會時期就已萌芽，它的淵源可以追溯到人類聚落發生的初期，它最初只不過是一種人類生活的經驗。遠古時代，先民從穴居、游牧階段開始，便一直注意選擇適合自己的居住地點。這些選址經驗的積累，即是後世「風水術」的雛形。正如艾定增所言：

> 從生態人類學、人類生態學或人類聚居學的角度（更具體化一些，是建築人類學）考察了風水的原型。我們發現，中國人的理想風水模式在仰韶文化乃至更早（藍田人以至北京人時代）已具雛形。〔註1〕

尤其是趨吉避凶是人類的普遍心理，特別是在生產和技術均不甚發達的古代，人類認知和征服自然的能力不足，只有憑著有限的環境認知能力，選擇適合居住的環境，自是在所難免的。

　　因此，先民最初是以安全爲前提，從事居址的選擇，凡是地勢較高，又可避免洪水、躲開野獸、遮風避雨等地點，均成爲當時理想的居住地點。只是，後來人們將這些長期的生活經驗，與八卦、陰陽、五行等象數結合，逐漸演變成爲「風水術」。

　　「風水術」究竟形成於何時？風水堪輿家們有所謂「禹始肇風水地理，公劉相陰陽，周公置二十四局，漢王況制五宅姓，管輅制格盤擇葬地」〔註2〕

---

〔註1〕艾定增，《風水鉤沉——中國建築人類學發源》（台北：田園城市文化，1998年2月），頁254。

〔註2〕語出【明】張岱，《夜航船》，（成都：四川文藝出版社，1996年4月），卷十四，〈九流部・葬・風水地理〉。

的說法。此外，見諸於《尚書》、《詩經》中商周時期的「卜宅之文」，〔註3〕均是有關先民選址和規劃經營城邑宮宅活動的史實記述，亦被後世風水家們奉為規臬。但是，即如王爾敏所言：

> 雖古代營都建國十分講究地理形勝，然此是正規地理學、地形學問題，包括農糧生產、水陸運道、防守樞紐、倉儲管鑰。《管子》一書早有詳論。古代兵家各書，孫武、孫臏俱講究地形進退死絕等地理條件，但未及於龍脈王氣、陰陽五行、吉凶禍福、後世盛衰。堪輿學自不能與地理學混為一談。此外，《周禮》、《考工記》以及《墨子》無非旨在營城科技，毫不涉於吉凶禍福思考。故不須強加附會。〔註4〕

因此，我們自不必認為三代時期即有「風水術」的出現。

然而，我們可以發現在戰國、秦漢時期，早期的擇居文化開始有了變化。首先是對選擇埋葬地點的重視。以往的擇居文化主要是運用於住宅的勘察，葬地雖亦需經過選定，但並未如住宅那樣受到重視。但是，自戰國時代開始，情況則有所不同。據《史記·甘茂樗里子列傳》載樗里子擇葬地之事云：

> 昭王七年，樗里子卒，葬于渭南章臺之東，曰：「後百歲，是當有天子之宮夾我墓。」……至漢興，長樂宮在其東，未央宮在其西，武庫正直其墓。

樗里子自選葬地，甚至預測百年後之情形，可見葬地之選擇已經與後世之吉凶禍福有所聯繫了。《史記·淮陰侯列傳》亦載：

> 韓信雖為布衣時，其志與眾異。其母死，貧無以葬，然乃行營高敞地，令其旁可置萬家。

此外，《後漢書·袁安傳》亦云：

> 初，（袁）安父沒，母使安訪求葬地。道逢三書生，問安何之？安為言其故。生乃指一處，云：「葬此地，當世為上公。」須臾不見，安

---

〔註3〕 《尚書·盤庚下》：「盤庚既遷，奠厥攸居。……適于山，用降我凶德，嘉績于朕邦。……用永地于新邑，肆予沖人，非廢厥謀，弔由靈，各非敢違卜，用宏茲賁。」《尚書·召誥》：「惟二月既望，越六日乙未，王朝步自周，則至于豐。惟太保先周公相宅，越若來三月。惟丙午朏，越三日戊申，太保朝至于洛，卜宅。厥既得卜，則經營。」《詩經·大雅·緜》：「古公亶父，陶復陶穴，未有宮室。古公亶父，來朝走馬，率西水滸。至于岐下，爰及姜女，聿來胥宇。周原膴膴，堇荼如飴。爰始爰謀，爰契我龜。曰止曰時，築室于茲。」

〔註4〕 王爾敏，《明清時代庶民文化生活》（台北：中央研究院近代史研究所，1996年3月），頁126。

> 異之。於是遂葬其所占之地，故累世隆盛焉。

似乎已具後世風水葬先蔭後之目的。

其次，出現了地脈的思想。《史記・蒙恬列傳》中記載蒙恬被矯詔賜死之時，感嘆地說道：

> 蒙恬喟然太息曰：「我何罪于天，無過而死乎？」良久，徐曰：「恬罪固當死矣！起臨洮屬之遼東，城壍萬餘里，此其中不能無絕地脈哉！此乃恬之罪也。」乃吞藥自殺。

可見當時不但已經有了地脈觀念的產生，甚至認爲破壞地脈會遭致不幸的後果。

第三，風水專著的出現。《漢書・藝文志》中已有《堪輿金匱》、《宮宅地形》等風水專書的著錄。〔註5〕此外，王充在《論衡》中，亦有相關的記載。〔註6〕這些事實均可說明，至少在漢代已有專門介紹風水術的書籍。

此外，由目前所發現戰國或秦漢的竹簡《日書》中，其中亦記載了許多與「風水術」相關的內容。因此，我們大致可以肯定，在戰國、秦漢時期「風水術」業已出現了，而且陽宅、陰宅等範疇均已俱備。

「風水術」的形成與流傳，有其一定的社會文化背景。它何以會在戰國、秦漢時期形成，並且受到一般大眾的信服？本章之目的，即在探討「風水術」形成的原因。至於，中國古代數術學中的三大支柱 —— 八卦、陰陽、五行，是所有數術的共同基礎，「風水術」亦不例外。因此，有關此三大支柱對「風水術」形成的影響，我們不做過多的著墨，僅在需要時，略爲敘述。

# 第一節　知識經驗之積累

先民的許多擇居活動或選址理論，雖然不能視之爲「風水術」施行的事例，但不可否認的，這些經驗之積累，對於「風水術」的形成，有其一定的影響。此外，春秋、戰國乃至秦漢時期天文學、地理學、醫學等知識之發展，

---

〔註5〕日人瀧川龜太郎於《史記會注考證》一書云：「《漢書・藝文志》有《堪輿金匱》十四卷、《宮宅地形》二十卷，亦說風水方位者。」此外，「形法家」的《國朝》（七卷），「五行家」所列之《泰一陰陽》、《四時五行經》、《鍾律叢辰日苑》、《天一》、《泰一》等書，其中內容或許亦有與風水術相關者。

〔註6〕《論衡》一書中出現的「風水術」著作有《堪輿曆》、《圖宅術》、《葬歷》等，至於當時流行的「工伎之書」，其內容亦有與風水術相關者。

對於風水術之形成，亦有推波助瀾之功。

## 一、相地與卜宅

相地之法，起源於原始村落邑宅之營建。《周易‧繫辭下》載：

> 古者包犧氏之王天下也，仰則觀象於天，俯則觀法於地，觀鳥獸之
> 文，與地之宜。

反映了先民對觀天相地的重視。在原始社會時期，氏族部落由漁獵、採集，過著逐水草而居的游牧生活。漸漸進入以農耕為主的社會後，於是開始有了較穩定的定居方式，由此而導致擇地而居的需要，相地之法於焉產生。在先民的各種相地活動中，最重要的則莫過於都城的選址。

先秦時期有許多都城遷移的情形，尤其是三代時期，這種現象更是明顯。傅筑夫對此曾有以下之論述：

> 古代帝王都邑之遷徙不定，是古史中一個很大的疑難問題。史稱夏
> 后氏十遷，殷人自稱是「不常寧」、「不常厥邑」，周在宗周以前也是
> 屢次舉族遷播。〔註7〕

在文獻記載中，尤以周人之歷次遷徙較為詳細。周人之先祖公劉，率領族人由邰（故址在今陝西省武功縣西南）遷豳（今陝西省栒邑、彬縣一帶），在豳地開疆闢土，建屋定居，使周族日益興旺；〔註8〕古公亶父則選擇土地肥美的周原，在此營建宮室；〔註9〕周文王遷都豐邑、周武王營建鎬京，使周族王業蒸蒸日上，終於為伐紂滅殷、建立周朝奠定良好的基礎。〔註10〕

秦在統一六國之前，亦屢有遷都之舉。〔註11〕秦人很重視居住環境的改變，在不斷由西向東遷徙的過程中，每遷都一次國力便更為強大。在秦人都城的眾多遺址中，位於今陝西鳳翔縣南的雍城，是個值得注意的地方。這裡是通往巴蜀的咽喉，有雍水環繞，四周土地肥沃。秦穆公在此稱霸西戎，「益

〔註 7〕傅筑夫，〈殷代的游農與殷人的遷居——殷代農業的發展水平和相應的土地
　　　制度和剝削關係〉，收入氏著《中國經濟史論叢》（台北：谷風出版社，1987
　　　年 12 月），頁 27。
〔註 8〕見《詩經‧大雅‧公劉》。
〔註 9〕見《詩經‧大雅‧緜》。
〔註10〕見《詩經‧大雅‧文王有聲》。
〔註11〕據《史記‧秦本紀》之記載，秦文公四年「至汧、渭之會」，「乃卜居之」；秦
　　　寧公二年「徙居平陽」；秦德公元年「卜居雍」；秦獻公二年「城櫟陽」；秦孝
　　　公十二年，「作為咸陽，築冀闕，秦徙都之」。

國十二，開地千里」。〔註12〕咸陽亦是一重要的地方，城北有九嵕山，構成雄險的天然屏障，南依渭水，便於交通與取水，周圍則是富庶的關中平原。秦國就是在這裡，由一個西戎小國發展成爲統一天下的大帝國。

這些遷居的事例，往往是經過縝密的相地過程，因此才能選得地理環境優越的地點定居，從而使得他們能在屢次遷都中逐漸興盛。史念海曾根據對夏、商、周三代的研究，得出一個結論：有利的地理因素是文化發達的經濟基礎，上古黃河流域爲農業發展提供了較好的基礎，那時的土地很肥沃，並且得到了灌溉。人們爲了選擇沃土，就頻繁遷徙居住的地點。特別是西起隴山，東迄泰山之間的許多湖泊，仿佛現在的江淮之間，氣候也較溫暖，適宜農業發展，從而爲文化的發達提供了基礎。〔註13〕

然而，在這些遷徙並使國家繁榮興盛的過程中，人們不一定能完全瞭解地理因素所產生的影響。尤其是這些相地遷居的過程中，大多經由卜筮占問的程序，其中深深地流露出對鬼神、天命的畏懼。〔註14〕例如，《尚書·召誥》記載周初營建雒邑一事，云：

> 惟二月既望，越六日乙未，王朝步自周，則至于豐。惟太保先周公相宅。越三月戊申，太保朝至于洛，卜宅。厥既得卜，則經營。越三日庚戌，太保乃以庶殷攻位于洛汭。越五日甲寅，位成。

《尚書·洛誥》亦載：

> 周公拜手稽首曰：「朕復子明辟，王如弗敢及天基命定命。予乃胤保，大相東土，其基作民明辟。予惟乙卯，朝至于洛師。我卜河朔黎水，我乃卜澗水東、瀍水西，惟洛食；我又卜瀍水東，亦惟洛食。伻來以圖及獻卜。」

此外，《左傳·宣公三年》亦載：

> 楚子伐陸渾之戎，遂至於雒，觀兵于周疆。定王使王孫滿勞楚子。楚子問鼎之大小、輕重焉。對曰：「在德不在鼎。昔……成王定鼎于郟鄏，卜世三十，卜年七百，天所命也。周德雖衰，天命未改，鼎之輕重未可問也。」

---

〔註12〕語出《史記·秦本紀》。
〔註13〕史念海，《河山集》第三集（北京：人民出版社，1988 年），頁 53。
〔註14〕《詩經·大雅·緜》：「周原膴膴，堇荼如飴。爰始爰謀，爰契我龜。曰止曰時，築室于茲。」《詩經·大雅·文王有聲》：「考卜維王，宅是鎬京。維龜正之，武王成之，武王烝哉。」

可見，雒邑之營建，不但經由反覆卜問以確定營建地點，並且還預占了周王朝之興衰。

這種占卜遷都之吉凶利弊，尚見於邾文公卜遷於繹。《左傳・文公十三年》對此一事件，有如下之記載：

> 邾文公卜遷于繹，史曰：「利於民，而不利於君！」邾子曰：「苟利於民，孤之利也。」……遂遷于繹。五月，邾文公卒。

可見，遷都不但事關國運之盛衰，亦影響著君主個人之吉凶禍福。

相地與風水術之間不能完全劃上等號，先民由相地選址的過程中，逐步認識到選址得當會給生活帶來幸福，反之則會遭致不幸。然而，由於相地過程中摻入了卜宅的方法與儀式，使得相地之法亦蒙上神秘的色彩。尤其是在民智未開的時代裡，人們往往只注意到占筮卜問的神秘性，而忽略了相地選址的科學性，這些都成為日後風水術形成的重要淵源。〔註15〕

## 二、都城選址與規劃理論

早在原始社會時期，先民們經由長期的生活實踐，已累積了許多擇居選址的經驗與觀念。例如將居處建在近河的高地上，既可避免洪水的侵襲，又有水源足供飲水、洗滌、漁撈、運輸之用。此外，亦有依照「負陰抱陽」的原則來修建村落。考古發現的絕大多數的房屋，大門均朝南設置。如此不但使居處能夠躲避來自北方的凜冽寒風，又可接納更多來自南方的溫暖陽光。

到了西周時代，由於周王朝以「封建諸侯，以藩屏周」的方式大事分封諸侯，造成了中國城市史上第一次的建設高潮。春秋戰國時期，城市之建築又進入第二次的高潮。〔註16〕在此城市建設的高潮時期，有關建國、營國制度，以及城市選址理論的著作，亦應運而生。其中，以《考工記》、《管子》二書為最重要的著作。

---

〔註15〕《管氏地理指蒙・相土度地第四》即云：「相土之法曰：『周原膴膴，堇荼如飴。陟則在巘，復降在原。』〈公劉〉此章實在相土度地之儀。相度之於以復形勢，而區別豐淺之凝，曰『原隰既平，泉流既清』，亦以著山水之奇。」【唐】呂才，《五行祿命葬書論》亦云：「《易》稱『上古穴居而野處，後代聖人易之以宮室，蓋取諸〈大壯〉。』逮乎殷周之際，乃有卜宅之文。故《詩》稱『相其陰陽』，《書》云『卜惟洛食』。此則卜宅吉凶，其來尚矣！」引自【清】陳夢雷編纂、蔣廷錫校訂，《古今圖書集成》，第六百五十五卷，頁57971及第六百八十卷，頁58251。

〔註16〕參見賀業鉅，〈試論周代兩次城市建設高潮〉，收錄於《中國建築史論文選輯，第二冊》（台北：明文書局，1985年4月二版），頁200～211。

　　周代原先的營國制度，是以《考工記》的規範爲標準的。《考工記》中涉及都城建設的，主要見於〈匠人建國〉與〈匠人營國〉兩節。〈匠人建國〉一節專講建設城邑時求水平、定方位等測量問題，其云：

> 匠人建國，水地以縣，置槷以縣，眡以景。爲規，識日出之景與日
> 入之景。晝參諸日中之景，夜考之極星，以正朝夕。

〈匠人營國〉一節則專述城邑建設制度。其云：

> 匠人營國，方九里，旁三門。國中九經九緯，經涂九軌。左祖右社，
> 面朝後市，市朝一夫。……九分其國以爲九分，九卿治之。王宮門
> 阿之制五雉，宮隅之制七雉，城隅之制九雉。經涂九軌，環涂七軌，
> 野涂五軌。門阿之制以爲都城之制，宮隅之制以爲諸侯之城制；環
> 涂以爲諸侯經涂，野涂以爲都經涂。

它是以「擇中立國」爲原則的，認爲擇天下之中以建王「國」（即國都），既便於四方貢賦，更有利於控制四方；擇「地中」（即國土之中）建王國，是天時、地利、人和三方面最有利的位置。因此，不僅要擇國土之中建王都，而且還要擇都城之中建王宮。其餘諸侯國之都城，則以王都爲藍本，本著宗法封建禮制的要求，根據三級城邑建設體制來規劃。〔註17〕

　　《考工記》如代表著西周時期城邑建設之制度，《管子》則爲春秋戰國時期城市建設高潮中，城市選址的思想與理論趨於完善、成熟之代表。《管子》一書中，對於都城的選址，有翔實的論述。《管子・度地》云：

> 聖人之處國者，必於不傾之地，而擇地之肥饒者，鄉山左右，經水
> 若澤，內爲落渠之寫，因大川而注焉。乃以其天材、地之所生，利
> 養其人，以育六畜。

總結選擇建立都城的地形，大抵可以歸納成幾條準則：一、地形平坦、肥沃；二、背靠大山，左右有河流或湖泊，並和大河相通，使城內之排水能順勢流入大河；三、利用良好的自然資源，以保障城市內居民衣食之需及繁殖六畜。

　　《管子・乘馬》亦提出依據生態環境規劃城市的基本原則：

> 凡立國都，非于大山之下，必于廣川之上。高毋近旱而水用足，下
> 毋近水而溝防省。因天材、就地利，故城郭不必中規矩，道路不必
> 中準繩。

---

〔註17〕賀業鉅，《考工記營國制度研究》（北京：中國建築工業出版社，1985年3月
第一版，1987年9月第二次印刷），頁55～56及31～32。

除仍主張選擇依山傍水之處設立都城,但地勢需適中,以保障用水之充足,且節省溝堤之修築;而且強調都城之規劃要配合生態環境,因此城郭之構築,不必拘泥於方圓之規矩;道路之舖設,也不必拘泥於平直的準則。這種根據地形、地勢進行建築設計,因地制宜的都城規劃思想,與西周以來以《考工記》為代表的都城營建中的禮制規範,無疑是截然不同的。它反映出禮制破壞下,列國都城建設的活潑風貌。

此外,《管子‧乘馬》中亦提出以地域的大小決定建城之規模,以地力之肥瘠決定城市人口的多少:

> 上地方八十里,萬室之國一,千室之都四;中地方百里,萬室之國
> 一,千室之都四;下地方百二十里,萬室之國一,千室之都四。以
> 上地方八十里與下地方百二十里,通于中地方百里。

其中以地力衡量養活人口多寡之主張非常合理。這種理論對於後世之風水術亦產生了影響。《入地眼圖說》即云:

> 水口之內,又要四山融會,四水環繞重包,自一、二里至六、七十
> 餘里。或二、三十餘里,而山和水有情,朝拱在內,必結大地;若
> 收十餘里、二十餘里者,亦為大地;收五、六里七、八餘里者為中
> 地;若收一、二里者,不過一山一水,人財地耳。〔註18〕

在一定的環境內,土地、水源、資源限制了人口的數量。對照《管子》之內容,兩者似乎有著異曲同工之妙。

論者以為:春秋、戰國時期,天文學、地理學等自然科學均有長足的進步,哲學思想活躍,學術氣氛濃厚,八卦、陰陽、五行、元氣諸學說方興未艾,形成百家爭鳴的局面。此時,列國爭霸,封建割據,競相築城,掀起了城市建設的高潮。這個時期出現的《考工記》、《管子》等著作,總結了城市建築的經驗,制定了建國與營國制度,以及城市的選址理論,這些都為風水理論的發展奠定了理論和實踐的基礎。尤其是《管子》中因地制宜、不遵禮制的城市規劃理論,使城市的風貌多樣化,更提供了術數家們想像的空間。

## 三、農業知識

遠古時代的先民們,在長期採集和狩獵的過程中,逐漸累積了豐富的生

---

〔註18〕【宋】韋訖長老,《標點入地眼圖說》(台北:武陵出版社,1999 年 6 月初版二刷),卷七,〈水法〉,頁 180。

物與環境相互關係的生態學知識。尤其到了新石器時代後期，從黃河流域到長江流域，均普遍出現了以農業爲主的氏族部落。例如半坡、姜寨等遺址，聚落形態上呈現著內向集中、固守自衛的形式，由最外圈的濠溝所限定的聚落區域內，又由多個同心環繞中央「大房子」或廣場而組成的住宅群，充分反映了鋤耕文化的風貌。〔註 19〕

　　隨著農耕技術的進步，以及農業知識的累積，逐漸形成「食爲政首」、〔註 20〕「耕田而食」〔註 21〕的觀念，認識到糧食生產，實爲關乎國家政權存亡的第一要務。《管子‧禁藏》即云：

　　　　民事農則田墾，田墾則粟多，粟多則國富，國富則兵強。

便是此一觀念最好之註解。因此，先秦時期的統治者，非常重視農業生產的問題。各項農業生產，設有專職人員總司其務。例如，《周禮‧地官司徒》中之「稻人，掌稼下之地」，即指出在周代已經有了專門管理水稻生產的官員。

　　由對農業生產的重視，進而使古人在城市選址時十分注重土地的承載力，地力成爲選址時的重要決定因素。《詩經》中〈公劉〉、〈緜〉諸篇，即記載周朝之先王選地營邑時，「于胥斯原」、「周原膴膴」，十分重視土地肥瘠之情形。《左傳‧成公二年》載：

　　　　先王疆理天下，物土之宜而布其利。

亦爲此一事實之反映。輔佐齊桓公「九合諸侯，一匡天下」的管仲，對於土壤的問題更爲重視。他不但「相土而衰征」，更認爲「地者，政之本也」、〔註 22〕「辨于地利而民可富」、〔註 23〕「五穀不宜其地，國之貧也」、〔註 24〕「地道不宜，則飢饉」。〔註 25〕一言以蔽之，土地關係著國家存亡、民生貧富。只有重視土壤、發展農業，才是富國之道。

　　因此，不但設有專職官員負責土壤肥瘠的調查工作。例如《周禮‧地官司徒》云：

---

〔註 19〕艾定增，《風水鉤沉》，頁 248。有關半坡、姜寨遺址房屋的平面分佈及其意義，可參閱《西安半坡──原始民族公社聚落遺址──》，頁 41～42；《姜寨──新石器時代遺址發掘報告》，頁 350～352。
〔註 20〕語出【後魏】賈思勰，《齊民要術‧自序》。
〔註 21〕語出《尚書‧舜典》。
〔註 22〕語出《管子‧乘馬》。
〔註 23〕語出《管子‧侈靡》。
〔註 24〕語出《管子‧立政》。
〔註 25〕語出《管子‧五輔》。

土訓，掌道地圖，以詔地事。道地慝以辨地物，而原其生以詔地求。

「土訓」之官為天子的顧問，掌有全國之地圖，上面注明某地適宜之產物，負責天子有關地利的諮詢。同時，亦發展出測量土壤肥瘠的方法。《周禮·地官司徒·大司徒》云：

以土會之灋，辨五地之物生。一曰山林，其動物宜毛物，其植物宜皁物，其民毛而方；二曰川澤，其動物宜鱗物，其植物宜膏物，其民黑而津；三曰丘陵，其動物宜羽物，其植物宜覈物，其民專而長；四曰墳衍，其動物宜介物，其植物宜莢物，其民皙而瘠；五曰原隰，其動物宜臝物，其植物宜叢物，其民豐肉而庳。

以及改善地力之方法。《周禮·地官司徒》亦云：

草人，掌土化之灋，以物地、相其宜而為之種。凡糞種，騂剛用牛，赤緹用羊，墳壤用麋，渴澤用鹿，鹹潟用貆，勃壤用狐，埴壚用豕，彊䑋用蕡，輕爂用犬。

並且認識到，各地人和生物的差異，歸因於自然環境的不同。

此外，形成於戰國時期的〈禹貢〉，更體現出當時人們利用以往各地的土壤學和植物學的知識，進行土壤分類和土地規範的嘗試。而《管子·地員》中，更論述了區域性的各種土地，它們的自然植被、土壤名稱、地下水位的深淺和適宜種植的作物種類，並確定其生產力之高低。這些均顯現了先秦時期，人們在農業知識上的成就。

藉由農業知識的成長，以及人地關係的認識，對人們居處之選擇亦產生了影響。例如《左傳·成公六年》載春秋時期晉國自絳遷都新田之事，云：

晉人謀去故絳，諸大夫皆曰：「必居郇、瑕氏之地，沃饒而近鹽，國利君樂，不可失也。」……（韓獻子）對曰：「不可！郇、瑕氏土薄水淺，其惡易覯。易覯則民愁，民愁則墊隘，於是乎有沈溺重腿之疾。不如新田，土厚水深，居之不疾，有汾、澮以流其惡。且民從教，十世之利也。夫山澤林鹽，國之寶也。國饒，則民驕佚；近寶，公室乃貧，不可謂樂。」公說，從之。夏四月丁丑，晉遷於新田。

「土厚水深」之處，才是適宜久居之地。此外，《周禮·地官司徒·大司徒》亦云：

以土宜之灋，辨十有二土之名物，以相民宅，而知其利害。以阜人民、以蕃鳥獸、以毓草木、以任土事。

賈公彥《疏》云：

> 十二土各有所宜不同，所出之物及名皆異，故云「以土宜之法，辨
> 十有二土之名物」也；……既知十二土之所宜，以相視民居，使之
> 得所也。……十二土之中，利處居之，害處遠之。以阜盛人民、以
> 蕃息鳥獸、以毓生草木者，皆由知利害使之然也。云「以任土事」
> 者，辨十有二土，任人性居之。

更明確地指出，居處的營建，要根據不同的自然生態環境而有所調整。這種
觀念，對於日後「風水術」形成之影響，是不言可喻的。〔註26〕

## 四、地理與天文

中國在遠古時代，即非常注重天文與地理的觀察，並進而產生崇拜之心
理。發現於紅山文化中圓形的祭天遺址與方形的祭地遺址，即是最好之證明。
〔圖三五〕

### 圖三五：遼寧喀左東山嘴紅山文化祭壇遺址

資料來源：《中國各民族原始宗教資料集成，考古卷》圖版 21

---

〔註26〕《管氏地理指蒙》即對晉遷都新田之事，有著高度的評價。其云：「至哉韓獻
　　　　子之論，亶明土地之宜與不宜。」引自【清】陳夢雷編纂、蔣廷錫校訂，《古
　　　　今圖書集成》，第六百五十五卷，頁 57971。

《周易・繫辭下》中亦記載著此一傳統淵源久遠，其云：

> 古者包犧氏之王天下也，仰則觀象於天，俯則觀法於地，觀鳥獸之
> 文與地之宜。近取諸身，遠取諸物，於是始作八卦。以通神明之德，
> 以類萬物之情。

可以看出，古人對天文與地理的觀察、分析，一開始就密切相關。並為日後
「天垂象，見吉凶」的天人感應和前兆迷信等觀念，提供了宇宙生成規律的
理論依據。

以地理學發展而論，早在 6000 年前，先民已能確定東西南北之方位，在
選擇環境、規劃佈局居住地點方面，對於地形、水系、安全等問題，均能合
理地掌握。此後，由於旅行活動的進行，對於地理學知識的累積，亦有所助
益。據古史記載，黃帝、堯、舜、禹等都曾遊歷過許多地方。在中國古代最
有名的旅行家則是周穆王，《穆天子傳》一書即詳述其遊歷的過程。藉由旅行
活動之進行，不但開拓了先民的視野，並豐富了地理知識，這些均成為中國
古代地理學知識發展的重要途徑。

此外，軍事行動亦是地理學發展的一大助因。地形與軍事有著密切的關
係，《管子》一書中即提出了生態環境對軍事行動有重要影響，統兵者必須熟
悉環境的觀念。《管子・地圖》云：

> 凡兵主者，必先審知地圖。轘轅之險、濫車之水、名山、通谷、陵
> 陸、丘阜之所在，苴草、林木、蒲葦之所茂、道路之遠近、城郭之
> 大小，名邑、廢邑、困殖之地，必盡知之。地形之出入相錯者，盡
> 藏之，然後可以軍襲邑。舉錯知先後，不失地利。

只有知道了地形、地勢，才能掌握戰爭的主動權。因此古代軍事家所寫的兵
書，對於地形與軍事的關係即著墨甚多。如春秋末期孫武的《孫子兵法》中
有〈地形篇〉，專論軍隊在不同地形條件下的行動原則，強調將帥要重視對地
形的研究和作用；戰國中期孫臏的《孫臏兵法》，亦論述了城市所處地理形勢
與戰爭的關係。〔註27〕尤其是春秋戰國時期的「合縱連橫」之爭，更可謂古

---

〔註27〕《孫子兵法》中論地形與軍事行動之關係者，有〈九變〉、〈行軍〉、〈地形〉、
〈九地〉等四篇，幾佔《孫子兵法》十三篇的三分之一；《孫臏兵法》則有〈八
陣〉、〈地葆〉、〈雄牝城〉等篇。相關內容及討論，可參考【魏】曹操等注，《孫
子十家注》（台北：世界書局，1984 年 3 月再版）；銀雀山漢墓竹簡整理小組，
〈臨沂銀雀山漢墓出土《孫臏兵法》釋文〉，《文物》1975 年第一期，頁 1～
11；羅獨修，《先秦兵家思想探源——以孫武、孫臏、尉繚為例》（台北：中

代中國運用戰略地理思想指導實踐的精華。〔註28〕

因此，隨著地理學的發展，春秋、戰國，以至秦漢時期，出現了許多與地理學有關的著作。如《尚書·禹貢》、《山海經》、《管子·地員》、《史記·貨殖列傳》等，均是其中的傑作。此外，《周禮》中亦記載當時設有專門的官員，負責總理天下圖籍。〔註29〕馬王堆三號漢墓所出土的地形圖（圖三六），不但具有比例，又有與現代等高線相似的山形閉合線，既準確又有立體投影感，可以想見當時地圖學之高度發展情況。

### 圖三六：馬王堆三號漢墓地形圖復原圖（上南下北）

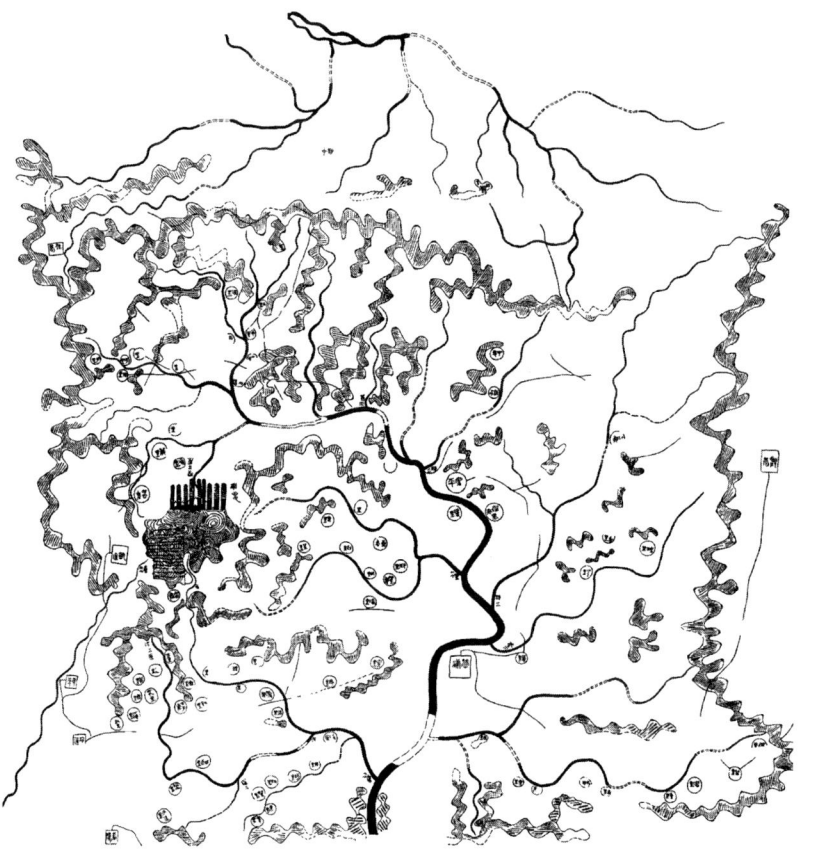

資料來源：譚其驤，〈二千一百多年前的一幅地圖〉，《文物》
　　　　　1975 年第 2 期，頁 46 插圖

國文化大學出版部，2002 年 1 月），頁 84～88、136～137。

〔註28〕 汪前進主編，《中國古代科學技術史綱 —— 地學卷》，頁 148。

〔註29〕 《周禮·夏官司馬·職方氏》：「職方氏，掌天下之圖，以掌天下之地。」

在中國古代地理學發展史中，大禹是其中相當重要的人物之一。在中國不少河川，都流傳這位治水英雄的故事。大禹爲了治水，走遍許多的山山水水，因此對當時中國的地理知識有了系統的認識，並根據各地的生態環境狀況，把天下劃分爲「九州」。這反映在後世著作的〈禹貢〉中。〈禹貢〉不但將天下之土壤按顏色分爲白赤黑青黃，按質地分爲壤墳埴壚，實際上是中國古代土壤學之開端；並且根據黃河和長江下游山脈分布的特點，自南而北歸納爲東西延伸的「三條四列」。這種把山脈分爲「三條四列」的觀念，無疑地成爲後世風水書中，將中國境內山脈分爲「三大幹龍」的淵源。

至於天文學的發展方面，從 1987 年 6 月濮陽西水坡的 45 號墓之龍、虎以及北斗之蚌塑圖，可見早在前仰韶文化時期，先民在天文觀測上即有重大之成就。至 4000 多年前，先哲根據鳥、火、虛、昴四星宿的觀察，確定了一年四季 366 天。當時的人們用氣候所引起的生物活動之規律來確定自然曆法，用生物生長和氣候變化之間的關係來確定氣候季節，並進而安排農事。例如《夏小正》一書，即是對於當時物候知識的總結。

至春秋、戰國時代，天文學初步確立了自己的獨立體系。隨著天文觀測資料的積累，人們逐漸認識了天體運行的規律，進而產生對宇宙起源、結構和演化的推測。尤其是二十八宿和十二次等之體系更趨成熟與完善。〔註30〕

在此「觀象授時」的過程當中，有些建築的時間，即以天象來判別。例如《詩經‧鄘風‧定之方中》即云：

　　定之方中，作于楚宮。

毛公《傳》云：

　　定，營室也；方中，昏正四方。

鄭玄《箋》云：

　　定星昏中而正，于是可以營制宮室，故謂之營室。定昏中而正，謂

　　小雪時，其體與東壁連正四方。

《國語‧周語中》稱「營室之中，土功其始」；《左傳‧莊公二十九年》則有「水昏正而栽。」《正義》云：「謂今十月，定星昏而中，於是樹板榦而興作焉。」這些都說明天文曆法與建築有關。古代建宮室前要先觀星象、曆法，建築普通民宅當然不會有如此愼重之儀式，但這種觀念和占法，對於日後「風

〔註30〕陳遵嬀，《中國天文學史，第一冊》（台北：明文書局，1988 年 3 月再版），頁201～202。

水術」之形成絕對有其影響的，《日書》中的相關內容，即是最好的證明。

　　總之，無論是地理學或是天文學，對於「風水術」之形成均有著不同程度的影響。尤其是在天文學與地理學中，與擇居關係最大的，莫過於「分野」之說。分野源於戰國時代，天有九野，地有九州，它反映了古代的天地觀。論者以為：正由於有這種分野之說，才會有漢代堪輿術八會占法，以及傳統相宅術中方位數術的占法。分野與《周禮》、《日書》等均為戰國時代的產物，它們與以《淮南子》為代表的漢代堪輿理論之間的傳承流變是有據可考的。〔註31〕由「風水術」又名「堪輿」，而《漢書·藝文志》顏師古注引東漢許慎之言曰：

　　　　堪，天道；輿，地道。

更可見天文學、地理學與「風水術」之密切關係了。

## 五、醫學理論

　　在中國古代醫學觀念中，疾病的發生與「氣」有著密切的關係。古代中國人認為，宇宙是由「氣」所組成的。《管子·樞言》即云：

　　　　道之在天者，日也；其在人者，心也。故曰：有氣則生，無氣則死，
　　　　生者以其氣。

《淮南子·天文訓》亦云：

　　　　天地未形，馮馮翼翼，洞洞灟灟，故曰太始。太始生虛廓，虛廓生
　　　　宇宙，宇宙生元氣。元氣有涯根，清陽者薄靡而為天，重濁者凝滯
　　　　而為地。

這種認識可能源於人們對自身呼吸氣息的觀察，人活氣行，人死氣絕。因此《莊子·知北遊》對於氣的聚散與人的生死有所陳述，其云：

　　　　生也死之徒，死也生之始，孰知其紀！人之生，氣之聚也。聚則為
　　　　生，散則為死。

董仲舒在《春秋繁露·天地陰陽》中，則把天地之間的氣與人的關係，比擬為水和魚的關係。其云：

　　　　天地之間，有陰陽之氣，常漸人者，若水常漸魚也。所以異於水者，
　　　　可見與不可見耳，其澹澹也。然則人之居天地之間，其猶魚之離水，
　　　　一也。

---

〔註31〕蔡達峰，《歷史上的風水術》（上海：上海科技教育出版社，1994 年 12 月），頁 47～48。

古人並且把「氣」的重要性由人之身體推類於萬物，認為世上萬物都是氣的生化結果，天上的星辰，地下的五穀和人的福壽夭禍，均與氣有著極大的關係。〔註32〕

因此，人之疾病，亦由於「氣」之影響。《左傳·昭公元年》曾載醫和對於疾病產生之由，有如下之語：

> 天有六氣，發為五色，徵為五聲。六氣曰：陰、陽、風、雨、晦、
> 明也。分為四時，序為五節，過則為菑。陰淫寒疾，陽淫熱疾，風
> 淫末疾，雨淫腹疾，晦淫惑疾，明淫心疾。

在《黃帝內經素問·內業》中亦有「五運六氣」說，它主張天地人之間有一種感應關係，天地之間因為有陰、陽，有生氣和活力，所以空中的大氣才會流動成風，草木才能欣欣向榮而生長。當「氣」不協調而侵入人體後，人即產生「風氣之病」。此外，〈脉要精微論〉中又有「八風」的理論。由此可見，「氣」在中國古代醫學之重要性。

至於，當人產生疾病之時，要如何判定「氣」之影響？《鹽鐵論·輕重》云：

> 扁鵲撫息脈而知疾所由生，陽氣盛則損之而調陰；寒氣盛則損之而
> 調陽。是以氣脈調和，而邪氣無所留矣。

《黃帝內經素問·脉要精微論》亦云：

> 夫脈者，血之府也。長則氣治，短則氣病，數則煩心，大則病進。

可見，把脈是測氣重要的方法之一。孔子在《論語·季氏》中曾提到人的一生中的三個階段，其云：

> 少之時，血氣未定，戒之在色；及其壯也，血氣方剛，戒之在鬥；
> 及其老也，血氣既衰，戒之在得。

說明此時已把「血氣」變化看成是生命的主要特徵。在人體之中，「血氣」是如何運行？《管子·水地》即云：

> 地者，萬物之本原，諸生之根菀也，美惡賢不肖愚俊之所生也。水
> 者，地之血氣，如筋脈之通流者也。

這裡「血氣」與「筋脈」並提，可見血氣是憑藉著筋脈（經絡）來運行流通的。其中尤可注意者，是將大地上之「水」比附於人體內之「血氣」。

---

〔註32〕《管子·內業》：「凡物之精，此則為生。下生五穀，上為列星。流於天地之間，謂之鬼神；藏於胷中，謂之聖人。是故民氣，杲乎如登於天，杳乎如入於淵，淖乎如在於海，卒乎如在於己。」

在講究天人合一的時代，將天地人同構化是很自然的事。例如，董仲舒
即把天地人視為一個有機的、不可分割的整體，把天（包括地）和人看成為
兩大相互對應的參照系統。《春秋繁露‧人副天數》云：

> 物疢疾莫能偶天地，唯人獨能偶天地。人有三百六十節，偶天之數
> 也；形體骨肉，偶地之厚也；上有耳目聰明，日月之象也；體有空
> 竅理脈，川谷之象也；心有哀樂喜怒，神氣之類也。觀人之體一，
> 何高物之甚，而類於天也。

此外，《淮南子‧精神訓》亦云：

> 頭之圓也，象天；足之方也，象地。

人法天地，特別是水的意象與人體「血氣」之相似性，將此二者比附，是頗
為合理的。進而將大地類比於人體，也是順理成章的。人體有筋脈，一如大
地有地脈。因此，《史記‧蒙恬列傳》中之「地脈」觀念，以及在後世的風水
術數的書籍裡，亦常見將大地、住宅類比於人體之內容。如《宅經‧凡修宅
次第法》云：

> 宅以形勢為身體，以水泉為血脈，以土地為皮肉，以草木為毛髮，
> 以門戶為冠帶。〔註33〕

我們認為這些都是在醫學發展與天地人同構的觀念下所出現的產物。

宋人蔡元定《發微論‧沉浮篇》有云：

> 大抵地理家察脈與醫家察脈無異。善醫者察脈之陰陽而用藥；善地
> 理者察脈之沉浮而立穴，其理一也。〔註34〕

明代徐善繼、徐善述《地理人子須知》一書亦云：

> 脈者，何也？人身脈絡，氣血所由運行，而一身之稟賦係焉。凡人
> 之脈，清者貴，濁者賤，吉者安，凶者危。地脈亦然。善醫者，察
> 人之脈而知其安危壽夭；善地理者，審山之脈而識其吉凶美惡，此
> 不易之論也。〔註35〕

均可見風水術與醫學之關係。

論者有謂：在古代陰陽五行、天人感應的理論統攝下，風水術與中醫學

---

〔註33〕【舊題】黃帝撰，《宅經》，收錄於《四庫數術類叢書，六》，頁5。
〔註34〕【宋】蔡元定撰，《發微論》，收錄於《四庫數術類叢書，六》，頁194。
〔註35〕【明】徐善繼、徐善述，《地理人子須知》（台北：武陵出版社，1982年5月
初版，1986年7月再版），〈瑣言‧論龍脈穴砂名義〉，頁5b。

找到了許多可以相通的地方，尤其是前者向後者借鑒，吸收了不少方法。由於兩者在文化層面上有這樣一種血脈相連的聯繫，故明清以來，往往會出現一些精通醫術兼攻風水或擅長堪輿又諳熟岐黃的人物。〔註36〕由上述得知，這種「風水術」與醫術相關聯的情形，在戰國、秦漢時期即可看出端倪。

此外，中國古代醫學中，很早就注意到了人地關係之影響，因此不適當的水土環境將引發不同的「風土病」，在戰國、秦漢時期之著作中亦時有所見。例如，《呂氏春秋・季春紀・盡數》云：

> 輕水所，多禿與癭人；重水所，多尰與躄人；甘水所，多好與美人；
> 辛水所，多疽與痤人；苦水所，多尪與傴人。

《淮南子・墜形訓》亦云：

> 土地各以其類生，是故山氣多男，澤氣多女，障氣多喑，風氣多聾，
> 林氣多癃，木氣多傴，岸下氣多腫，石氣多力，險阻氣多癭，暑氣
> 多夭，寒氣多壽，谷氣多痺，丘氣多狂，衍氣多仁，陵氣多貪，輕
> 土多利，重土多遲，清水音小，濁水音大，湍水人輕，遲水人重，
> 中土多聖人，皆象其氣，皆應其類。

這些對於後世堪輿家追尋來龍去脈時，也必定有其影響。

# 第二節　數術發展之影響

西周時期實行「封建諸侯，以藩屏周」的封建制度。清人趙翼在《廿二史箚記》一書中，對封建制度下之秩序，有著如下之敘述：

> 自古皆封建，諸侯各君其國，卿大夫亦世其官，成例相沿，視爲固
> 然。〔註37〕

此外，《左傳・桓公二年》亦云：

> 天子建國，諸侯立家，卿置貳室，大夫有貳宗，士有隸子弟，庶人、
> 工、商，各有分親，皆有等衰。

當時的社會秩序，是以周天子、諸侯、大夫、士、庶人爲序列的貴賤尊卑等級制度。周天子是天下的共主，在人間擁有至高無上的權威，禮樂征伐皆出

---

〔註36〕 張榮明，《方術與中國傳統文化》（上海：學林出版社，2000年5月），頁289
～290。

〔註37〕【清】趙翼，《廿二史箚記》（台北：世界書局，1967年8月），卷二。〈漢初布衣將相之局〉，頁21。

自周天子。

　　然而，這種既定的封建秩序，到了東周時期情況則有所改變。平王東遷
以後，天子號令諸侯的權威已不復存在，實力強大的諸侯藐視天子，自行禮
樂征伐。《史記‧周本紀》稱：

　　　　平王之時，周室衰微，諸侯強併弱，齊、楚、秦、晉始大，政由方伯。

權力結構一旦失衡，整個封建秩序便逐漸解體。因此，春秋、戰國時代，是
中國古代社會大動蕩、大變革的時期。禮崩樂壞的情形，使得周天子喪失了
駕馭天下的權威，列國諸侯亦乘時而起，縱橫捭闔，兵戎相見。司馬遷於《史
記‧太史公自序》中云：

　　　　春秋之中，弒君三十六，亡國五十二，諸侯奔走不得保其社稷者，

　　　　不可勝數。

春秋時代尚且如此，則戰國時期更是不在話下。

　　在此封建社會秩序解體的時代裡，主要表現在兩個方面：第一、是戰爭
的頻仍；第二、是社會階層的流動。首先以戰爭而論，由「禮樂征伐自天子
出」而演變爲「禮樂征伐自諸侯出」，甚至卿大夫、家臣亦可發動戰爭，說明
了春秋、戰國時代是個戰爭頻仍的時代。據許倬雲之統計，春秋 259 年（西
元前 722～464 年），《左傳》不記戰事的年份只有 38 年；戰國 242 年（西元
前 463～222 年），《史記》不記戰事的年份也只有 89 年。〔註38〕雖然許氏之
統計尚不完全，但已可看出春秋、戰國時代戰爭頻仍的情況。至於社會階層
的流動方面，由於列國內部的爭鬥，許多貴族淪落爲平民甚至奴隸的情形時
有所見；同時，私人教育的興起，使得許多平民能夠接受教育，再加上各國
實施富國強兵的軍國主義，往往進用沒有背景的平民，因此平民崛起而爲布
衣卿相之情形，亦所在多有。

　　在戰爭頻仍、社會階層流動劇烈之情形下，造成社會的巨大動蕩及嚴重
失序，爲人生提供了投機、冒險、崛起、暴發、衰敗等前景：國人的暴動、
貴族淪爲平民、布衣擢爲上卿。卑賤者以才華而出將入相，叱吒風雲；高貴
者因昏庸而亡國破家，身首異處。凡此種種，均增加了人們對於生命及前途
的不確定感。因此，在人們歌頌天帝命定論的同時，亦開始對於天命論產生

〔註38〕許倬雲，〈春秋封建社會的崩解和戰國社會的轉變〉，收錄於中國上古史編輯
　　　　委員會編，《中國上古史待定稿‧第三本‧兩周篇之一‧史實與演變》（台北：
　　　　中央研究院歷史語言研究所，1985 年 4 月），頁 596。

了懷疑。在《詩經》中即有許多罵天咒命的詩章，如：

> 昊天不傭，降此鞫訩；昊天不惠，降此大戾。〔註39〕

> 上帝板板，下民卒癉。出話不然，爲猶不遠。〔註40〕

此外，如《春秋穀梁傳・序》所云：

> 昔周道衰陵，朝綱絕紐，禮壞樂崩，彝倫攸斁。弒逆簒盜者國有，
> 淫縱破義者比肩。是以妖災因釁而作，民俗染化而遷。

司馬遷在《史記・曆書》中亦云：

> 先王之正時，履端於始，舉正於中，歸邪於終。履端於始，序則不
> 愆；舉正於中，民則不惑；歸邪於終，事則不悖。其後戰國並爭，
> 在於彊國禽敵，救急解紛而已，豈遑念斯哉！

王夢鷗對於此段記載，有著如下的詮釋：

> 這顯示爲戰爭的關係，人們無心從事基本的學問；而所急者，都只
> 求旦夕之間如何能避凶趨吉。〔註41〕

由於封建社會秩序的解體，人們對於前途與未來充滿了不確定感，使得社會
風氣因而產生了變化。人們日常所汲汲追求者，即是希望凡事能夠逢凶化吉。
在此情形下，各種標榜能夠使人趨吉避凶、遇難呈祥的神秘數術便應運而生，
並且受到人們的信從與遵守。「風水術」也就是在這種歷史背景下形成的。

但是，在「風水術」形成的過程中，我們認爲有兩種數術，是對於「風
水術」的產生有著堆波助瀾的功效。「風水術」是在它們的基礎上，逐步形成
的。這兩種數術，分別是「相人術」與「選擇術」。

## 一、相人術

中國古代的相人術是一個內涵異常豐富且獨特的價值判斷系統，它不僅
觀察人之五官，舉凡人身全體之部位，如軀幹四肢、毛髮鬚齒，一痣一斑，
乃至氣色明暗，聲音舉止，皆在其視野觀照統攝之內。〔註42〕

有關中國古代的相人術究竟產生於何時？《大戴禮記・少閒》中曾有以

---

〔註39〕 語出《詩經・小雅・節南山》。

〔註40〕 語出《詩經・大雅・板》。

〔註41〕 王夢鷗，〈陰陽五行家與星曆及占筮〉，收錄於中國上古史編輯委員會編，《中
國上古史待定稿・第四本・西周篇之二・思想與文化》（台北：中央研究院歷
史語言研究所，1985 年 7 月），頁 527。

〔註42〕 張榮明，《方術與中國傳統文化》，頁 59。

下之記載，其云：

> 昔堯取人以狀，舜取人以色，禹取人以言，湯取人以聲，文王取人
> 以度。四代五王之取人，以治天下如此。

其中敘述，已包含相人術的主要內容。但是，是否自堯舜以來，即有相人術
之存在？《荀子‧非相》曾云：

> 相人，古之人無有也，學者不道也。古者有姑布子卿，今之世梁有
> 唐舉，相人之形狀、顏色，而知其吉凶妖祥，世俗稱之。古之人無
> 有也，學者不道也。

我們認為：荀子所言是較為合理的，至於《大戴禮記》所記堯舜以來四代五
王相人之情形，則可視為傳說。

在社會秩序嚴謹，等級制度森明的時代裡，每個人的身份地位，都是憑
藉其血緣關係來決定的。人一出生後，他一生的貴賤、貧富、福祿都因血緣
關係的親疏、遠近而規定好了。因此，在夏、商、西周時期，天命觀占絕對
統治地位的社會環境和時代精神的文化氛圍中，相人之術自然無須產生，也
沒有相人術可以滋生的土壤。〔註43〕

然而，殷王朝的被推翻，已帶來神權政治的危機，西周末年國人的暴動，
更打破了天子神聖不可侵犯的形像。尤其是進入春秋時期，不但周天子的地
位大為下降，世卿世祿的情況亦被打破，平民崛起而為布衣卿相，以往的天
命論已無法解釋此一時代的變化。這些歷史背景，無疑地提供了相人術產生
與發展的契機。考之史籍，相人術最早的記錄可以追溯到西元前八世紀的春
秋初期，正與此一歷史背景不謀而合。

據《左傳‧隱公元年》之記載：

> 宋武公生仲子。仲子生而有文在其手，曰為「魯夫人」，故仲子歸于
> 我。

由於仲子的掌紋類似「魯夫人」之字樣，故下嫁魯國，我們認為這是有關相
人術最早的記載。經過一百多年後，相人術已有長足的發展。《左傳‧文公元
年》載：

> （文公）元年春，王使內史叔服來會葬。公孫敖聞其能相人也，見
> 其二子焉。叔服曰：「穀也食子，難也收子。穀也豐下，必有後於魯

---

〔註43〕參見張明喜，《神秘的命運密碼──中國相術與命學》（上海：上海三聯書店，
1992 年 11 月），頁 10。

國。」

穀爲文伯，其後嗣累世爲魯卿，稱爲「孟氏」，可見內史叔服之預測頗爲準確。由此亦可見，相人術之內容已發展爲較爲複雜，不僅以掌紋爲依據了。

此後，有關相人術之記載，更是大量出現。其中較爲著名者，有范蠡之相越王勾踐，以及尉繚相秦王政。司馬遷在《史記》中對此二事，均有所記載。《史記・越王勾踐世家》云：

> 范蠡遂去，自齊遺大夫種書，曰：「蜚鳥盡，良弓藏；狡兔死，走狗烹。越王爲人，長頸、鳥喙，可與共患難，不可與共樂，子何不去？」

《史記・秦始皇本紀》載：

> （尉）繚曰：「秦王爲人，蜂準、長目、摯鳥膺、豺聲，少恩而虎狼心。居約易出人下，得志亦輕食人。我布衣，然見我常身自下。我誠使秦王得志於天下，天下皆爲虜矣！不可與久游。」乃亡去。

由此可見，自春秋時期封建秩序逐漸解體，相人術就在這種歷史背景下開始發展起來。而且，相人術最早應該是流行於統治階層中的。

在封建秩序解體的過程中，原有之貴族可能因而淪落爲平民，甚至有被滅族之可能。如何愼選繼承人，以保有其族群的地位，以及祭祀之不輟，都成爲貴族們考量的主要課題。因此，原有「傳子以嫡不以長，傳嫡以長不以賢」的嫡長子繼承制度，便被打破了。爲選擇最好的繼承人，以延續族脈，有時即需借助於相人之術的從旁協助。《史記・趙世家》中記載趙簡子委請姑布子卿相子一事，可謂最好之例證。其云：：

> 姑布子卿見簡子，簡子徧召諸子相之。子卿曰：「無爲將軍者。」簡子曰：「趙氏其滅乎？」子卿曰：「吾嘗見一子於路，殆君之子。」簡子召子毋卹。毋卹至，則子卿起曰：「此眞將軍矣！」簡子曰：「此其母賤，翟婢也，奚道貴哉？」子卿曰：「天所授，雖賤必貴。」……簡子於是知毋卹果賢，乃廢太子伯魯，而以毋卹爲太子。

因此，相人術就在這種情形下大爲發展。

隨著封建秩序的更爲崩解，相人術不但盛行於朝廷卿相之間，民間亦有流行的趨勢，甚至出現專門以相術爲業的人。《史記・范雎蔡澤列傳》即載：

> 蔡澤者，燕人也。游學干諸侯小大眾，不遇，而從唐舉相，曰：「吾聞先生相李兌，曰『百日之內持國秉』，有之乎？」曰：「有之！」曰：「若臣者何如？」唐舉孰視而笑曰：「先生曷鼻、巨肩、魋顏、

　　　　廱䠊、膝攣。吾聞聖人不相，殆先生乎？」

蔡澤長於辭令，後來鼓動其如簧之舌，終於折服秦昭王，拜爲秦相。當其落魄時，亦慕名參訪唐舉相過面。由此可見，唐舉應該是專以相人爲業，並且在當時享有盛名的一位人士。

　　在相人術不斷發展的過程中，亦產生了其他的流派，相牛、相馬之術亦隨之興起。《莊子·徐无鬼》中載有九方歅替楚國貴族司馬子綦相其八子的故事，其云：

　　　　子綦有八子，陳諸前，召九方歅曰：「爲我相吾子，孰爲祥？」九方

　　　　歅曰：「梱也爲祥！」

在歷史上，九方歅是以相馬著名於世，〔註44〕他同時又精於相人，可見當時之相術已由相人逐漸擴展爲相其他事物了。我們相信「風水術」也是在這種情形下產生的。《漢書·藝文志》數術類之「形法家」即云：

　　　　形法者，大舉九州之勢，以立城郭、室舍；形人及六畜骨法之度數、

　　　　器物之形容，以求其聲氣、貴賤、吉凶。猶律有長短，而各徵其聲。

　　　　非有鬼神，數自然也。

所列舉之「形法六家百二十二卷」，即包括了《山海經》、《國朝》、《宮宅地形》、《相人》、《相寶劍》、《相六畜》。其中《國朝》、《宮宅地形》二書，均可能與「風水術」有關，而它們和《相人》列爲同類，可見相人術對風水術之形成是有關聯的。正如《儒門崇理折衷堪輿完孝錄》中所云：

　　　　卜氏曰：「相地一似相人。」此善喻相地之法也。余觀風鑑之流，每

　　　　每以形體觀人之貴賤，以氣色辨人之窮通。二者兼盡，然後相法無

　　　　遁情也。何今之相地者，徒知相形體而不知觀氣色？卒不能如相人

　　　　之驗矣！〔註45〕

從其中內容之敘述，不難看出相人與風水術之關係。

　　尤可論者，則爲春秋、戰國時代城市的發展。許宏在論述先秦城市之發展時，曾有以下之論點：

---

〔註44〕九方歅，又作九方甄、九方臯，其善相馬之事蹟，見《列子·說符》、《淮南子·道應訓》。【明】陶宗儀，《說郛》，卷九，引【宋】俞文豹《吹劍錄》：「伯樂姓孫，名陽。伯樂星，掌天馬；陽，善御，故名同焉。而九方甄亦善相馬，《列子》謂之九方臯。」

〔註45〕【明】不著撰人，《儒門崇理折衷堪輿完孝錄》，收錄於《珍本術數叢書》第三四冊（台北：新文豐，1995年8月），卷一，〈論氣色貴賤〉，頁12。

> 如果說春秋前期主要是諸侯間兼併的話，那麼到了春秋後期，列國
> 內部都經歷了劇烈的社會變革，進入了卿大夫兼併的階段。……到
> 了春秋晚期，卿大夫采邑築城已成了普遍的現象。……進入戰國時
> 期，政治上兼併戰爭愈烈，七雄爭霸的局面最後形成；經濟上，鐵
> 器的廣泛使用和農具的發展促進了整個社會經濟的繁榮及人口的大
> 量增長。城市的空前發達與性質的轉變是這二者交互作用的直接結
> 果。〔註46〕

在此大量築城的時代裡，原有的營邑禮制已遭破壞，這些眾多的新興城市必
定有許多違制的情形，並以不同的格局、風貌出現。此外，春秋、戰國時期
亦是原有封建禮制下的「族墓」制度，開始走向衰落的階段。從都城中墓地
的安排上看，春秋時期諸侯國的陵墓同前代一樣，一般比較集中地位於城內。
這應該是和實行宗法、昭穆制度，集中埋葬諸侯之「公墓制」有關。而戰國
時期，除東、西周君、燕、魯等國外，列國公墓大都遠離都城，各陵墓的分
布範圍也更為廣大，這些則是「公墓制」被破壞後的結果。〔註47〕陵墓既然
遠離了都城，也必定要選擇好山好水的形勝之地來興建這些陵墓。

因此，無論是生前居住的都城，或是死後葬埋的陵墓，均不再遵從原有
之禮制，都出現了多樣性的變化。這些情形，不正提供了「風水術」發揮之
餘地。

## 二、選擇術

選擇術是一種以選擇時日為主要內容的數術。究之古籍，選擇時日的活
動自古即有，當時將擅長此術的人稱之為「日者」。據《墨子‧貴義》記載：

> 墨子北之齊，遇日者。日者曰：「帝以今日殺黑龍於北方，而先生之
> 色黑，不可以北。」

當時墨子北上齊國時，就有一位日者警告他會遭遇禍殃。此外，《史記‧日者
列傳》中亦載：

> 孝武帝時，聚會占家問之某日可取婦乎？五行家曰：「可！」堪輿家
> 曰：「不可！」建除家曰：「不吉！」叢辰家曰：「大凶！」曆家曰：
> 「小凶！」天人家曰：「小吉！」太乙家曰：「大吉！」辯訟不決，

---

〔註46〕許宏，《先秦城市考古學研究》，頁128。
〔註47〕同前註，頁126。

以狀聞。制曰：「避諸死忌，以五行爲主。」人取於五行者也。

可見到了西漢時期，「日者」之活動不但非常盛行，且爲皇室所重用，成爲行事諮詢的對象，並形成了各家流派。至東漢時期，王充在《論衡・譏日篇》中，曾云：

世俗既信歲時，而又信日。舉事若病死災患，大則謂之犯觸歲時，

小則謂之不避日禁。歲月之傳既用，日禁之書亦行。

更可看出東漢時期，一般民眾對選擇術接受的普遍性。由《論衡》中之記載，我們亦可看出，當時已有《堪輿曆》、《葬曆》、《沐書》等書籍，作爲人們選擇時日宜忌的參考。

然而，先秦、秦漢時期有關選擇術的著作，並未流傳下來，「日者」們的具體行誼與學說思想，遂不爲後人所知。司馬遷在其《史記》一書中，雖爲日者們作傳，但亦在流傳的過程中散佚。現在見於《史記・日者列傳》的，是由褚先生所補，觀其內容與司馬遷作此列傳之本意相去甚遠。〔註48〕所幸，近幾十年來考古工作的發現，出土了多種的《日書》，終於使我們有機會看到當時選擇術的部分面貌。

《日書》是古代「日者」選擇時日、占斷吉凶的參考書籍，內容涉及一般民眾日常生活的各個層面。目前考古發現的《日書》約有 10 餘種，以其時代排列，計有《九店楚簡・日書》、〔註49〕《放馬灘秦簡・日書甲種》、《放馬灘秦簡・日書乙種》、〔註50〕《睡虎地秦簡・日書甲種》、《睡虎地秦簡・日書乙種》、〔註51〕《周家臺三〇號秦墓簡牘・日書》、〔註52〕《阜陽漢簡・

---

〔註48〕《史記・太史公自序》：「齊、楚、秦、趙爲日者，各有俗。所用欲循，觀其大旨，作〈日者列傳〉第六十七。」

〔註49〕1981～89 年出土於湖北省江陵縣九店，釋文參見湖北省文物考古研究所、北京大學中文系編，《九店楚簡》，北京：中華書局（2000 年 5 月）。

〔註50〕1980 年出土於甘肅省天水放馬灘，分甲、乙兩種。甲種釋文參見秦簡整理小組，〈天水放馬灘秦簡甲種《日書》釋文〉，收錄於甘肅省文物考古研究所編，《秦漢簡牘論文集》（蘭州：甘肅人民出版社，1989 年 12 月），亦可見於初師賓主編，《中國簡牘集成，甘肅省卷，下》（蘭州：敦煌文藝出版社，2001 年 6 月）；乙種未見完整釋文，部分釋文參見何雙全，〈天水放馬灘秦簡綜述〉，《文物》1989 年第二期。

〔註51〕1975 年出土於湖北雲夢睡虎地，分甲、乙兩種。釋文參見《睡虎地秦墓竹簡》，北京：文物出版社（1990 年 9 月第一版，2001 年 11 月第二次印刷）。

〔註52〕1993 年出土於湖北荊州市關沮鄉周家臺三〇號秦墓，釋文見湖北省荊州市周梁玉橋遺址博物館編，《關沮秦漢墓簡牘》（北京：中華書局，2001 年 8 月）。

日書》、〔註53〕《江陵張家山漢墓‧日書》、〔註54〕《定縣八角樓漢墓竹簡‧
日書》、〔註55〕《武威漢簡‧日書》、〔註56〕《居延新簡‧日書》〔註57〕和《敦
煌漢簡‧日書》，〔註58〕時代從戰國中晚期到東漢末年。可見，戰國至秦漢
時期，日者們是相當活躍的。

　　由現行民間通行的黃曆，可以看出選擇術的形式，主要是以干支曆法為
基礎，附注以八卦、九星、二十八宿、十二直、六曜、干支五行，並根據年、
月、日、時各種神煞進行推算，尋找吉日吉時的一種數術。〔註59〕從目前考
古發現的《日書》之內容來看，這些選擇術的內容早在戰國、秦漢時期，即
已趨於完備了。

　　以干支記時的方式起源甚早，我們在殷墟甲骨的刻辭上，大多可發現刻有
干支的卜辭，並且還發現了兩種干支表。一種是三旬式，從甲子到癸巳，終而
復始；一種是六旬式，從甲子到癸亥，和現在的六十甲子完全一樣。（圖三七）
雖然，卜辭之內容有關吉凶，但當時干支似乎只用於記時，尚未與吉凶相聯繫。
不過，據連劭名之研究，當時已存有時日宜忌的選擇術。〔註60〕如此一來，選
擇術之淵源可謂非常久遠。

　　從古代文獻中，干支記時關涉吉凶，並加以避忌，至遲在西周時期即已
出現。據載夏、商兩代分別在乙卯、甲子日滅亡，因此周代忌子、卯日。《左
傳‧昭公九年》載：

---

〔註53〕1977 年出土於安徽阜陽雙古堆西漢墓，時代為漢文帝時期。目前未見釋文，
　　　　相關介紹見文物局古文獻研究室、安徽省阜陽地區博物館、阜陽漢簡整理組，
　　　　〈阜陽漢簡簡介〉，《文物》1983 年第二期。

〔註54〕1983～84 年出土於湖北江陵張家山，時代為漢初。目前未見釋文，相關介紹
　　　　見張家山漢墓竹簡整理小組，〈江陵張家山漢簡概述〉，《文物》1985 年第一期。

〔註55〕1973 年出土於河北定縣八角廊西漢墓，時代為漢成帝時期。目前未見釋文，
　　　　相關介紹見國家文物局古文獻研究室、河北省博物館、河北省文物研究所、
　　　　定縣漢墓竹簡整理組，〈定縣四○號漢墓出土竹簡簡介〉，《文物》1981 年第八
　　　　期。

〔註56〕1959 年出土於甘肅武威磨嘴子，時代為漢成帝時期。釋文見甘肅省博物館、
　　　　中國科學院考古研究所編，《武威漢簡》（北京：文物出版社，1964 年）。

〔註57〕1970 年代新獲居延漢簡的一部份。釋文見甘肅省文物考古研究所等編，《居延
　　　　新簡：甲渠候官》（北京：中華書局，1994 年）。

〔註58〕甘肅文物考古研究所，《敦煌漢簡》（北京：中華書局，1991 年 6 月）。

〔註59〕劉道超、周榮益，《神秘的擇吉——傳統求吉心理及習俗研究》（南寧：廣西
　　　　人民出版社，1992 年 11 月），頁 1。

〔註60〕連劭名，〈商代的日書與卜日〉，《江漢考古》1997 年第四期，頁 56～63。

圖三七：甲骨「干支記日」卜辭

Ｉ六旬式　　　　　　　　Ⅱ三旬式

資料來源：《甲骨文合集》，圖 37986、38017

> 晉荀盈如齊逆女，還，六月，卒于戲陽。殯于絳，未葬。晉侯飲酒，
> 樂。膳宰屠蒯趨入，請佐公使尊，而遂酌以飲工，曰：「女為君耳，
> 將司聰也。辰在子、卯，謂之疾日。君徹宴樂，學人舍業，為疾故
> 也。君之卿佐，是謂股肱。股肱或虧，何痛如之？」

杜預《注》云：

> 疾，惡也。紂以甲子喪，桀以乙卯亡，故國君以為忌日。

孔穎達《正義》亦云：

> 訓疾為惡，言王者惡此日，不以舉吉事也。

此外，《春秋公羊傳・莊公二十二年》亦載：

> 二十二年，春，王正月。肆大省。……大省者何？災省也。

何休《注》云：

> 謂子、卯日也。夏以卯日亡，殷以子日亡。先王常以此日省，吉事
> 不忍舉。又大自省，救得無獨有此行乎！

　　有關周人忌子、卯日之相關記載，亦見載於王充之《論衡・譏日篇》中，可互參。雖然以上所引之事例，並未明言西周時期即有此一時日禁忌，但對

照於西周時期的一些周人關於天命之言論,其「殷鑒不遠,在夏后之世」自我警惕的觀念,和此一以夏、商二代亡國之時日爲忌的情形,是完全吻合的。

　　無論是商代,或是西周時期,這種時日宜忌的選擇術,我們認爲應只在統治階層中流行。商代之占者,是爲王室服務自不需多論,西周時期的知識亦爲王官所掌握,而且從目前所發現的戰國、秦漢時期的《日書》,可以看出其中包含了許多天文曆算的知識。這些知識,在西周時期斷非一般平民所能學習、瞭解的。李零即認爲:

> 古代的日者之說最初是來源於官學,如《左傳》桓公十七年:「天子
> 有日官,諸侯有日御。日官居卿以底日,禮也。日御不失日,以授
> 百官于朝。」這種「日官」、「日御」應即「日者」的前身。〔註61〕

然而,東周時期封建秩序解紐,許多貴族流落民間。司馬遷在《史記・太史公自序》敘述其家世源流時,曾云:

> 司馬氏世典周史,惠、襄之間,司馬氏去周適晉。晉中軍隨會奔秦,
> 而司馬氏入少梁。自司馬氏去周適晉,分散或在衛,或在趙,或在
> 秦,其在衛者相中山,在趙者以傳劍論顯。

以司馬氏一族的情形,即可推知當時王官四散之狀況。這些破落的貴族,只得以其擁有之知識資本,傳授學生收取束脩以謀生。其中,選擇術的知識,亦在這種情形開始流傳於民間。一般民眾也爲了趨吉避凶,逃避政治、戰亂所帶來的禍殃,也對選擇術十分注意與信服。從而使得統治階級,亦不得不以此做爲統治人民的工具。〔註62〕

　　至於選擇術與風水術的關係,我們可以《睡虎地秦墓竹簡・日書》之內容即可看出。據學者統計,《睡虎地秦墓竹簡・日書》中有關建築與居住環境之時日和方位宜忌的內容,佔有相當大的份量。如以《日書甲種》而言,約有四分之一的竹簡是有關此類之記載。〔註63〕再者,若以後世風水術中之陰宅部分而言,即如唐人呂才在《五行祿命葬書論》中所云:

> 暨近代以來,加之陰陽葬法,或選年月便近,或量墓田遠近,一事

---

〔註61〕 李零,《中國方術考(修訂本)》(北京:東方出版社,2000年4月),第三章,
　　　　〈楚帛書與日書:古日者之說〉,頁178。

〔註62〕 林劍鳴即認爲,這些日禁之書最主要的功用,是做爲官吏們爲政治民的必備
　　　　工具。參見氏著,〈《日書》與秦漢時代的吏治〉,《新史學》第二卷第二期,
　　　　頁38。

〔註63〕 參見許信昌,《秦簡日書數術的探討》,頁90～91。

失所，禍及死生。巫者利其貨賄，莫不擅加防害。遂使《葬書》一
術，乃有百二十家，各說吉凶，拘而多忌。〔註64〕

除葬地的選擇外，埋葬時日的選擇亦是其中重要的一環。則《睡簡日書》中
有關葬時宜忌的內容，更為比比皆是。由此，風水術之形成與選擇術之關係，
自是不言可喻的。

此外，《漢書‧藝文志》數術類五行家所載錄之《堪輿金匱》十四卷，論
者亦以為與後世風水術有關。從其書名「堪輿」二字，與漢代日者流派中之
「堪輿家」相同，我們相信它的內容大抵類似於考古發現的《日書》，其中亦
包含有「風水術」之內容，由此亦可看出選擇術與風水術關係之密切。若是
對照《史記‧日者列傳》中日者之流派，則「五行家」中之《泰一陰陽》、《四
時五行經》、《陰陽五行時令》、《鍾律叢辰日苑》、《天一》、《泰一》等書，亦
可能與「風水術」有關。進一步而言，則甚至「五行家」所收錄之三十一家，
六百五十二卷，或許其部分內容亦有與風水術相關聯者。

後世論風水術者，往往將其區分為兩大派別。清人丁芮樸在《風水袪惑》
一書中即云：

風水之術，大抵不出形勢、方位兩家。言形勢者，今謂之巒體；言
方位者，今謂之理氣。唐宋時人，各有宗派授受，自立門戶，不相
通用。〔註65〕

形勢派之理論主要與土地、山脈、河流的走向、形狀和數量等自然環境有關；
理氣派則強調八卦干支、陰陽五行的生克及方位的重要性。〔註66〕我們認為，
它們的理論基礎，即分別源自於相人術與選擇術。

## 第三節　生態環境之破壞

先民們在選擇居住環境之時，很早就認識生態環境的重要性。此外，亦
瞭解生態環境的改變，連帶會造成嚴重的後果，甚至有亡國之虞。據《國語‧
周語上》記載：

幽王二年，西周三川皆震。伯陽父曰：「周將亡矣！夫天地之氣不失

〔註64〕引自【清】陳夢雷編纂，蔣廷錫校訂，《古今圖書集成》，第六八○卷，頁58251。
〔註65〕【清】丁芮樸，《風水袪惑》，收錄於顧廷龍、傅璇琮主編，《續修四庫全書，
　　　　子部，數術類》第一○五四冊，上海：上海古籍出版社，1995年），頁427。
〔註66〕參見程建軍、孔尚樸，《風水與建築》，頁12。

其序，若過其序，民亂之也。陽伏而不能出，陰迫而不能烝，於是
有地震。今三川實震，是陽失其所而鎮陰也。陽失而在陰，川源必
塞；源塞，國必亡。夫水土演而民用也，水土無所演，民乏財用，
不亡何待！昔伊、洛竭而夏亡，河竭而商亡。今周德若二代之季矣，
其川源又塞，塞必竭。夫國必依山川，山崩川竭，亡之徵也！」

「伊、洛竭」、「河竭」與「三川皆震」，為夏、商、西周三代亡國之徵，董仲
舒對此災異之事，曾提出其見解，云：

國家將有失道之敗，而天廼先出災害以譴告之。不知自省，又出怪
異以警懼之。尚不知變，而傷敗廼至。〔註67〕

這是從天人感應的角度來解釋災異發生的原因。但分析伯陽父所說之內容，
則是主張生態環境嚴重的破壞，是導致三代亡國的重要原因。因為水是人們
日常生活的必需品，「伊洛」、「河」、「三川」之於三代而言，可謂是其生命動
脈。因此，當生態環境變化，使得它們發生枯竭時，對於生存在周圍的人們
而言，是極大的災禍。若適逢當政者腐敗未能妥善處理時，極有可能造成動
亂，進而招致國家的滅亡。

「風水術」在戰國、秦漢時期逐漸形成的過程中，適值中國古代生態環
境急劇破壞的一個時期。造成生態環境破壞的原因頗多，其中包括有自然的
因素以及人為的作用。在自然、人為雙重因素夾擊而引發生態變化之餘，先
哲們提出了各種因應的環境保護理論。我們認為，「風水術」也是這種情形下
形成的。因此，本節首論引發生態環境破壞的原因，次論生態環境破壞與「風
水術」形成的關係。

## 一、氣候變化

中國古代的先民們普遍認為，反常的自然現象就是「災」。《左傳・宣公
十五年》即云：

天反時為災。

如果風調雨順，則不會有災害的發生。因此，自然因素是引起災害的主要原
因，如天體的運行、地殼的變化，這些都會對氣候的變化產生影響，從而引
發生態的連鎖反應，破壞人們正常的生活與生產。

---

〔註67〕語出《漢書・董仲舒傳》。

有關中國古代氣候之變遷，一些學者如蒙文通、竺可楨、胡厚宣、徐中舒、文煥然等人已做了相當程度之探討。他們開拓性的研究工作，已爲後來深入研究提供了重要的線索。以氣候的冷暖而言，先秦至秦漢時期的氣溫並非一成不變的。距今 5000～3000 年前，中國南北地區尤其是黃河流域年平均溫度較現在高 2℃左右，一月溫度大約比現在高 3～5℃，降雨亦較爲豐沛。〔註68〕大量考古發現和孢粉資料分析顯示，在新石器時期至夏、商王朝，黃河流域廣泛存在著反映溫暖氣候的闊葉林和大片竹林，到處活動著現今只存在於熱帶和亞熱帶地區的動物，如貜、象、獏、水牛、竹鼠等。〔註69〕

自商王朝晚期、西周初年，一直到西周末年結束，逐漸進入中國歷史上第一個寒冷期，前後持續約 200 年左右。《古本竹書紀年》記載：

> 孝王七年，冬，大雪雹。牛、馬死，江、漢俱凍。

長江、漢水凍結的情形，在以後的歷史中亦少見記載，可見西周時期的氣候的確處於一個極爲寒冷的時期。《孟子‧滕文公下》亦云：

> 周公相武王，誅紂、伐奄，三年討其君。驅飛廉于海隅而戮之，滅國者五十。驅虎、豹、犀、象而遠之，天下大悅。

亦說明西周初年，由於中原地區氣溫下降，使得犀、象等動物不得不往南遷徙。

自春秋時期開始至西漢中葉，中國的氣候又從寒冷轉爲溫暖，而且回暖之情形相當明顯。《左傳》中即有數年「正月無冰」之記載，顯示當時氣候溫暖的情形。〔註70〕由於氣候的溫暖，當時農作物之生產，甚至可達一年二穫。〔註71〕此外，西漢時黃河決口於瓠子，元封元年武帝下令砍淇園（今河南淇

---

〔註68〕 參見竺可楨，〈中國近五千年來氣候變遷的初步研究〉，《考古學報》1972 年第一期。亦收錄於宋鎭豪、段志洪主編，《甲骨文獻集成》（成都：四川大學出版社，2001 年 4 月），第三十二冊。頁 321～327。

〔註69〕 西安半坡村仰韶文化遺址中，發現有大量的竹鼠、貜等亞熱帶動物骸骨；安陽殷墟遺址中，發現大量的竹鼠、獐、象、獏和水牛等動物的遺骸。相關資料，見於李有恒、韓德芬，〈半坡新石器時代遺址中之獸類骨骼〉，收錄於中國科學院考古研究所、陝西省西安半坡博物館編，《西安半坡──原始氏族公社聚落遺址──》，〈附錄二〉，頁 255～269；楊鍾健、劉東生，〈安陽殷墟之哺乳動物群補遺〉，收錄於梁思永、夏鼐編輯，《中國考古學報，第四冊》（國立中央研究院歷史語言研究所，1949 年；台北：南天書局，1978 年 3 月再版），頁 145～153。

〔註70〕 分別見於桓公十四年、成公元年及襄公二十八年。

〔註71〕 《荀子‧富國》：「今是土之生五穀也，人喜治之，則畝數盆，一歲而再穫之。」

縣西北）的竹子以編筐裝石堵住決口；〔註72〕《史記・貨殖列傳》亦載：

> 蜀、漢、江陵千樹橘；……陳、夏千畝漆；齊、魯千畝桑、麻；渭
> 川千畝竹。

橘、漆、桑、麻、竹這些亞熱帶植物，現在只生長於南方。這些例證，均證明當時是處於一個溫暖的時期。

然而，自西漢中期開始，氣候就明顯變冷，頻頻出現嚴寒的現象。而東漢時期，這種現象更為嚴重，晚期甚至達到了峻絕酷烈的程度。〔註73〕例如王莽篡漢後，史載氣溫反常的記錄相當頻繁。在新莽政權十四年當中，受低溫困擾的時間即有七年之多。《漢書・王莽傳》即載：

> （天鳳元年）四月，隕霜，殺中木，海瀕尤甚。

> （四年八月）大寒，百官人馬有凍死者。

此外，自東漢時期，有幾年不但冬天嚴寒，甚至到晚春之時，國都雒陽還降霜下雪，凍死許多百姓。當時氣候嚴寒之程度，可見一斑。

王子今透過分析秦漢時期竹子、稻米、麥、大豆等植物種植區的變遷與二十四節氣的變化，並結合現代科學的考察，認為：秦漢氣候確實曾經發生相當顯著的變遷，大致在兩漢之際，經歷了由暖而寒的歷史轉變。他並引《後漢書・禮儀志中》「貙膢」劉昭注引《古今注》之記載：

> （明帝）永平元年六月乙卯，初立百官貙膢，白幕皆霜。

認為這一極端初霜記錄早於現今洛陽地區平均初霜日竟達82天。〔註74〕這種情況雖極為罕見，但在一定程度上亦可反映出東漢時期氣溫較低的歷史事實。竺可楨亦曾舉《三國志・魏書・文帝丕》：

> （黃初六年）冬十月，行幸廣陵故城，臨江觀兵，戎卒十餘萬，旌
> 旗數百里。是歲大寒，水道冰，舟不得入江，乃引還。

認為：這是我們所知道的淮河第一次有記錄的結冰，當時氣候已比現在寒冷。〔註75〕此事雖在三國時期，但去東漢未遠。綜合前述之內容，可以看出東漢時期的氣候確實是非常寒冷的。

---

〔註72〕事見《史記・河渠書》。

〔註73〕張文華，〈氣候變遷與中國古代史中的幾個問題〉，《丹東師專學報》2002年第三期，頁34。

〔註74〕王子今，〈秦漢時期氣候變遷的歷史學考察〉，《歷史研究》1995年第二期，頁4～13。

〔註75〕竺可楨，《竺可楨文集》（北京：科學出版社，1979年），頁481。

在構成人類生存環境的要素之中，氣候是極爲重要的一環。氣候變遷並不是一個孤立的自然現象，它所表現出來的氣溫與降水的變化，不僅直接決定著森林、農作物等植被的生長與分佈，而且影響著生態環境的水系、地貌、土壤、礦物等多種自然要素，進而影響著社會生態的各個層面。〔註76〕因此，氣候變遷不但直接影響人類的生存環境，還影響人類社會、歷史與文化的發展。尤其當氣候變冷或惡化時，各種自然災害往往有集中發生的趨勢，對生態環境破壞的程度，則是更加嚴重的。

## 二、土地開發

中國以農業立國，很早就認識到土地肥瘠與糧食作物豐欠的關係。先哲即提出「理民之道，地著爲本」、〔註77〕「人非土不立，非穀不食」〔註78〕的思想，說明人類不依賴土地就無法生存。因此，土地可謂萬物之源，衣食之本。古籍中對此相關之記載，不可勝數。《周易・離》云：

> 百穀草木麗乎土。

《周禮・地官司徒》唐賈公彥《疏》引鄭玄《目錄》之語：

> 地者，載養萬物。

《管子・水地》：

> 地者，萬物之本原，諸生之根菀也。

《黃帝內經素問・五運行大論》：

> 地者，所以載生成之形類也。

《白虎通》：

> 地者，元氣之所生，萬物之祖也。〔註79〕

> 地者，人之所妊也。〔註80〕

土地之重要性，不言可喻。而要自土地上生產糧食作物，以供日常生活所需，則必經土地之開發。

傳說中先民很早就因爲採集和狩獵不足供食而發展農業。宋人蘇轍在其

---

〔註76〕王玉德、張全明，《中華五千年生態文化》（武昌：華中師範大學出版社，1999年12月），頁730～731。

〔註77〕語出《漢書・食貨志》。

〔註78〕語出《白虎通・天地》。

〔註79〕見《白虎通・天地》。

〔註80〕見《白虎通・考黜》。

《古史》一書中即載：

> 炎帝神農氏，姜姓。以火德繼木爲火師，而火名，故曰「炎帝」；斷
> 木爲耜，揉木爲耒，教民稼穡，故曰「神農」。……其子柱能殖百穀、
> 百蔬，五帝之世，祀以爲稷。〔註81〕

可見中國農業發端相當早。在考古發掘中，屬於仰韶文化的西安半坡和河姆
渡文化的新石器時代遺址，都出土過數量可觀的農具和穀物。這些都證明了
中國的農業發展至少有6、7000年的歷史。

　　原始氏族社會時期，農耕的方式主要是在居址的周圍不斷地燒毀森林以獲
取生存的空間。此外，狩獵活動也是人類在農業生產未發達時期的生存手段之
一，而焚燒森林以捕獲野獸，也是當時的一種主要方式。這些方式對原始植被
有一定的破壞作用，但由於人口稀少、生產工具簡陋、活動範圍不大，其破壞
力有限，森林的更新能力往往大於這種破壞力。直到商王朝時期，這種焚田、
焚獵的活動，甲骨文中均有所記載。到了西周時期，《詩經》中有三個關於耕地
的專有名詞，即「菑」、「新」、「畬」。據《爾雅·釋地》之解釋，云：

> 田一歲曰菑，二歲曰新，三歲曰畬。

學者據此以爲西周時代土地的利用年限，一般不超過三年，當時可能仍處於
生荒用地制向熟荒用地制過渡的時期。甚至到了春秋時代，仍存有這種火耕
的方式。〔註82〕因此，當時中原及北方地區仍可看到「草木暢茂、禽獸繁殖」
〔註83〕的自然景觀。

　　自春秋、戰國時期開始，伴隨著農耕技術的進步、人口的增加、社會經
濟的發展和統治階層追求窮奢極慾的生活方式，許多山林藪澤遭到開墾和破
壞。尤其是鐵製農具的使用和牛耕的推廣，使得破壞的程度更形嚴重。其中
尤以鐵製農具的影響最爲重要。因爲當牛耕配合著鐵製農具之使用，才能發
揮其最大開發力與破壞力。

　　在中國農業發展史上，石、木、骨、蚌等材料製成的農具曾與青銅農具
同時並用了相當長的一段時期。而且，大部份的時間都是以石、木製爲主的
耒耜農具來開墾土地、種植莊稼。即使在使用青銅農具的時代裡，由於青銅

---

〔註81〕 【宋】蘇轍撰，《古史》（台北：臺灣商務印書館，《四庫全書珍本，六集》本，
　　　　　1976年），卷一，〈三皇本紀〉，頁16。

〔註82〕 《韓非子·內儲說上·七術》：「魯人燒積澤，天北風，火南倚，恐燒國。哀
　　　　　公懼，自將衆趣救火者。左右無人，盡逐獸而火不救。」

〔註83〕 語出《孟子·滕文公上》。

器較軟，其破壞力有限。當鐵製農具出現之後，情形則爲之一變。正如恩格斯所言：

> 鐵劍時代，但同時也是鐵犁和鐵斧的時代。鐵已在爲人類服務，它是在歷史上起過革命作用的各種原料中最後和最重要的一種原料。……鐵使更大面積的農田耕作，開墾廣闊的森林地區，成爲可能；它給手工業工人提供了一種其堅固和銳利非石頭或當時所知道的其它金屬所能抵擋的工具。〔註84〕

因此，即有學者認爲：

> 鐵器取代銅、石、木、蚌器成爲主要生產工具，標誌著社會生產力有了劃時代的發展，也是戰國經濟繁榮、出現百家爭鳴的興盛局面的物質基礎。〔註85〕

鐵器的出現，對人類歷史發展的貢獻，由此可見一斑。但是，也正由於鐵器的出現，亦擴大了生態環境的破壞。例如，戰國中期，因農業的發展加速了森林和草原的開拓，出現了「宋無長木」〔註86〕的情況。少數地區甚至出現缺乏薪柴的現象。

隨著土地的開發，森林、草原等天然植被已爲人工作物所取代。植被有涵養水源，調節氣候的作用，尤其是森林在這方面的作用更爲明顯。然而，中國古代歷史發展重心所在的黃河流域，由於黃土質地疏鬆，人工植被對水土之保持能力，無法和原生植被相比。因此，大量的開墾與原生植被的破壞，使得黃河流域水土流失逐漸嚴重。戰國時期，已有因水土流失，而造成水患之情形產生。〔註87〕至秦漢時期，黃河改道、決溢等水災即多達24次。例如，漢武帝元光三年，河決於瓠子。《史記‧河渠書》記載當時受災範圍云：

> 是時，山東被河菑，及歲不登數年，人或相食，方一、二千里。〔註88〕

黃河從此成爲一條災難之河，可見生態破壞所產生之惡果如此之鉅。

在農業生產的過程中，除了土地佔有絕對的重要性外，「水」的因素亦不

---

〔註84〕【德】恩格斯，《家庭、私有制和國家的起源》（台北：谷風出版社，1989年1月），頁183。

〔註85〕白壽彝，《中國通史》（上海：上海人民出版社，1994年6月），第三卷，〈上古時代〉上冊，頁688。

〔註86〕語出《戰國策‧宋策》。

〔註87〕《管子‧度地》中即將「水害」列爲「善爲國者必先除其五害」之首。

〔註88〕《漢書‧食貨志》則載受災之範圍，爲「方二、三千里」。

可忽略。正如《管子・禁藏》所言：

> 夫民之所生，衣與食也；食之所生，水與土也。

可見春秋、戰國時期的先哲們早就認識到「水」與農業生產的關聯。因此，興修水利成為當時列國之大事。《荀子・王制》即主張：

> 脩堤梁，通溝澮，行水潦，安水藏，以時決塞。

因此，列國在講求富國強兵，鼓勵耕戰之際，對於水利事業之興修，亦不遺餘力；同時，鐵製的工具，亦為大規模水利工程之興建，投供了最重要的物質條件。然而，誠如《漢書・溝洫志》所言：

> 蓋隄防之作，近起戰國，雍防百川，各以自利。齊與趙、魏以河為竟，趙、魏瀕山，齊地卑下，作隄去河二十五里。河水東抵齊隄，則西泛趙、魏；趙魏亦為隄，去河二十五里。雖非其正，水尚有所游盪。時至而去，則填淤肥美，民耕田之。或久無害，稍築室宅，遂成聚落。大水時至漂沒，則更起隄防以自救。稍去其城郭，排水澤而居之，湛溺自其宜也。

由於列國的各自為政，水利興修沒有整體之規劃，有時反而造成對生態環境的破壞。水利之興修，雖得其利，亦受其害。《戰國策・東周》所載「東周欲為稻，西周不下水」之情形與此相比，尚且微不足道。

此外，有時統治者錯誤的土地開發政策，亦會導致生態環境的破壞。其中以秦漢時期對北方、西北等草原地帶的屯墾，最具代表性。秦漢時期為對抗北方的匈奴，對以上地區採取移民實邊的政策。以農業生產方式為主的內地居民到達邊疆後，仍以農業種植為生。以邊郡九原、雲中等地為例，移民在此地大肆毀壞草原進行墾殖，與中原地區毀林墾荒相呼應，致使秦漢時期墾田數目激增，到西漢末年已有 227 萬餘頃。〔註 89〕此外，移民者亦在此處以放牧的方式，大規模地飼養牛、馬等家畜。《鹽鐵論・西域》所云：

> 是以西域之國，皆內拒匈奴，斷其右臂，曳劍而走，故募人田畜以廣用。長城以南、瀕塞之郡，馬、牛放縱，蓄積布野，未覩其計之所過也。

便是對於此一事實的描述。如此一來，勢必影響到當地生態之平衡。

這些墾荒、屯田的地區，原本之生態環境還不至於太惡劣。據史載，秦漢時期的河西走廊松柏茂密，生活在這裡的少數民族「逐水草遷徙，毋城郭

---

〔註 89〕數據來自《漢書・地理志》之統計。

常居耕田之業」，〔註90〕是個景色宜人的地方。但是，不可否認，它們的生態系統還是較爲脆弱，一旦地面原生植被遭到破壞，就有導致生態環境質量下降之可能，甚至出現災害。據學者推算，開荒一畝，可以引起草場退化、沙化三畝，可見盲目開墾草原其後果之嚴重性。〔註91〕加上這些地區經常戰爭頻仍，農耕、牧業在此交相進行，對當地生態環境的影響是不言可喻的。西北地區土地之沙漠化和黃河河患之不斷，無疑與墾荒政策有著密切的關係。東漢王符在《潛夫論・實邊》云：

> 夫士重遷，戀慕墳墓，賢不肖之所同。……諸亡失財貨，奪土遠移，
> 不習風俗，不便水土，類多滅門，少能還者。……太守令長，畏惡軍
> 事，皆以素非此土之人，痛不著身，禍不及我家，故爭郡縣以內還。
> 至遣吏兵，發民禾稼，發徹屋室，夷其營壁，破其生業，彊劫驅掠，
> 與其內人，捐棄贏弱，使死其處。……邊地遂以丘荒，至今無人。

即道出了墾荒政策的弊害。

再者，土地的開發，除了農業生產外，礦業之開採亦爲重要的活動。而礦業之開採與冶煉業的發展，無疑地也會加速生態環境的破壞。以商王朝爲例，商文化是以燦爛的青銅文化著稱於世，但它亦是建立在毀壞生態環境的基礎上。僅以出土於洹北武官村重達 875 公斤的司母戊大方鼎而言，要鑄造這個器物即需 7、80 個坩堝，每堝盛銅液 12 公斤，燒熔銅礦爲液體，全靠樹木，一件銅器需要少則幾千棵樹，多則一座山頭。則商代出土以千、萬數的青銅器，需要毀掉多少樹木、造成生態多大的破壞，可想而知。〔註92〕

誠如《鹽鐵論・禁耕》所云：

> 鐵器者，農夫之死士也。死士用則仇讎滅，仇讎滅則田野闢，田野
> 闢則五穀熟。

鐵製農具的普遍使用，加速了農業的開發；而農業的持續開發，亦促進了冶鐵業之發展。以漢代而言，全國設有鐵官 49 處。冶鐵業一方面提供墾荒所需的器具，使得許多山林牧地變成農田；另一方面因其有利可圖，冶鐵場遍及各地，而這些冶鐵場大多因礦而置。〔註93〕由《淮南子・本經訓》中描

---

〔註90〕語出《史記・匈奴列傳》。
〔註91〕竇伯菊，《生態學與人類生活》（內蒙古人民出版社，1983 年），頁 159。
〔註92〕王玉德、張全明，《中華五千年生態文化》，頁 49～50。
〔註93〕《鹽鐵論・禁耕》：「夫權力之處，必在深山窮澤之中。……故鹽鐵之處，大抵皆依山川、近鐵炭。」

述冶鐵熔銅之場景時，稱其「上掩天光，下畛地材」，可知其規模之巨，耗費木材之多。〔註94〕河南省鄭州市古滎鎮曾發現兩座漢代煉鐵高爐，日產生鐵1噸左右。據學者估計，漢代每煉鐵1噸，約需近2噸的礦石，8噸的木炭。〔註95〕由此可以推知，當時冶鐵業對生態環境之破壞情況有多麼嚴重。〔註96〕西漢時人貢禹曾云：

> 今漢家鑄錢，乃諸鐵官，皆置吏徒，攻山取銅、鐵，一歲功十萬人已上。……鑿地數百丈，銷陰氣之精，地藏空虛，不能含雲出氣，斬伐林木亡有時禁，水旱之災未必不繇此也。〔註97〕

即已點出了西漢時期由於礦產的開採與冶煉業之發展，對生態環境破壞之鉅與連帶產生災害之情形。

## 三、大興土木

　　春秋戰國時代在中國城市發展史上，是一個具有劃時代意義的階段，城市以前所未有的速度和規模大量地湧現。學者根據考古發掘的成果統計，以地處中原的河南省爲例，西周及其以前的城址總計不足30座，春秋戰國時的城址則一躍而至130餘座。〔註98〕同時，由於封建宗法禮制的營國制度遭到破壞，列國違制的情形亦不斷出現。即以已知始建於春秋中期以前的新鄭鄭韓故城、鳳翔秦都雍城、曲阜魯國故城等諸侯都城的面積，均在10平方公里以上，已相當或超過了洛陽東周王城的規模，燕下都之面積更是超過30平方公里。

　　城市的大量出現，對於生態環境是有其影響的。即以城牆之興築爲例，建造夯土城牆需使用大量的土方，城址附近原有的生態遭到破壞，是可想而知的。與此同時，統治階級的窮奢極慾，大興土木，對生態環境，尤其是「土」與「木」的破壞，則是更爲巨大的。《吳越春秋‧勾踐陰謀外傳》記載：

> 越王乃使木工三千餘人入山伐木。一年，師無所幸，作士思歸，皆

---

〔註94〕《鹽鐵論‧復古》亦云：「豪強大家，得管山海之利，采鐵石鼓鑄，煮海爲鹽，一家聚眾或至千餘人。」

〔註95〕劉彩雲，〈中國古代高爐的起源和演變〉，《文物》1978年第二期，頁21。有關古滎鎮漢代煉鐵高爐之發掘報告，可參見鄭州市博物館，〈鄭州古滎鎮漢代冶鐵遺址發掘簡報〉，《文物》1978年第二期，頁28～43。

〔註96〕漢代還有煮鹽以及私家採銅鑄錢，亦會加深生態環境之破壞。

〔註97〕語出《漢書‧貢禹傳》。

〔註98〕許宏，《先秦城市考古學研究》，頁127。

有怨望之心，而歌《木客之吟》。

當時吳王夫差戰勝了越國，並花費 9 年的時間修築姑蘇臺，打算繼續擴建時，越王勾踐派三千木工在山中尋找適合的木材，一年的搜索竟然毫無所獲，可見當時木材的資源已經告罄了。

　　秦漢的統治者奢侈嗜欲、大肆營建宮廷殿宇，更耗費了大量的森林資源。秦始皇早在統一六國的過程當中，就在咸陽大興土木，每亡一國就仿該國的宮殿樣式在咸陽北陂上興建同樣的宮殿榭宇。據《三輔黃圖》云：

> 咸陽北至九峻、甘泉，南至鄠、杜，東至河，西至汧、渭之交，東
>
> 西八百里，南北四百里，離宮別館相望聯屬。〔註99〕

可見其宮殿數量之多，超越前代。

　　滅六國之後，秦始皇對於咸陽城內宮苑園圃之興築，更是有增無減。即以司馬遷《史記》之記載，始皇曾「作信宮渭南」，後改信宮爲「極廟」，「自極廟道通酈山，作甘泉前殿」。又以「咸陽人多，先王宮廷小」爲藉口，效法周文、武二王，建立「帝王之都」，「乃營作朝宮渭南上林苑中」。其規模十分巨大，「可受十萬人。車行酒，騎行炙，千人唱，萬人和」，僅以其前殿阿房宮，「東西五百步，南北五十丈，上可坐萬人，下可建五丈旗。周馳爲閣道，自殿下抵南山。表南山之顛以爲闕。爲復道，自阿房渡渭，屬之咸陽，以象天極閣道絕漢抵營室也」。此外，興建驪山陵，便動用了五十萬的戍卒。僅以目前所發現的秦始皇兵馬俑之規模，即可推知整個始皇陵之規模是何等壯觀了。

　　秦始皇這種大興土木之行爲，對生態環境的破壞是不言可喻的。僅以修築阿房宮而言，其對生態所產生的負面影響就非常嚴重。據載，始皇曾令「發北山石椁，乃寫蜀、荊地材皆至」。北山乃關中盆地北部諸山，始皇修築阿房宮時，此地之森林資源迨已砍伐殆近，因此需遠至蜀、荊等地取材。唐代著名詩人李牧，在唐敬宗寶曆元年，爲了敬宗李湛廣修宮室、大興土木，置人民疾苦於不顧，感慨之餘，就借秦始皇修阿房宮之往事，創作出傳唱千古的《阿房宮賦》。其中有「蜀山兀，阿房出」〔註100〕之句，雖不免有誇大、杜撰之嫌，但其反映秦始皇大興土木對生態環境大肆破壞的意象，則是非常眞實的。

　　漢初併天下時，在秦代拆除列國城牆的歷史背景下，高祖即「令天下縣、邑城」，從而又掀起了一次大規模城市建設的高潮。而蕭何在興築京師長安城

---

〔註99〕不著撰人，張閏聲校，《校正三輔黃圖‧卷一‧咸陽故城》，頁3～4。

〔註100〕【唐】杜牧，《阿房宮賦》，收錄於【宋】姚鉉編，《唐文粹》，卷一，頁8。

時，其規模之大，佈局之宏偉，連漢高祖都要大爲吃驚。這些對於當時生態環境，必定有不小的影響。同時，除了統治階級之大興土木外，貴戚、豪強亦起而倣尤。《鹽鐵論・救匱》云：

> 故良田廣宅，民無所之；不恥爲利者滿朝市，列田畜者彌郡國。橫暴掣頓，大第巨舍之旁，道路且不通，此固難醫而不可爲工。

對此，王利器注云：

> 〈刺權篇〉：「宮室溢於制度，並兼列宅，隔絕閭巷。」與此所言正同。〔註101〕

此外，《潛夫論・浮侈》亦載：

> 其後京師貴戚，必欲江南檽梓豫章楩柟；邊遠下土，亦競相倣傚。夫檽梓豫章，所出殊遠，又乃生於深山窮谷，經歷山岑，立千步之高，百丈之谿，傾倚險阻，崎嶇不便，求之連日然後見之，伐砍連月然後訖，會眾然後能動擔，牛列然後能致水，油潰入海，連淮逆河，行數千里，然後到雒。工匠雕治，積累日月，計一棺之成，功將千萬。夫既其終用，重且萬斤，非大眾不能舉，非大車不能輓。東至樂浪，西至燉煌，萬里之中，相競用之。此之費功傷農，可爲痛心。

二者雖僅言兩漢時期貴戚豪族奢侈浮華，勞師動眾，大興土木之事，但對於生態環境之破壞，亦是可以想見的。

林劍鳴對於秦漢時期統治者奢侈浮華的宮廷建築爲貴族們所仿效的情形，曾有以下論述：

> 秦漢貴族府第之奢華，較先秦更甚，而東漢由於木結構樓閣建築的興起，尤爲達官貴人閹宦之流提供了爭奇鬥勝的條件。〔註102〕

由於大興土木，對林木的廣泛需求與使用，加速了秦漢時期對林木的砍伐。尤其是農業開發早、經濟發達和人口分布密集的平原地區，天然林木已趨枯竭，甚至出現林木匱乏的局面。如東方鄒、魯之地「無林澤之饒」，中原梁、宋之地「無山川之饒」。〔註103〕《鹽鐵論》不止一次地提及秦漢宮室對森林樹木消耗的情況，這些都是造成當時「材木不足用」〔註104〕的主要原因。東漢

---

〔註101〕王利器撰，《鹽鐵論校注・救匱》，頁401～405。

〔註102〕林劍鳴，《秦漢社會文明》（西安：西北大學出版社，1985年9月第一版，1998年6月第二次印刷），頁228。

〔註103〕語出《史記・貨殖列傳》。

〔註104〕語出《鹽鐵論・通有》。

靈帝修築宮室時，需遠取「太原、河東、狄道諸郡材木」，〔註105〕可見中原地區森林破壞的嚴重性。

## 四、戰爭破壞

　　戰爭對於生態環境的破壞，亦是想當然耳之事。一方面戰爭本身對於生態環境自會造成不良之影響，另一方面戰亂對於社會生產之影響，尤其是防災設施遭受破壞，進而使得災害接踵發生，造成更多的生態破壞。

　　春秋、戰國時代是個戰爭頻仍的時代。前引許倬雲之統計，春秋 259 年（西元前 722～464 年），《左傳》不記戰事的年份只有 38 年；戰國 242 年（西元前 463～222 年），《史記》不記戰事的年份也只有 89 年。而秦漢時期，戰爭之次數亦不亞於春秋、戰國。據學者統計：秦漢時期對南方的戰爭，由先秦時的 87 次增加到 168 次，而在北方，尤其是黃河流域諸地，僅陝西境內先秦時共發生 46 次戰爭，秦漢時期卻激增至 201 次。〔註106〕當時的生態環境，就在這些爲數眾多的戰爭之下，遭受嚴重的破壞。

　　戰爭對於生態之影響，主要表現在以下幾個方面。首先，在軍需整備的過程中，即會造成對生態環境的影響。例如，春秋時期之戰爭以車戰爲主，大國之兵車數量往往以「千乘」計，一個國家的強弱常以兵車的多寡來衡量。戰國時期騎兵興起，車戰雖不如春秋時期重要，但兵車的數量並未稍減，甚至有增加之趨勢。《孟子・梁惠王上》載孟子對梁惠王之語，云：

　　　　萬乘之國，弒其君者，必千乘之家；千乘之國，弒其君者，必百乘
　　　　之家。

即爲明證。兵車所需之材料主要爲木材，兵車數量眾多，對林木之消耗是很大的。此外，各種兵器亦需用到林木資源。例如戰士所用之戈、矛之柄、弓箭，均需消耗數量極爲龐大的木材。《左傳・僖公二十八年》對晉文公率「車七百乘」與楚進行城濮之戰，有著以下之記載：

　　　　晉侯登有莘之虛以觀師，……遂伐其木，以益其兵。

晉文公爲了作爲軍需軍備物資，而大肆砍伐有莘（今河南陳留）一帶的樹木，即可見戰爭對危害生態環境之程度。至於，戰士身上之鎧甲，手上握持的兵

---

〔註105〕語出《後漢書・宦官列傳・張讓》。
〔註106〕施和金編著，《中國歷史地理》（南京：南京師範大學出版社，1993 年），頁262。

器，需經冶煉打造，對礦產、林木等生態資源的消耗，亦極為可觀。

再者，戰爭本身對生態環境亦有極大的破壞力。司馬遷在《史記·魏世家》中載云：

> 秦七攻魏，五入囿中，邊城盡拔。文臺墮、垂都焚、林木伐、麋鹿盡，而國繼以圍。〔註107〕

已道出戰爭對生態之影響。

此外，春秋戰國時期，設置了許多「壅防百川，各以自利」的堤防。這些原為「水利」而建的設施，在戰爭期間，往往成為敵國利用的工具。各國為削弱鄰國的力量，而「以鄰為壑」的情形時有所聞。其中較著者，則為智伯率韓、魏以水攻趙之晉陽。《資治通鑑·周紀》對此事載云：

> 三家以國人圍而灌之，城不浸者三版。沈竈產鼃，民無叛意。智伯行水，魏桓子御，韓康子驂乘。智伯曰：「吾乃今知水可以亡人國也！」桓子肘康子，康子履桓子之跗，以汾水可以灌安邑，絳水可以灌平陽也。

又如，秦昭王二十八年，派白起大舉攻楚。白起引導鄢水（即長谷水）作長渠，引水灌鄢，水從城西灌到城東，造成楚人「死於城東者數十萬」。〔註108〕春秋戰國時期出現的水攻，無疑地具有巨大的破壞大。因此，也促使人們研究對付水攻之政略。講求「兼受非攻」的墨子，其有《墨子·備水》一篇，就是在這種歷史背景下出現的。

再者，秦漢時期對西北的移民實邊政策，即在戰爭的考量下施行的。在土地開發上所引發生態環境之破壞已如前述。而且，由於氣候、土壤等性質，這些地區之生態環境原本就較為脆弱，一旦受到長期戰爭的蹂躪，遭到破壞的植被很難在短時間內恢復的。因此，西北地區生態質量的下降，水土嚴重的流失，造成《潛夫論·實邊》中所言「邊地遂以丘荒，至今無人」的情況，長期戰爭所引發的生態環境破壞，是脫不了干係的。

總而言之，春秋、戰國以及秦漢時期，是中國歷史上生態環境嚴重破壞的一個時期。尤其是秦至西漢時期，破壞的程度最為嚴重。因此，論者有謂秦至西漢時期，是中國歷史上生態環境第一次惡化的時期。〔註109〕

---

〔註107〕《戰國策·魏策》亦有相同之記載。
〔註108〕事載《水經注·沔水》。
〔註109〕曲格平、李金昌，《中國人口與環境》（北京：中國環境科學出版社，1992年

　　生態環境被破壞的原因不一而足，它包括了氣候變化、土地開發、大興土木以及戰爭之破壞。誠如《管子·五輔》所言：

　　　　天時不祥，則有水旱；地道不宜，則有饑饉；人道不順，則有禍亂。

生態環境正是在「天、地、人」三者交相作用之下，愈形惡化的。尤其是統治階層諸多不當的舉措，往往是造成生態惡化最主要的原因。例如《文子》一書即云：

　　　　老子曰：「衰世之主，鑽山石、挈金玉、擿礧蜃、消銅鐵，而萬物不
　　　　滋；剖胎焚郊、覆巢毀卵，鳳凰不翔，麒麟不遊；構木爲臺、焚木
　　　　而畋、竭澤而漁、積壤而丘處、掘地而井飲、濬川而爲池、築城而
　　　　爲固、拘獸以爲畜，則陰陽繆戾、四時失序、雷霆毀折、雹霜爲害、
　　　　萬物焦夭，處於太半。〔註110〕

在此生態環境惡化、生物資源消滅的同時，先哲們由此體認到人類與自然萬物和諧相處的重要性。於是，各種生態保護的理論，有如雨後春筍般應運而出。〔註111〕然而，正如《荀子·天論》所言：

　　　　君子以爲文，而百姓以爲神。〔註112〕

對於同樣的事物，知識份子與一般平民的理解有著截然不同的區別。在知識份子們看來，生態環境的惡化、各種災難之產生，主要是由人爲所造成，只要奉行生態保護，這些情形會逐漸消弭；一般平民則認爲，災禍的產生，背後是有著神秘的力量在操縱著，要消除災禍，亦需以相同的方式來著手。此外，在民智未開的時期，僅用說教方式要人民遵守生態保護的規定，不一定能收取良好的功效，有時需要法律做後盾。《睡虎地秦墓竹簡》中除《日書》外，亦有許多法律條文，其中即有許多類似之規定。例如，《秦律十八種·田律》中明文規定：

　　　　春二月，毋敢伐材木山林及雍（壅）隄水。不夏月，毋敢夜草爲灰，
　　　　取生荔、麛卵鷇，毋□□□□□□毒魚鱉，置穽罔（網），到七月而

<hr>

〔註109〕　5月），頁11～14。
〔註110〕辛妍著，【宋】杜道堅纘義，《文子纘義》（上海：上海古籍出版社，1989年9月），卷十二，〈上禮〉，頁98～99。
〔註111〕有關此一時期的生態環境保護的理論，可參見王爾敏，〈先秦兩漢之自然生態保育思想〉，《漢學研究》第十卷第二期（1992年12月），頁1～26。
〔註112〕《晏子春秋》：「君子不犯非禮，小人不犯不祥。」其內涵與荀子所言相同，可互參。

縱之。〔註113〕

此和《孟子·梁惠王上》：

> 數罟不入洿池，魚鼈不可勝食也；斧斤以時入山林，材木不可勝用也。

以及《荀子·王制》所說的：

> 聖王之制也，草木榮華滋碩之時，則斧斤不入山林；不夭其生，不
> 絕其長也。

生態理論與法律條文，兩者有著異曲同工之妙。

　　但是，不可否認的，法律懲罰是為政者最後的選擇；而且，有時人民對法律之畏懼，不如鬼神來得深刻。因此用數術或宗教的力量，所獲致的效果反而可能更大。例如東漢時期的《太平經》中，生態環境保護的思想亦所在多有，但卻是以宗教信仰的方式表現出來：

> 四時之氣，天之按行也，而人逆之，則賊害其父；以地為母，得衣
> 食養育，不共愛利之，反賊害之。人甚無狀，不用道理，穿鑿地，
> 大興土功，其深者下及黃泉，淺者數丈。……今天不惡人有廬室也，
> 乃惡人穿鑿地太深，皆為創傷。或得地骨，或得地血者，泉是地之
> 血，石為地之骨。地是人之母，妄鑿其母，母既病愁苦，所以人固
> 多病不壽也。凡鑿地動土，入地不過三尺為法：一尺者，陽所照，
> 氣屬天也；二尺者，物所生，氣屬中和；三尺者及地身，氣屬陰。
> 過此而下者，傷地形，皆為凶也。古者依山谷巖穴，不興梁柱，所
> 以其人少病也；後世賊土過多，故多病也。〔註114〕

由於人民對鬼神等神秘力量的恐懼心理，往往勝過於法律之規定。因此，我們認為，「風水術」也是在這種情形下產生的。正如司馬遷在論六家要指時所言：

> 天下一致而百慮，同歸而殊塗。夫陰陽、儒、墨、名、法、道德，
> 此務為治者也。直所從言之異路，有省不省耳。〔註115〕

後世歸類於陰陽家的「風水術」，它的形成就是數術家們針對春秋、戰國、秦、漢以來，生態環境惡化的情形，所提出的解決之道（務為治），只不過它是採取「數術」的方式為之而已。

---

〔註113〕睡虎地秦墓竹簡整理小組編，《睡虎地秦墓竹簡》，頁20。
〔註114〕王明編，《太平經合校·起土出書訣》，頁115～121。
〔註115〕語出《史記·太史公自序》。

# 小　結

　　自古以來，先民們對於選擇適合的地點安居樂業，一直非常重視。正如漢代劉熙《釋名》所云：

　　　　宅，擇也，擇吉處營之也。〔註116〕

從甲骨卜辭中，我們可以看到殷王們在營建時，要經過占卜的過程，得吉兆後方可爲之；西周初年，營建東都雒邑時，亦是經過召公、周公反覆的占問，方才確定營建之地點。即可看出，人們對選址慎重其事的情形。

　　選址定居不完全僅靠占卜來決定。周人之先祖公劉之遷豳、古公亶父之遷周原，都是經過事前縝密的勘察之後才確定的。周人滅商之根基，也在此時奠定了基礎。《詩經・大雅・公劉》載公劉遷豳一事，云：

　　　　篤公劉，于胥斯原，既庶既繁，既順迺宣，而無永歎。陟則在巘，
　　　　復降在原。……逝彼百泉，瞻彼溥原。迺陟南岡，乃覯于京。……
　　　　既溥既長，既景迺岡。相其陰陽，觀其流泉，其軍三單。度其隰原，
　　　　徹田爲糧。度其夕陽，豳居允荒。

即可看出選擇居址之慎重。

　　然而，由於在相地擇居的過程中，卜筮仍是其中不可缺少的程序，因此雖然相地的行爲非常合乎科學，但是因爲占卜筮問的加入，亦增添了它的神秘性。此外，先秦時期都城屢遷的情形時有所聞。因此，在長期的經驗與知識的積累當中，使得人們發展出許多都城選址與規劃的理論。但是，人們往往將都城的遷移，與國運的隆衰劃上等號，有時也透過占卜的方式來預測。這些擇居營邑中的神秘色彩，無疑地使「風水術」有了萌芽的土壤。

　　再者，在發展農業生產的過程中，先民們也累積了許多農業生產的知識。由於農業生產本身，必須遵循土質、氣候、日月星辰的自然變化規律，故人們也開始積累有關這些規律的經驗知識，例如物候、土壤、地形、水文等等。此外，隨著醫學知識的發展，人們瞭解許多疾病的產生，與所居住的環境有著密切的關係。這些都使得人們對人地關係之影響，有著更深一層的認識。這些知識，無疑地爲人們的擇居，提供了參照的依據，使人們的擇居活動脫離了本能趨避的性質，而帶有理性的特徵。〔註117〕然而，在民智未開的時代裡，一般人民並不能完全瞭解其中的關聯性。因此，在由天（地）人合一、

─────────────────────

〔註116〕【漢】劉熙，《釋名・釋宮室》，頁84。
〔註117〕蔡達峰，《歷史上的風水術》，頁10。

畏天命、敬鬼神等觀念之制約下，人們把自然規律視為玄機莫測，相信冥冥之中，存在著某種的神秘力量。因此，這些農業、天文、地理以及醫學的知識，對於「風水術」的形成，提供了豐富的資源。

尤其是春秋戰國以來，是中國歷史上一個變動的時代。在此封建社會秩序解體的時代裡，政治的更迭、社會階層流動之迅速、戰爭的頻仍，都使得人們對於前途、命運，充滿著不確定的感覺。因此，如何趨吉避凶，即成為上自君王，下至庶民都汲汲追求的目標。這些都為各種數術，提供了發展的空間。其中，相人術與選擇術的出現與發展，是兩個非常重要的關鍵。它們為「風水術」的形成，提供了發展動力。相人術與選擇術，《漢書‧藝文志》中分屬於數術類中的「形法家」與「五行家」。在後世「風水術」的派別中，有所謂「形勢」和「理氣」二派，其淵源即分別來自於先秦時期的相人術與選擇術。

然而，「風水術」在以上各種因素的滋養之下，最後得以形成的原因，則與戰國、秦漢以來生態環境的破壞，有著密不可分的關係。由於牛耕技術的推廣、鐵器的大量使用，人們對於土地的開發能力為之增強。其間對於經濟發展，尤其是墾田與工礦業的成長，有其正面的影響。但是，在農、礦、工業發展的之餘，亦犧牲了不少的生態資源。而且，伴隨著戰爭的頻繁，以及統治階級錯誤的政策與追求窮奢極慾的生活方式，再加上氣候的變化，使得戰國、秦漢社會發展的背後，存在著一系列的生態環境問題：大量的草原、森林被濫墾、濫伐、水土流失、自然災害頻繁（特別是河患），生態條件受到了嚴重的破壞，進而影響到人民的身家性命。

當時已有許多知識子，認識到了生態惡化的原因及其後果。因此，各種生態保護的理論乃應運而生。但是，人民為了生活之需要，並無法完全遵守這些生態保護理論。《孟子‧告子上》曾云：

> 牛山之木嘗美矣！以其郊於大國也，斧斤伐之，可以為美乎？是其
> 日夜之所息，雨露之所潤，非無萌蘗之生焉。牛羊又從而牧之，是
> 以若彼濯濯也。

在此情形之下，生態環境的恢復無法收到預期之成效。因此，有時不得不借重於法律條文的約束與懲罰。《睡虎地秦墓竹簡》中的法律條文，即有許多關於生態保護之內容。

然而，法律之懲罰終非良策，唯有使人民從內心中拳拳服膺生態保護的思想，才是根本解決之道。因此，在敬天知命，畏懼鬼神的時代裡，或許從

宗教以及數術等神秘力量的約束，反而比法律來得更有效果。在東漢時代的《太平經》中，充滿著生態保護的觀念，就是最好的說明。而「風水術」之形成，也是爲了這個目的出現的。希望藉由人民畏天命敬鬼神的心理，達到生態環境保護的目的。

從考古發掘的《日書》中，我們可以發現爲動土興功、建造房子所設置的凶日忌日非常的多，只剩下爲數不多的日子可以利用。《睡簡·日書甲種》中的〈啻〉、〈室忌〉、〈土忌〉各篇，都是對動土興功時日禁忌之規定，例如：

> 土徹正月壬，二月癸，三月甲，四月乙，五月戊，六月己，七月丙，
> 八月丁，九月戊，十月庚，十一月辛，十二月乙，不可爲土攻（功）。……
> 春三月寅、夏巳、秋三月申，冬三月亥，不可興土攻（功），必死。
> 五月六月不可興土攻（功），十一月、十二月不可興土攻（功），必
> 或死。申不可興土攻（功）。〔註118〕

不僅每一個月都有動土忌日，而且把五、六、十一、十二等四個月份都作爲蓋房子的時間禁區，可見當時土木工程禁忌之綿密。〔註119〕對照於春秋、戰國，以及秦、漢時期統治者之窮奢極慾，大興土木，即可看出「風水術」形成的眞正目的之所在。而司馬遷在論述陰陽、儒、墨、名、法、道等這些自春秋戰國以來重要的學說要旨時，所稱的：

> 天下一致而百慮，同歸而殊塗。夫陰陽、儒、墨、名、法、道德，
> 此務爲治者也。直所從言之異路，有省不省耳。

其中「同歸而殊塗」、「務爲治」，可謂是對歸類於陰陽家的「風水術」形成原因之最好註解。

「高岸爲谷，深谷爲陵」語出《詩經·小雅·十月之交》，除用以敘述幽王之時因「三川皆震」所造成的生態環境的破壞外，亦爲後人引申爲政治地位上下變動劇烈之情況。這種生態環境的破壞，以及因政治變動造成社會階層流動，以致於使得人們對其未來充滿著不確定感，轉爲依附數術以祈趨吉避凶，正是本章所述風水術形成之主因。故而以此二句做爲章節之標題，或許正是對於風水術之所以形成的最好註解。

---

〔註118〕《睡虎地秦墓竹簡·日書甲種》，頁196。
〔註119〕吳小強，《秦簡日書集釋》（長沙：岳麓書社，2000年7月），頁83。

# 第五章　結　語

　　李零透過對考古資料與文獻之縝密研究，認為中國文化始終存在著兩條基本路線，不可偏一而廢。其云：

　　　　（先秦）七類官學，其知識可大別為兩類。一類是以天文、曆算和各種占卜為中心的數術之學，以醫藥養生為中心的方技之學，……主要與現在所說的科學技術和宗教迷信有關；另一類是以禮制法度和各種簿籍檔案為中心的政治、經濟和軍事知識。春秋戰國時期的諸子之學，從知識背景上講也可分為兩大類，一類是以詩書禮樂等貴族教育為背景或圍繞這一背景而爭論的儒、墨兩家；另一類是以數術方技等實用技術為背景的陰陽、道兩家以及從道家派生的法、名兩家。秦漢以後的中國本土文化也分兩大系統，即儒家文化和道教文化。儒家文化不僅以保存和闡揚詩書禮樂為職任，還雜採進刑名法術，與上層政治緊密結合；而道教文化是以數術方技之學為知識體系，陰陽家和道家為哲學表達，民間信仰為社會基礎，結合三者而形成，在民間有莫大勢力。〔註1〕

可見方術是中國傳統文化重要的組成部份。自古以來，人們對於施政方略、用兵作戰、擢拔人才、赴考求官、貨殖謀利，乃至婚姻嫁娶、造屋築墳，自帝王貴族至於黎民百姓，無不求助於方術而企圖趨吉避凶。不了解各類方術的具體內涵與來龍去脈，就不可能深刻理解古代中國思想文化和社會風俗的獨特面貌與內在涵義。〔註2〕

---

〔註 1〕李零，《中國方術考（修訂本）》（北京：東方出版社，2000 年 4 月），頁 14。
〔註 2〕張榮明，《方術與中國傳統文化》，〈自序〉，頁 1。

作為中國古代數術之一的風水術，是一門關於相宅相墓，尋找吉祥地點的數術，它主要的內容是指導人們如何去選擇住宅和墳墓的位置、朝向、格局，以及確定營建的時間。正如《鶴林玉露》所言：

> 古人建都邑、立室家，未有不擇地者！〔註3〕

在一定程度上，它影響著建築的規劃佈局和設計施工，在中國古代流傳極為廣泛。它最初是從古人相地的基礎上，逐漸演變而來的。古代先民在尋找居址時，為了躲避風雨、毒蛇野獸、洪水、敵人等天災人禍之侵擾，並且發展農業、延續種族，如何選擇適當、安全之地點，以營建聚落都邑，便成為至關重要之大事。因此，相地最初僅涉及宅邑的選址定向，考察哪些地方適合人們生產、生活，以便安居樂業。無論理論和方法都比較簡單，主要是考量地理、氣候等環境因素與人們的居住環境相協調，所以具有較多的實證性與科學性。

先秦至兩漢時期的先民們，不但重視居住地點之選擇，甚至認為人們的健康、性格亦與居住環境有關。例如《黃帝內經素問·異法方宜論》即云：

> 東方之域，天地之所始生也，魚鹽之地、海濱傍水，其民食魚而嗜鹹，皆安其處、美其食。魚者使人熱中，鹽者勝血，故其民皆黑色疏理，其病皆為癰瘍。……西方者，金玉之域、砂石之處、天地之所收引也。其民陵居而多風，水土剛強，其民不衣而褐薦。其民華食而脂肥，故邪不能傷其形體，其病生於內。……北方者，天地所閉藏之域也。其地高陵居、風寒冰冽，其民樂野處而乳食，藏寒生滿病。……南方者，大地所長養，陽之所盛處也。其地下、水土弱、霧露之所聚也。其民嗜酸而食胕，故其民皆緻理而赤色，其病攣痺。……中央者，其地平以濕、天地所以生萬物也眾。其民食雜而不勞，故其病多痿厥寒熱。

這種觀念並非中國所獨有，西元前第五世紀希臘的「醫學之父」希波克拉底斯（Hippocrates）曾寫過《空氣、水與環境》一文，其云：

> 高地上多山、多石、多水的地方，氣候的變化相當繁複，故而當地的居民為了適應環境，便趨向於體軀魁梧，勇敢堅毅。水草密佈的低濕窪地上，居民通常是暴露在暖風裡，而很少受到冷風，所飲的

---

〔註 3〕 【宋】羅大經撰，《鶴林玉露》（台北：臺灣開明書店，1975 年 4 月臺三版），卷六，頁 14。

亦是溫水,所以與高地居民恰恰相反,他們的體軀不肥不瘦,結實
多肉、黑髮茂密、臉色深沉而不蒼白,體質上是膽汁多而痰液少。
在他們內在的稟賦中,勇敢與堅忍不是固有的品性,但也可以經由
體質的訓練而培養出來。……而高地上峰巒起伏、大風呼嘯、水量
充分的地方,則居民體軀龐大、個性不強,具有軟弱而溫馴的品
性。……在大部份的事例中,我們均可以見到,人類的身體與性格,
是隨地域的特性而轉移的。〔註4〕

然而,由於希臘人強調征服自然的民族性,與古代中國人講求順應自然的觀
念截然不同,使得風水術只可能產生於中國。

自春秋戰國時期開始,由於政治、經濟與社會上之大變動,提供了數術得
以發展之養分。尤其是面對著生態環境的嚴重破壞,諸子百家紛紛提出解決之
道,各種生態保護之理論,就是在這種情形下大量出現。風水術便在這種強調
天地人和諧相處、保護環境生態的歷史背景下產生的。此時,陰陽家在相術、
選擇術等數術之基礎上,結合陰陽五行、八卦干支等觀念,使得單純的相地、
卜宅等方法逐漸朝著數術的方向發展。尤其到了秦漢時期,不但有了「地脈」
觀念、有了專門記述風水術的數術之書籍,甚至日後風水術「形勢派」、「理氣
派」兩大流派亦見萌芽;同時在「葬先蔭後」觀念之支配下,亦施行於墓葬地
點與營建時日之選擇上。因此,風水術至此可說業已形成、完備了。

風水術形成之後,由於它迎合了世俗人們趨吉避凶的心理,因此上起帝
王,下迄黎民百姓,大多對其深信不疑。大自都城、市鎮,小至村落、墳壟,
都有風水術施行的影子。甚至許多碩望大儒亦趨之若鶩,對其懷有極大的興
趣。其中尤以朱熹最具代表。其云:

葬之為言藏也,所以藏其祖考之遺體也。以子孫而藏其祖考之遺體,
則必致其謹重誠敬之心,以為安固久遠之計。使其形體全而神靈得
安,則子孫盛而祭祀不絕,此自然之理也。是以古人之葬必擇其地,
而卜筮以決之。不吉,則更擇而再卜焉。……其或擇之不精,地之
不吉,則必有水泉、螻蟻、地風之屬以賊其內,使其形神不安,而
子孫亦有死亡絕滅之憂,甚可畏也!〔註5〕

〔註4〕 譯文部份,參見【英】湯恩比著,陳曉林譯,《歷史研究》(台北:桂冠圖書
公司,1984年4月四版),頁188。
〔註5〕 【宋】朱熹,《朱文公文集》(台北:臺灣商務印書館,《四部叢刊正編》本,

但是，風水在長期發展的過程中，囿於科學發展水準和封建文化思想的影響，染上了大量的迷信色彩，導致了實踐方法上的某些偏差。〔註6〕因此，隨著風水術的流傳，亦產生了一些弊病。誠如司馬遷在《史記・太史公自序》中對於陰陽家之評論：

> 嘗竊觀陰陽之術，大祥而眾忌諱，使人拘而多所畏。然其序四時之大順，不可失也。

人們往往僅重視風水術中吉凶禁忌之細節，而忽略其對生態環境維護之目的。因此，遭受到許多知識份子之批判。

對風水術展開批判之先鋒，首推東漢時期的王充。王充在其所著的《論衡》一書中，抨擊風水術的思想散見於〈四諱篇〉、〈調時篇〉、〈譏日篇〉、〈難歲篇〉、〈詰術篇〉等篇章中。此後，批判風水術者歷代均不乏其人。例如，北宋司馬光曾論述了當時迷信地理風水所產生的不良後果。其云：

> 今人葬不厚於古，而拘於陰陽禁忌則甚焉。古者雖卜宅、卜日，蓋先謀人事之便，然後質諸著龜。庶無後艱耳，無常地與常日也。今之葬書，乃相山川岡畎之形勢，考歲月日時之支干，以爲子孫貴賤貧富壽夭賢愚皆繫焉。非此地、非此時，不可葬也。舉世惑而信之，於是喪親者往往久而不葬。問之，曰：「歲月未利也！」又曰：「未有吉地也！」又曰：「遊宦遠方未得歸也！」又曰：「貧未能辦葬具也！」至有終身累世而不葬，遂弃失尸柩不知其處者。嗚呼！可不令人深歎愍哉？」〔註7〕

程頤亦云：

> 卜其宅兆，卜其地之美惡也，非陰陽家所謂禍福者也。地之美者，則其神靈安、其子孫盛，若培壅其根而枝葉茂，理固然矣。地之惡者，則反是。……父祖子孫同氣，彼安則此安，彼危則此危，亦其理也。而拘忌者，惑以擇地之方位，決日之吉凶，不亦泥乎？甚者不以奉先爲計，而專以利後爲慮，尤非孝子安厝之用心也。〔註8〕

1979 年 11 月臺一版），卷十五，〈山陵議狀〉，頁 229。
〔註6〕 劉沛林，《理想家園——風水環境觀的啓迪》，頁 29。
〔註7〕 【宋】司馬光，《司馬文正集》（台北：臺灣中華書局，《四部備要》本，1966 年 3 月臺一版），卷十三，頁 7a～7b。
〔註8〕 【宋】程顥、程頤，《二程子抄釋》，收錄於【明】呂柟抄釋《宋四子抄釋》（台北：世界書局，1962 年 4 月），卷九，〈葬說〉，頁 224。

張亮采於《中國風俗史》一書中，更總結風水術之流弊及其對國計民生之影響，其云：

> 相墓之術，多緣飾陰陽家言，後世惑之，以爲窮達壽夭，皆卜葬所致。於是趨吉避凶，有久淹親喪不葬者、有旣葬失利而改卜者、有謀人宅兆而遷就馬鬣者。嗚呼！藉骨之朽以蔭家之肥，已爲不仁不智矣；又況迷信龍脈風水，山川封禁至數十里，富有礦產而不之開，不但爲東西文明國人所竊笑，抑亦富強政策之一大阻力也。〔註9〕

可見風水流弊之影響如何地深遠。

雖然風水術產生了許多流弊，尤其是停柩不葬更是爲人所詬病。但是，千百年來，風水模式在中國大地上鑄造了一件件令人贊嘆不已的人工與自然環境和諧統一的作品，形成了中國人文景觀的一大特色，並成爲我們深入研究中國人理想環境模式的重要依據。〔註10〕特別是在 20 世紀中葉，當西方人在征服自然的道路上，西方社會飽受工業化進程，破壞了生態環境而危及人類自身生存，造成人與環境相對立的困境之餘，西方人才發現東方尤其是中國文化中講求天人合一，順乎自然的天命觀，可以作爲西方危機的對症良方。西方學者重新回過頭來審視中國風水，並掀起了中國風水研究熱。

法國漢學家雅克‧勒穆瓦納曾云：

> 如果說只有一個專題在吸引著西方漢學家的話，那麼這就是風水。〔註11〕

英國學者李約瑟在《中國的科學與文明》一書中亦曾評述說：

> 在許多方面，風水對中國人民是有益的，如它提出種樹木和竹林以防風，強調流水近於房屋的價值。雖在其它方面十分迷信，但它總是包含著一種美學成分，遍及中國農田、居室、鄉村之美，不可勝收，皆可藉此得以說明。〔註12〕

此對於傳承數千年的中國風水術而言，無疑是相當中肯的評價。

此外，俞孔堅曾總結西方對中國風水術研究的情形。他認爲：西方對風水

---

〔註9〕 張亮采編著，《中國風俗史》，第三編，〈浮靡時代〉，頁 111。

〔註10〕 俞孔堅，《景觀：文化，生態與感知》（台北：田園城市文化，1998 年 5 月），頁 173。

〔註11〕 一丁、雨露、洪涌，《中國古代風水與建築選址》，頁 300。

〔註12〕 譯文可參考范爲編譯，〈李約瑟論風水〉，收錄於王其亨主編，《風水理論研究》，頁 273

的關注和研究至今已有 130 年的歷史。最初絕大多數早期基督教傳教士和殖民
者都把風水斥為巫術和迷信。由於風水是所有近現代工程的最大障礙，因而為
他們所深惡痛絕，導致了大量珍貴的風水典籍被他們銷毀。到了 20 世紀，情況
則大不相同，隨著人們對全球環境與生態危機的關注，風水說不但吸引了越來
越多的西方學者，而且地位也越來越高。有些學者把風水視為一種「宇宙生態
學」（Astro-ecology），認為擇居（風水）理論是以人地關係，甚至是人與宇宙
關係為基礎的，肯定了風水概念中強調人與環境的關係哲學。〔註13〕由此可見，
在環境問題日益嚴重的今天，風水術中有關人地和諧、尊重環境的思想，引起
了人們廣泛地注意，並給予正面的評價。

　　任何一種風俗習慣或學說、學術的產生，必有其根源。從以上之論述可
以得知，風水術之所以形成的最主要原因，是當時面對生態環境之嚴重遭受
破壞之餘，陰陽家們所採用的一種解決對策。正如，《晏子春秋·內篇雜下》
所言：

　　　　君子不犯非禮，小人不犯不祥。

此雖為儒家者流之言，然而人同此心，心同此理，尤其是儒家之理論往往過
於理想，實際上「趨吉避凶」不僅為一般人民所追求及嚮往，甚至連在上位
者以及知識份子對此亦抱著同樣的態度，只不過是不明白表示罷了。因此，
陰陽家們就是利用人們普遍畏懼災禍，希望能趨吉避凶、遇難呈祥的心理，
透過風水術中種種吉凶宜忌之規定，減少人們對生態環境之破壞，進而達到
恢復環境生機之目的。孫保羅（Paul Sun）在 1982 年「紐約太陽村會議」上
曾報告說：

　　　風水世界觀可溯源於對天文地理的仰觀俯察，也包含著深奧的精神
　　　感應。這是一種堪天輿地，與大自然和諧、協同的方法，從而使居
　　　住者及其子孫能在其聚居處擁有平實的生活。風水明確肯定，房屋
　　　建築、園林及至墓地等，要擇地選址，要與地形地貌和風的運作相
　　　聯繫，在所謂潛在的凶兆威脅的後面，風水的鮮明生態實用性，被
　　　包上了迷信外衣，而這種迷信，卻使風水成為限制愚昧農民濫用土
　　　地的權威。〔註14〕

---

〔註13〕俞孔堅，《理想景觀探源——風水的文化意義》，頁 15～17。

〔註14〕引自亢羽，《易學堪輿與建築》（北京：中國書店，1999 年 1 月第一版，2001
　　　　年 1 月第二次印刷），頁 195。

其中「風水成爲限制愚昧農民濫用土地的權威」一語，正是風水術產生原因與目的之最佳詮釋。正如俞孔堅在研究風水的文化意義時，所提出的見解：

> 不是風水說導出了中國人的理想模式（景觀模式），相反，是中國人內心深處和文化深處的那種理想景觀模式，引發了風水說關於風水理想的直覺思辯，進而附會一整套基於中國氣哲學的解釋體系。〔註15〕

我們也可以說：不是因爲風水術使得生態環境得以維護，相反的，風水術就是爲了保護生態環境才產生的，只不過爲了使一般大眾遵循實踐，才附以鬼神吉凶等神秘因素。

　　雖然風水術在長期的流傳中，迷信的色彩愈形濃厚，造成了許多弊病之產生。但是，中國傳統風水觀念所信仰和追求的天人合一，講究人與自然和諧相處，把宇宙大地視爲一個自然有機體的思想，正是現代和未來生態學所追求的目標。作爲一種根深蒂固的文化現象，風水術不僅在中國有廣泛影響，而且還流傳海外，風水思想可謂深入民心。尤其是隨著整個地球生態環境的危機中，全球對於中國風水學說更加地重視與肯定。

　　因此，當我們認識到風水術形成的原因之後，更應回歸其形成時之初衷。尤其是當人類對生態環境大肆破壞，造成各種天災、怪疫層出不窮的今日，如何祛除風水思想的迷信成份，以及後世因不瞭解風水術之原意而產生之流弊，發揮其對於生態環境保護之積極功能，爲人類之永續生存與發展貢獻一份力量，正是我們研究此一課題之最大目的。

---

〔註15〕俞孔堅，《理想景觀探源——風水的文化意義》，頁129。

# 參考書目

## 一、古籍部份（含後人注疏）

1. 《周易正義》，【魏】王弼、韓康伯注，【唐】孔穎達等正義，上海：上海古籍出版社，1990 年 12 月。

2. 《尚書正義》，【漢】孔安國傳，鄭玄注，【唐】孔穎達等正義，上海：上海古籍出版社，1990 年 12 月。

3. 《毛詩正義》，【漢】毛公傳，鄭玄箋，【唐】孔穎達等正義，上海：上海古籍出版社，1990 年 12 月。

4. 《周禮注疏》，【漢】鄭玄注，【唐】賈公彥疏，上海：上海古籍出版社，1990 年 12 月。

5. 《儀禮注疏》，【漢】鄭玄注，【唐】賈公彥疏，上海：上海古籍出版社，1990 年 12 月。

6. 《禮記正義》，【漢】鄭玄注，【唐】孔穎達等正義，上海：上海古籍出版社，1990 年 12 月。

7. 《論語注疏》，【魏】何晏注，【宋】邢昺疏，上海：上海古籍出版社，1990 年 12 月。

8. 《孟子注疏》，【漢】趙岐注，【宋】孫奭疏，上海：上海古籍出版社，1990 年 12 月。

9. 《春秋左傳正義》，【晉】杜預注，【唐】孔穎達等正義，上海：上海古籍出版社，1990 年 12 月。

10. 《春秋公羊傳注疏》，【漢】何休注，【唐】徐彥疏，上海：上海古籍出版社，1990 年 12 月。

11. 《春秋穀梁傳注疏》，【晉】范寧注，【唐】楊士勛疏，上海：上海古籍出版社，1990 年 12 月。。

12. 《爾雅注疏》，【晉】郭璞注，【宋】邢昺疏，上海：上海古籍出版社，1990年12月。

13. 《逸周書彙校集注》，黃懷信、張懋鎔、田旭東，上海：上海古籍出版社，1995年12月。

14. 《世本》，佚名撰，周渭卿點校，收錄於《二十五別史》，濟南：齊魯書社，2000年5月。

15. 《國語》，上海師範大學古籍整理研究所校點，上海：上海古籍出版社，1988年3月。

16. 《古本竹書紀年輯校》，【清】朱右曾輯錄，王國維校補，台北：世界書局，1977年12月三版。

17. 《戰國策》，【西漢】劉向集錄，上海：上海古籍出版社，1985年3月第二版，1988年1月第二次印刷。

18. 《史記》，【漢】司馬遷，台北：鼎文書局，1987年11月九版。

19. 《漢書》，【東漢】班固，台北：鼎文書局，1979年2月二版。

20. 《後漢書》，【南朝宋】范曄，台北：鼎文書局，1981年4月四版。

21. 《三國志》，【晉】陳壽撰，【宋】裴松之注，台北：鼎文書局，1984年6月五版。

22. 《吳越春秋輯校匯考》，【東漢】趙曄撰，周生春匯考，上海：上海古籍出版社，1997年7月。

23. 《越絕書》，【東漢】袁康、吳平輯錄，上海：上海古籍出版社，1985年10月第一版，1992年3月第二次印刷。

24. 《舊唐書》，【後晉】劉昫，台北：鼎文書局，1985年2月四版。

25. 《新唐書》，【宋】歐陽修、宋祁，台北：鼎文書局，1981年。

26. 《老子校釋》，朱之謙撰，北京：中華書局，《新編諸子集成，第一輯》，1984年11月第一版，1996年8月第四次印刷。

27. 《管子》，【唐】房玄齡注，【明】劉績補，收錄於《二十二子》，台北：先知出版社，1976年10月。

28. 《晏子春秋集釋》，吳則虞撰，台北：鼎文書局，1977年3月再版。

29. 《墨子校注》，吳毓江，重慶：西南師範大學出版社，1992年8月。

30. 《孫子十家注》，【魏】曹操等注，台北：世界書局，1984年3月再版。

31. 《莊子集釋》，【清】郭慶藩撰，王孝魚點校，北京：中華書局，《新編諸子集成，（第一輯)》，1961年7月第一版，1997年10月第八次印刷。

32. 《文子纘義》，辛妍著，【宋】杜道堅纘義，上海：上海古籍出版社，1989年9月。

33. 《荀子集解》，【清】王先謙撰，沈嘯寰、王星賢點校，北京：中華書局，

《新編諸子集成，(第一輯)》，1988 年 9 月第一版，1997 年 10 月第四次印刷。

34. 《韓非子集釋》，陳奇猷校注，台北：河洛圖書出版社，1974 年 9 月再版。

35. 《呂氏春秋集釋》，許維遹撰，台北：世界書局，1988 年 4 月四版。

36. 《山海經校注》，袁珂校注，上海：上海古籍出版社，1980 年 7 月第一版，1991 年 1 月第四次印刷。

37. 《淮南鴻烈集解》，劉文典撰，馮逸、喬華點校，北京：中華書局，《新編諸子集成，(第一輯)》，1989 年 5 月第一版，1997 年第二次印刷。

38. 《春秋繁露義證》，蘇輿撰，北京：中華書局，《新編諸子集成 (第一輯)》，1992 年 12 月第一版，1996 年 9 月第二次印刷。

39. 《宅經》，【舊題】黃帝撰，收錄於《四庫數術類叢書，六》，上海：上海古籍出版社，1991 年 2 月第一版，1991 年 7 月第三次印刷。

40. 《黃帝內經素問集注》，【清】張隱庵集注，上海：上海科學技術出版社，1959 年 9 月新一版，1991 年 9 月第四次印刷。

41. 《黃帝內經靈樞譯解》，楊維傑編譯，台北：志遠書局，1976 年 7 月初版，1999 年 9 月第十三版。

42. 《論衡校釋》，【東漢】王充撰，黃暉校釋，北京：中華書局，《新編諸子集成，第一輯》，1990 年 2 月。

43. 《釋名》，【漢】劉熙撰，北京：中華書局，《叢書集成初編》本，1985 年北京新一版。

44. 《大戴禮記解詁》，【清】王聘珍撰，台北：世界書局，1966 年 3 月再版。

45. 《白虎通疏證》，【東漢】班固撰，【清】陳立疏證，吳則虞點校，北京：中華書局，《新編諸子集成，第一輯》本，1994 年 8 月。

46. 《鹽鐵論校注》，【漢】桓寬著，王利器校注，北京：中華書局，《新編諸子集成，(第一輯)》，1992 年 7 月第一版，1996 年 9 月第二次印刷。

47. 《太平經合校》，王明編，北京：中華書局，1960 年 2 月第一版，1985 年 11 月第三次印刷。

48. 《說文解字注》，【漢】許慎撰，【清】段玉裁注，上海：上海古籍出版社，1988 年 2 月第二版，1995 年 1 月第七次印刷。

49. 《潛夫論箋校正》，【漢】王符著，【清】汪繼培箋，彭鐸校正，北京：中華書局，《新編諸子集成，(第一輯)》，1985 年 9 月第一版，1997 年 10 月第二次印刷。

50. 《風俗通義校注》，【漢】應劭撰，王利器注，台北：漢京文化，1983 年 9 月。

51. 《管氏地理指蒙》,【舊題魏】管輅撰,收錄於【清】陳夢雷編纂,蔣廷錫校訂,《古今圖書集成》,中華書局‧巴蜀書社,1985 年 10 月。

52. 《葬書》,【舊題晉】郭璞撰,收錄於【清】紀昀等總纂,《景印文淵閣四庫全書,第八○八冊》,台北:臺灣商務印書館,1983 年 10 月。

53. 《校正三輔黃圖》,不著撰人,張閬聲校,收錄於楊家駱主編,《大陸各省文獻叢刊第一集第六冊》,台北:世界書局,1963 年 11 月。

54. 《帝王世紀》,【晉】皇甫謐撰,陸吉點校,收錄於《二十五別史》,濟南:齊魯書社,2000 年 5 月。

55. 《博物志校證》,【晉】張華撰,范寧校證,台北:明文書局,1984 年 7 月再版。

56. 《華陽國志》,【晉】常璩撰,台北:世界書局,1967 年 9 月再版。

57. 《抱朴子內篇校釋》,【東晉】葛洪撰,王明校釋,北京:中華書局,1985 年 3 月第二版,1988 年 7 月第三次印刷。

58. 《世說新語校箋》,【劉宋】劉義慶撰,【梁】劉孝標注,楊勇校箋,台北:正文書局,2000 年 5 月。

59. 《文選》,【梁】蕭統編,【唐】李善註,台北:正中書局,1971 年 10 月臺一版,1985 年 3 月第三次印刷。

60. 《水經注疏》,【後魏】酈道元注、【清】楊守敬疏、熊會貞參疏,南京:江蘇古籍出版社,1989 年 6 月。

61. 《齊民要術》,【後魏】賈思勰著,繆啓愉校釋,台北:明文書局,1986 年 1 月。

62. 《北堂書鈔》,【唐】虞世南,台北:宏業書局,1974 年 10 月。

63. 《元和郡縣圖志》,【唐】李吉甫撰,賀次君點校,北京:中華書局,1983 年 6 月第一版,1995 年 1 月第二次印刷。

64. 《司馬文正集》,【宋】司馬光,台北:臺灣中華書局,《四部備要》本,1966 年 3 月臺一版。

65. 《資治通鑑今註》,李宗桐、夏德儀等校註,上海:上海古籍出版社,1989 年 1 月第一版第二次印刷。

66. 《二程子抄釋》,【宋】程顥、程頤撰,收錄於【明】呂柟抄釋,《宋四子抄釋》,台北:世界書局,1962 年 4 月。

67. 《太平御覽》,【宋】李昉等撰,台北:臺灣商務印書館,1986 年 1 月臺五版。

68. 《太平寰宇記》,【宋】樂史,台北:文海出版社,1963 年。

69. 《古史》,【宋】蘇轍,台北:臺灣商務印書館,收錄於王雲五主編,《四庫全書珍本,六集》,1976 年。

70. 《玉海》,【宋】王應麟,台北:華聯書局,1964 年 1 月。

71. 《朱文公文集》,【宋】朱熹,台北:臺灣商務印書館,《四部叢刊正編》本,1979 年 11 月臺一版。

72. 《唐文粹》,【宋】姚鉉編,楊家駱主編,《中國學術名著第三輯,歷代詩文總集,第三十四冊》,台北:世界書局,1972 年 2 月再版。

73. 《鶴林玉露》,【宋】羅大經撰,台北:臺灣開明書店,1975 年 4 月臺三版。

74. 《發微論》,【宋】蔡元定撰,收錄於《四庫數術類叢書,六》,上海:上海古籍出版社,1991 年 2 月第一版,1991 年 7 月第三次印刷。

75. 《標點入地眼圖說》,【宋】辜託長老,台北:武陵出版社,1999 年 6 月初版二刷。

76. 《類編長安志》,【元】駱天驤纂修,收錄於中華書局編輯部編,《宋元方志叢刊》,北京:中華書局,1990 年 5 月。

77. 《長安志圖》,【元】李好文,收錄於中國地方志研究會編,《宋元地方志叢書》第一冊,台北:大化書局,1980 年 4 月。

78. 《元河南志》,【元】闕名,【清】徐松輯,收錄於中國地方志研究會編,《宋元地方志叢書》第一冊,台北:大化書局,1980 年 4 月。

79. 《八宅明鏡》,收錄於劉永明主編,《四庫未收術數類古籍大全,第六集,堪輿集成》,合肥:黃山書社,1995 年 6 月。

80. 《宋四子抄釋》,【明】呂柟抄釋,台北:世界書局,1962 年 4 月。

81. 《七國考》,【明】董說,北京:中華書局,1956 年 10 月第一版,1998 年 11 月第二次印刷。

82. 《說郛》,【明】陶宗儀,台北:新興書局,1963 年 12 月。

83. 《儒門崇理折衷堪輿完孝錄》,【明】不著撰人,收錄於《珍本術數叢書》第三十四冊,台北:新文豐,1995 年 8 月。

84. 《地理人子須知》,【明】徐善繼、徐善述,台北:武陵出版社,1982 年 5 月初版,1986 年 7 月再版。

85. 《夜航船》,【明】張岱,成都:四川文藝出版社,1996 年 4 月。

86. 《日知錄》,【清】顧炎武,台北:明倫出版社,1970 年 10 月三版。

87. 《古今圖書集成》,【清】陳夢雷編纂、蔣廷錫校訂,中華書局‧巴蜀書社,1985 年 10 月。

88. 《欽定四庫全書總目》,【清】永瑢等奉敕纂,台北:臺灣商務印書館,1983 年 10 月。

89. 《恆言錄》,【清】錢大昕,台北:臺灣商務印書館,王雲五主編,《叢書集成簡編》本,1965 年 12 月臺一版。

90. 《廿二史箚記》，【清】趙翼，台北：世界書局，1967 年 8 月。

91. 《讀史方輿紀要》，【清】顧祖禹，台北：樂天出版社，1973 年 10 月。

92. 《宮室考》，【清】任啓運，收錄於《景印文淵閣四庫全書，第一○九冊》，台北：臺灣商務印書館，1983 年 10 月。

93. 《周禮正義》，【清】孫詒讓撰，北京：中華書局，1987 年 12 月第 1 版，2000 年 3 月第二次印刷。

94. 《說文通訓定聲》，【清】朱駿聲，台北：藝文印書館，1966 年 7 月。

95. 《風水袪惑》，【清】丁芮樸，收錄於顧廷龍、傅璇琮主編，《續修四庫全書，子部，數術類》第 1054 冊，上海：上海古籍出版社，1995 年 3 月。

96. 《全上古秦漢三國六朝文》，【清】嚴可均校輯，北京：中華書局，1958 年 12 月第一版，1995 年 11 月第六次印刷。

97. 《尚書覈詁》，楊筠如，台北：學海出版社，1978 年。

98. 《史記會注考證》，【日】瀧川龜太郎，台北：大安出版社，2000 年 12 月第一版第二刷。

99. 《漢書集釋》，施之勉，台北：三民書局，2003 年 2 月。

## 二、專書部份

1. 一丁、雨露、洪涌，《中國古代風水與建築選址》，石家莊：河北科學技術出版社，1996 年 1 月。

2. 丁山，《商周史料考證》，北京：中華書局，1988 年 3 月。

3. 于省吾主編，姚孝遂按語編撰，《甲骨文字詁林》，北京：中華書局，1996 年 5 月。

4. 于錦繡、楊淑榮主編，《中國各民族原始宗教資料集成，考古卷》，北京：中國社會科學出版社，1996 年 3 月。

5. 山東省文物考古研究所、山東省博物館、濟寧地區文物組、曲阜縣文管會編，《曲阜魯國故城》，濟南：齊魯書社，1982 年 9 月。

6. 中國上古史編輯委員會編，《中國上古史待定稿，第三本，兩周篇之一，史實與演變》，台北：中央研究院歷史語言研究所，1985 年 4 月。

7. 中國上古史編輯委員會編，《中國上古史待定稿，第四本，兩周篇之二，思想與文化》，台北：中央研究院歷史語言研究所，1985 年 7 月。

8. 中國大百科全書出版社編輯部編，《中國大百科全書·考古學》，北京·上海：中國大百科全書出版社，1986 年 8 月。

9. 中國文物研究所、甘肅省文物考古研究所編，《敦煌懸泉月令詔條》，北京：中華書局，2001 年 8 月。

10. 中國先秦史學會、洛陽市第二文物工作隊編，《夏文化研究論集》，北京：

中華書局，1996 年 9 月。

11. 中國考古學會編輯，《中國考古學會第五次年會論文集》，北京：文物出版社，1985 年 3 月。

12. 中國社會科學院考古研究所編，《寶雞北首嶺》，北京：文物出版社，1983 年 12 月。

13. 中國社會科學院考古研究所編，《新中國的考古發現和研究》，北京：文物出版社，1984 年 5 月。

14. 中國社會科學院考古研究所編，《殷墟發掘報告：1958～1961》，北京：文物出版社，1987 年 11 月。

15. 中國社會科學院考古研究所編，《洛陽發掘報告：1955～1960 年洛陽澗濱考古發掘資料》，北京：北京燕山出版社，1989 年 12 月。

16. 中國社會科學院考古研究所編，《中國考古學中碳十四年代數據集：1965～1991》，北京：文物出版社，1992 年 3 月。

17. 中國社會科學院考古研究所編，《殷周金文集成》，北京：中華書局，1992 年 4 月。

18. 中國社會科學院考古研究所編，《殷墟的發現與研究》，北京：科學出版社，1994 年 9 月。

19. 中國社會科學院考古研究所編，《漢長安城未央宮：1980～1989 年考古發掘報告》，北京：中國大百科全書出版社，1996 年 11 月。

20. 中國社會科學院考古研究所編，《偃師二里頭：1959～1978 年考古發掘報告》，北京：大百科全書出版社，1999 年 6 月。

21. 中國建築科學研究所編，《中國古建築》，中國建築工業出版社、三聯書店香港分店聯合出版，1982 年 6 月香港第一版，1983 年 10 月第二次印刷。

22. 中國科學院考古研究所、陝西省西安半坡博物館編，《西安半坡——原始氏族公社聚落遺址——》，北京：文物出版社，1963 年 9 月。

23. 中國科學院考古研究所編，《灃西發掘報告：1955～1957 年陝西長安縣灃西鄉考古發掘資料》，北京：文物出版社，1963 年。

24. 亢羽，《易學堪輿與建築》，北京：中國書店，1999 年 1 月第一版，2001 年 1 月第二次印刷。

25. 王煒、陳麗芳，《揭開風水之謎》，福州：福建科學技術出版社，1989 年 12 月第一版，1992 年 1 月第四次印刷。

26. 王元化主編，《釋中國》，上海：上海文藝出版社，1998 年 3 月。

27. 王玉德、張全明，《中華五千年生態文化》，武昌：華中師範大學出版社，1999 年 12 月。

28. 王仲孚，《中國上古史專題研究》，台北：五南圖書公司，1996 年 12 月。

29. 王仲殊，《漢代考古學概論》，北京：中華書局，1984 年。

30. 王宇信主編，《甲骨文與殷商史，第三輯》，上海：上海古籍出版社，1991 年 8 月。

31. 王其亨主編，《風水理論研究》，天津：天津大學出版社，1992 年 8 月。

32. 王健文，《奉天承運 —— 古代中國的「國家」概念及其正當性基礎》，台北：東大圖書公司，1995 年 6 月。

33. 王國維，《王觀堂先生全集》，台北：文華出版社，1968 年。

34. 王國維，《觀堂集林》，石家莊：河北教育出版社，2001 年 11 月。

35. 王爾敏，《明清時代庶民文化生活》，台北：中央研究院近代史研究所，1996 年 3 月。

36. 王學理，《咸陽帝都記》，西安：三秦出版社，1999 年 8 月。

37. 北京大學考古系編，《紀念北京大學考古專業三十周年論文集》，北京：文物出版社，1990 年 6 月。

38. 半坡博物館、陝西省考古研究所、臨潼縣博物館，《姜寨 —— 新石器時代遺址發掘報告》，北京：文物出版社，1988 年 10 月。

39. 史念海，《河山集》第三集，北京：人民出版社，1988 年。

40. 甘肅省文物考古研究所編，《秦漢簡牘論文集》，蘭州：甘肅人民出版社，1989 年 12 月。

41. 甘肅省文物考古研究所編，《敦煌漢簡》，北京：中華書局，1991 年 6 月。

42. 甘肅省文物考古研究所編，《居延新簡：甲渠候官》，北京：中華書局，1994 年。

43. 甘肅省博物館、中國科學院考古研究所編，《武威漢簡》，北京：文物出版社，1964 年。

44. 田昌五，《中國古代社會發展史論》，濟南：齊魯書社，1992 年 3 月。

45. 田昌五主編，《華夏文明，第一輯》，北京：北京大學出版社，1987 年。

46. 田昌五主編，《華夏文明，第三輯》，北京：北京大學出版社，1992 年 12 月。

47. 田繼周，《先秦民族史》，成都：四川民族出版社，1988 年 1 月。

48. 白壽彝，《中國通史》，上海：上海人民出版社，1994 年 6 月。

49. 曲英杰，《先秦都城復原研究》，哈爾濱：黑龍江人民出版社，1991 年 8 月。

50. 曲格平、李金昌，《中國人口與環境》，北京：中國環境科學出版社，1992 年 5 月。

51. 朱彥民，《殷墟都城探論》，天津：南開大學出版社，1999 年 12 月。

52. 江昌林，《夏商周文明新探》，杭州：浙江人民出版社，2001 年 12 月。

53. 江達智，《春秋、戰國時期生育及婚喪禁忌之研究》，台南：國立成功大學歷史語言研究所碩士論文，1993 年 7 月。

54. 艾定增，《風水鈎沉──中國建築人類學發源》，台北：田園城市文化，1998 年 2 月。

55. 吳澤主編，《王國維學術研究論集，第一輯》，上海：華東師範大學出版社，1983 年 9 月。

56. 吳小強，《秦簡日書集釋》，長沙：岳麓書社，2000 年 7 月。

57. 吳桂就，《方位觀念與中國文化》，南寧：廣西教育出版社，2000 年 1 月。

58. 吳慶洲，《中國古代城市防洪研究》，北京：中國建築工業出版社，1995 年 8 月。

59. 宋鎮豪、段志洪主編，《甲骨文獻集成》，成都：四川大學出版社，2001 年 4 月。

60. 李零，《長沙子彈庫戰國楚帛書研究》，北京：中華書局，1985 年 7 月。

61. 李零主編，《中國方術概觀──選擇卷》，北京：人民中國出版社，1993 年 6 月。

62. 李零，《中國方術考（修訂本)》，北京：東方出版社，2000 年 4 月。

63. 李伯謙，《中國青銅文化結構體系研究》，北京：科學出版社，1998 年 4 月。

64. 李亞農，《李亞農史論集》，上海：上海人民出版社，1962 年 9 月第一版，1978 年 11 月第三次印刷。

65. 李學勤，《東周與秦代文明》，台北：駱駝出版社，未註明出版時間。

66. 李學勤，《新出青銅器研究》，北京：文物出版社，1990 年 6 月。

67. 杜正勝，《古代國家與社會》，台北：允晨文化，1992 年 10 月

68. 汪前進主編，《中國古代科學技術史綱──地學卷》，瀋陽：遼寧教育出版社，1998 年 8 月。

69. 周長山，《漢代城市研究》，北京：人民出版社，2001 年 10 月。

70. 林劍鳴，《秦漢社會文明》，西安：西北大學出版社，1985 年 9 月第一版，1998 年 6 月第二次印刷。

71. 河北省文物研究所，《燕下都》，北京：文物出版社，1996 年 8 月。

72. 河南省文物考古研究所編著，《鄭州商城──1953〜1985 年考古發掘報告》，北京：文物出版社，2001 年 10 月。

73. 河南省文物研究所、中國歷史博物館考古部編，《登封王城崗與陽城》，北京：文物出版社，1992 年 1 月。

74. 河南省文物研究所編，《鄭州商城考古新發現與研究：1985～1992》，鄭州：中州古籍出版社，1993 年 7 月。

75. 竺可楨，《竺可楨文集》，北京：科學出版社，1979 年。

76. 初師賓主編，《中國簡牘集成，甘肅卷》，蘭州：敦煌文藝出版社，2001 年 6 月。

77. 俞孔堅，《景觀：文化，生態與感知》，台北：田園城市文化，1998 年 5 月。

78. 俞孔堅，《理想景觀探源 —— 風水的文化意義》，北京：商務印書館，1998 年 12 月。

79. 施和金編著，《中國歷史地理》，南京：南京師範大學出版社，1993 年。

80. 胡平生、張德芳編撰，《敦煌懸泉漢簡釋粹》，上海：上海古籍出版社，2001 年 8 月。

81. 胡厚宣主編，《全國商史學術討論會論文集》，安陽：殷都學刊編輯部，1985 年 2 月。

82. 胡厚宣主編，《甲骨文合集釋文》，北京：中國社會科學出版社，1999 年 8 月。

83. 胡厚宣，《甲骨學商史論叢，初集》，石家莊：河北教育出版社，2002 年 11 月。

84. 唐蘭，《西周青銅器銘文分代史徵》，北京：中華書局，1986 年 12 月。

85. 孫淼，《夏商史稿》，北京：文物出版社，1987 年 12 月。

86. 徐衛民，《秦都城研究》，西安：陝西人民教育出版社，2000 年 1 月。

87. 晁福林，《先秦民俗史》，上海：上海人民出版社，2001 年 1 月。

88. 陝西省考古研究所，《鎬京西周宮室》，西安：陝西人民出版社，1995 年 7 月。

89. 馬先醒，《中國古代城市論集》，台北：簡牘學會，1980 年。

90. 馬承源主編，《上海博物館藏戰國楚竹書，二》，上海：上海古籍出版社，2002 年 12 月。

91. 馬洪路，《遠古之旅 —— 中國原始文化的交融》，西安：陝西人民出版社，1989 年 5 月。

92. 高亨，《周易古經今注》，台北：樂天出版社，1972 年 3 月

93. 張明喜，《神秘的命運密碼 —— 中國相術與命學》，上海：上海三聯書店，1992 年 11 月。

94. 張亮采編著，《中國風俗史》，上海：上海三聯書店，1988 年 2 月。

95. 張國碩，《夏商時代都城制度研究》，鄭州：河南人民出版社，2001 年 9 月第一版，2002 年 4 月第二次印刷。

96. 張惠民,《中國風水應用學》,北京:人民中國出版社,1993 年 8 月第一版第二次印刷

97. 張傳璽,《中國古代史教學參考手冊》,北京:北京大學出版社,1985 年 7 月。

98. 張榮明,《方術與中國傳統文化》,上海:學林出版社,2000 年 5 月。

99. 梁思永、夏鼐編輯,《中國考古學報,第四冊》,國立中央研究院歷史語言研究所,1949 年;台北:南天書局,1978 年 3 月再版。

100. 許宏,《先秦城市考古學研究》,北京:北京燕山出版社,2000 年 8 月。

101. 許兆昌,《夏商周簡史》,福州:福建人民出版社,2002 年 1 月。

102. 許信昌,《秦簡日書數術的探討》,台北:國立臺灣大學歷史研究所碩士論文,1993 年 6 月。

103. 許倬雲,《西周史》(增訂本),北京:生活·讀書·新知三聯書店,1994 年 12 月。

104. 郭沫若主編,《甲骨文合集,第四冊》,北京:中華書局,1979 年 8 月。

105. 郭沫若主編,《甲骨文合集,第五冊》,北京:中華書局,1979 年 10 月。

106. 郭沫若主編,《甲骨文合集,第十一冊》,北京:中華書局,1983 年 6 月。

107. 郭德維,《楚都紀南城復原研究》,北京:文物出版社,1999 年 2 月。

108. 陳直,《文史考古論叢》,天津:天津古籍出版社,1988 年 10 月。

109. 陳江風,《天文與人文 —— 獨異的華夏天文文化觀念》,北京:國際文化出版公司,1988 年 9 月。

110. 陳江風,《天人合一:觀念與華夏文化傳統》,北京:生活·讀書·新知三聯書店,1996 年 7 月。

111. 陳夢家,《殷墟卜辭綜述》,北京:中華書局,1988 年 1 月。

112. 陳遵媯,《中國天文學史,第一冊》,台北:明文書局,1988 年 3 月再版。

113. 陳穗錚,《先秦時期「中國」觀念的形成與發展》,台北:國立臺灣大學歷史研究所碩士論文,1991 年 6 月。

114. 章太焱,《章太炎文鈔》,收錄於胡君復輯,《當代八家文鈔》,台北:文海出版社,1969 年 7 月

115. 傅斯年,《民族與古代中國史》,石家莊:河北教育出版社,2002 年 8 月。

116. 傅筑夫,《中國經濟史論叢》,台北:谷風出版社,1987 年 12 月。

117. 湖北省文物考古研究所、北京大學中文系編,《九店楚簡》,北京:中華書局,2000 年 5 月。

118. 湖北省荊州市周梁玉橋遺址博物館編,《關沮秦漢墓簡牘》,北京:中華書局,2001 年 8 月。

119. 程建軍、孔尚樸，《風水與建築》，南昌：江西科學技術出版社，1992 年 10 月。

120. 賀業鉅，《考工記營國制度研究》，北京：中國建築工業出版社，1985 年 3 月第一版，1987 年 9 月第二次印刷。

121. 馮時，《中國天文考古學》，北京：社會科學文獻出版社，2001 年 12 月。

122. 楊寬，《戰國史》，上海：上海人民出版社，1980 年 7 月第二版，1991 年 11 月第八次印刷。

123. 楊寬，《中國古代都城制度史研究》，上海：上海古籍出版社，1993 年 11 月。

124. 楊寬，《西周史》，上海：上海人民出版社，1999 年 11 月。

125. 楊育彬、袁廣闊主編，《20 世紀河南考古發現與研究》，鄭州：中州古籍出版社，1997 年 12 月。

126. 楊鴻勛，《宮殿考古通論》，北京：紫禁城出版社，2001 年 8 月。

127. 楊寶成，《殷墟文化研究》，武漢：武漢大學出版社，2002 年 2 月。

128. 溫少峰、袁庭棟編著，《殷墟卜辭研究——科學技術篇》，成都：四川社會科學出版社，1983 年 12 月。

129. 葛兆光，《中國思想史，第一卷，七世紀前中國的知識、思想與信仰世界》，上海：復旦大學出版社，1998 年 4 月第一版，1999 年 1 月第二次印刷。

130. 鄒衡，《夏商周考古學論文集》，北京：文物出版社，1980 年 10 月。

131. 鄒衡，《夏商周考古學論文集（續集）》，北京：科學出版社，1998 年 4 月。

132. 睡虎地秦墓竹簡整理小組編，《睡虎地秦墓竹簡》，北京：文物出版社，1990 年 9 月第一版，2001 年 11 月第二次印刷。

133. 趙安啓、王宏濤，《史記與中國古代建築文化》，西安：陝西人民教育出版社，2000 年 9 月。

134. 劉沛林，《理想家園——風水環境觀的啓迪》，上海：上海三聯書店，2001 年 1 月。

135. 劉敦楨主編，《中國古代建築史》，北京：中國建築工業出版社，1984 年 6 月第二版，1993 年 5 月第六次印刷。

136. 劉道超、周榮益，《神秘的擇吉——傳統求吉心理及習俗研究》，南寧：廣西人民出版社，1992 年 11 月。

137. 劉慶柱，《古代都城與帝陵考古學研究》，北京：科學出版社，2000 年 7 月。

138. 劉曉明，《風水與中國社會》，南昌：江西高校出版社，1995 年 5 月第一版第二次印刷。

139. 編輯委員會編，《慶祝蘇秉琦考古五十五年論文集》，北京：文物出版社，1991 年 8 月。

140. 編輯部，《中國建築史論文選輯，第二冊》，台北：明文書局，1985 年 4 月二版。

141. 蔡達峰，《歷史上的風水術》，上海：上海科技教育出版社，1994 年 12 月。

142. 翦伯贊，《中國史論集》，文學史料研究會，1943 年。

143. 錢穆，《中國學術思想史論叢（一）》，台北：素書樓文教基金會，2000 年 11 月。

144. 羅振玉，《羅雪堂先生全集，初編》，台北：文華出版社，1968 年 12 月。

145. 羅桂環、舒儉民，《中國歷史時期的人口變遷與環境保護》，北京：冶金工業出版社，1995 年 9 月。

146. 羅獨修，《先秦兵家思想探源 —— 以孫武、孫臏、尉繚為例》，台北：中國文化大學出版部，2002 年 1 月。

147. 嚴文明，《仰韶文化研究》，北京：文物出版社，1989 年 10 月。

148. 竇伯菊，《生態學與人類生活》，呼和浩特：內蒙古人民出版社，1983 年。

149. 饒宗頤、曾憲通編著，《楚帛書》，香港：中華書局，1985 年 9 月。

## 三、期刊論文部份

1. 于志耿、李殿福、陳連開，〈先商起源於幽燕說〉，《歷史研究》1985 年第五期。

2. 于志耿、李殿福、陳連開，〈先商起源於幽燕說的再考察〉，《民族研究》1987 年第一期。

3. 于省吾，〈釋中國〉，收錄於王元化主編，《釋中國》第三卷，上海：上海文藝出版社，1998 年 3 月。

4. 山西省文物管理委員會，〈山西省文管會侯馬工作站的總收穫〉，《考古》1959 年第五期。

5. 山西省文管會侯馬工作站，〈侯馬"牛村古城"南東周遺址發掘簡報〉，《文物》1960 年第八、九期。

6. 山西省考古研究所侯馬工作站，〈侯馬呈王路建築群遺址發掘簡報〉，《考古》1987 年第十二期。

7. 山西省考古研究所侯馬工作站，〈山西侯馬晉國遺址牛村古城的試掘〉，《考古與文物》1988 年第一期。

8. 山西省考古研究所侯馬工作站，〈山西侯馬呈王古城〉，《文物》1988 年第三期。

9. 山東省文物管理處，〈山東臨淄齊故城試掘簡報〉，《考古》1961 年第六期。

10. 中國社會科學院考古研究所，〈中國考古的黃金時代〉，《考古》1984 年第十期。

11. 中國社會科學院考古研究所二里頭工作隊，〈河南偃師二里頭遺址三、八區發掘簡報〉，《考古》1975 年第五期。

12. 中國社會科學院考古研究所二里頭工作隊，〈河南偃師二里頭二號宮殿遺址〉，《考古》1983 年第三期。

13. 中國社會科學院考古研究所河南第二工作隊，〈1983 年秋河南偃師商城發掘簡報〉，《考古》1984 年第十期。

14. 中國社會科學院考古研究所二里頭工作隊，〈1984 年春偃師尸鄉溝商城宮殿遺址發掘簡報〉，《考古》1985 年第四期。

15. 中國社會科學院考古研究所二里頭工作隊，〈河南偃師尸鄉溝商城第五號宮殿基址發掘簡報〉，《考古》1988 年第二期。

16. 中國社會科學院考古研究所二里頭工作隊，〈偃師商城第Ⅱ號建築群遺址發掘簡報〉，《考古》1995 年第十一期。

17. 中國社會科學院考古研究所洛陽漢魏故城工作隊，〈偃師商城的初步勘探和發掘〉，《考古》1984 年第六期。

18. 中國社會科學院考古研究所灃西發掘隊，〈長安灃東西周遺存的考古調查〉，《考古與文物》1986 年第二期。

19. 中國科學院考古研究所二里頭工作隊，〈河南偃師二里頭早商宮殿遺址發掘報告〉，《考古》1974 年第四期。

20. 中國科學院考古研究所山西工作隊，〈山西夏縣禹王城調查〉，《考古》1963 年第九期。

21. 中國科學院考古研究所洛陽發掘隊，〈1959 年河南偃師二里頭遺址試掘簡報〉，《考古》1961 年第二期。

22. 中國科學院考古研究所洛陽發掘隊，〈河南偃師二里頭遺址發掘簡報〉，《考古》1965 年第五期。

23. 中國科學院考古研究所豐鎬考古隊，〈1961〜62 年陝西長安灃東試掘簡報〉，《考古》1963 年第八期。

24. 中國歷史博物館考古組，〈燕下都城址調查報告〉，《考古》1962 年第一期。

25. 文物局古文獻研究室、安徽省阜陽地區博物館、阜陽漢簡整理組，〈阜陽漢簡簡介〉，《文物》1983 年第二期。

26. 方酉生，〈評《偃師二里頭》及其相關問題〉，《殷都學刊》2001 年第一期。

27. 王子今,〈秦漢時期氣候變遷的歷史學考察〉,《歷史研究》1995 年第二期。

28. 王文聰,〈何尊銘文解釋與成王遷都問題〉,《考古與文物》1990 年第三期。

29. 王玉哲,〈商族來源地望試探〉,《歷史研究》1984 年第一期。

30. 王仲孚,〈試論春秋時代的諸夏意識〉,收錄於氏著《中國上古史專題研究》,台北:五南圖書公司,1996 年 12 月。

31. 王仲孚,〈大禹與夏初傳說試釋〉,收錄於《中國上古史專題研究》。

32. 王仲殊,〈中國古代都城概論〉,《考古》1982 年第五期。

33. 王社教,〈論漢長安城形制佈局中的幾個問題〉,《中國歷史地理論叢》1999 年第二輯。

34. 王素芳、石永士,〈燕下都遺址〉,《文物》1982 年第八期。

35. 王夢鷗,〈陰陽五行家與星曆及占筮〉,收錄於《中國上古史待定稿,第四本,兩周篇之二,思想與文化》,台北:中央研究院歷史語言研究所,1985 年 7 月。

36. 王爾敏,〈先秦兩漢之自然生態保育思想〉,《漢學研究》第十卷第二期,1992 年 12 月。

37. 史念海、史先智,〈西安附近的原始聚落和城市的興起〉,《中國歷史地理論叢》1996 年第四輯。

38. 史念海,〈漢唐長安城與生態環境〉,《中國歷史地理論叢》1998 年第一輯。

39. 史念海,〈鄭韓故城溯源〉,《中國歷史地理論叢》1998 年第四輯。

40. 田昌五,〈先商文化探索〉,《文物》1981 年第五期。

41. 田建文,〈“新田模式”——侯馬晉國都城遺址研究〉,收錄於《山西省考古學會論文集,二》,太原:山西人民出版社,1994 年。

42. 田繼周,〈夏代的民族和民族關係〉,《民族研究》1985 年第四期。

43. 石璋如,〈傳說中周都的實地考察〉,《中央研究院歷史語言研究所集刊》第二十本下冊,1949 年。

44. 石興邦,〈西安半坡村新石器時代村落遺址的發掘〉,《科學通報》1955 年第三期。

45. 任騁,〈洞穴習俗與「中」的觀念〉,《南都學壇》(哲學社會科學版)第 20 卷第一期,2000 年 1 月。

46. 任騁,〈從河南人口頭語「中」字說起〉,《中州古今》2000 年第一期。

47. 安金槐,〈對於鄭州商城"外夯土牆基"的看法〉,收錄於河南省文物研究所編,《鄭州商城考古新發現與研究》,鄭州:中州古籍出版社,1993

年 7 月。

48. 江達智，〈喪葬禁忌與東周時期楚地之鎮墓獸〉，《國立成功大學歷史學報》第二十二號，1996 年 12 月。

49. 江達智，〈由《睡虎地秦墓竹簡‧日書》論中國古代風水術的形成〉，《國立成功大學歷史學報》第二十三號，1997 年 12 月。

50. 考古所西安半坡工作隊，〈西安半坡遺址第二次發掘的主要收穫〉，《考古通訊》1956 年第二期。

51. 考古所渭水調查發掘隊，〈寶雞新石器時代遺址第二、第三次發掘的主要收穫〉，《考古》1960 年第二期。

52. 考古所寶雞發掘隊，〈陝西寶雞新石器時代遺址發掘紀要〉，《考古》1959 年第五期。

53. 考古研究所洛陽發掘隊，〈洛陽澗濱東周城址發掘報告〉，《考古學報》1959 年第二期。

54. 考古研究所陝西調查發掘團，〈豐鎬一帶考古調查簡報〉，《考古通訊》1955 年創刊號。

55. 西安半坡博物館，〈臨潼姜寨新石器時代遺址的新發現〉，《文物》1975 年第八期。

56. 何雙全，〈天水放馬灘秦簡綜述〉，《文物》1989 年第二期。

57. 何雙全，〈天水放馬灘秦簡考述〉，收錄於《秦漢簡牘論文集》，蘭州：甘肅人民出版社，1989 年 12 月。

58. 李民，〈釋《尚書》「周人尊夏」說〉，《中國史研究》1982 年第二期。

59. 李民，〈豫北是商族早期活動的歷史舞台〉，《殷都學刊》1982 年第二期。

60. 李民，〈關於商族的起源〉，《鄭州大學學報》1984 年第一期。

61. 李民，〈何尊銘文與洛邑──中國古代文明探索之二〉，《鄭州大學學報》1991 年第六期。

62. 李小波，〈辭賦中的古都規劃思想〉，《文史雜誌》2001 年第一期。

63. 李自智，〈東周列國都城的城郭形態〉，《考古與文物》1997 年第三期。

64. 李伯謙，〈先商文化探討〉，收錄於《慶祝蘇秉琦考古五十五年論文集》，北京：文物出版社，1991 年 8 月。

65. 李伯謙，〈關於早期夏文化──從夏商周王朝更迭與考古學文化變遷的關係談起〉，《中原文物》2000 年第一期。

66. 李維明，〈尸鄉溝夏商遺址年代解析與綜合〉，《中原文物》1995 年第一期。

67. 李學勤，〈何尊新釋〉，《中原文物》1981 年第一期。

68. 杜金鵬，〈偃師商城始建年代與性質的初步推論〉，收錄於田昌五主編，《華

夏文明》第三輯，北京：北京大學出版社，1992 年 12 月。

69. 京浦，〈禹居陽城與王城崗遺址〉，《文物》1984 年第二期，

70. 林劍鳴，〈《日書》與秦漢時代的吏治〉，《新史學》第二卷第二期，1991
年 6 月。

71. 河北省文化局文物工作隊，〈河北易縣燕下都故城勘察和試掘〉，《考古學
報》1965 年第一期。

72. 河北省文物管理處、邯鄲市文物保管所，〈趙都邯鄲故城調查報告〉，《考
古學集刊》第四集，1984 年 10 月。

73. 河南省文化局文物工作第一隊，〈鄭州商代遺址的發掘〉，《考古學報》1957
年第一期。

74. 河南省文物研究所、中國歷史博物館考古部，〈登封王城崗遺址的發掘〉，
《文物》1983 年第三期。

75. 河南省文物研究所、周口地區文化局文物科，〈河南淮陽平糧台龍山文化
城址試掘簡報〉，《文物》1983 年第三期。

76. 河南省博物館、鄭州市博物館，〈鄭州商代城遺址發掘報告〉，《文物資料
叢刊》第一輯，北京：文物出版社，1977 年。

77. 河南省博物館登封工作站，〈1977 年下半年登封告成遺址的調查報告〉，
《河南文博通訊》1978 年第一期。

78. 河南省博物館登封工作站，〈1978 年上半年登封告成遺址的發掘〉，《河
南文博通訊》1978 年第三期。

79. 河南省博物館新鄭工作站，〈河南新鄭鄭韓故城的鑽探和試掘〉，《文物資
料叢刊》第三輯，北京：文物出版社，1980 年。

80. 竺可楨，〈中國近五千年來氣候變遷的初步研究〉，《考古學報》1972 年
第一期。

81. 金景芳，〈商文化起源於我國東北說〉，《中華文史論叢》第七輯，1978
年。

82. 邯鄲市文物保管所，〈河北邯鄲市區古遺址調查簡報〉，《考古》1980 年
第二期。

83. 侯馬市考古發掘委員會，〈侯馬牛村古城南東周遺址發掘簡報〉，《考古》
1962 年第二期。

84. 保全，〈西周都城豐鎬遺址〉，《文物》1979 年第十期。

85. 段鵬琦，〈偃師商城的初步勘探與發掘〉，《考古》1984 年第六期。

86. 胡方恕，〈小屯並非殷墟辨析〉，《東北師大學報》1987 年第二期。

87. 胡厚宣，〈釋殷代求年于四方和四方風的祭祀〉，《復旦學報》1956 年第
一期。

88. 胡厚宣，〈說"宅丘"〉，《史學月刊》1989 年第二期。

89. 胡厚宣，〈論殷代五方觀念及「中國」稱謂之起源〉，收錄於氏著《甲骨學商史論叢，初集》，石家莊：河北教育出版社，2002 年 1 月。

90. 胡謙盈，〈豐鎬地區諸水渠踏察 —— 兼論周都位置〉，《考古》1963 年第四期。

91. 胡謙盈，《豐鎬考古工作三十年（1951～1981）的回顧》，《文物》1982 年第十期。

92. 唐蘭，〈䀉尊銘文解釋〉，《文物》1976 年第一期。

93. 孫瑋，〈商族起源新探〉，《安徽史學》1999 年第四期。

94. 徐中舒，〈殷人服象及象之南遷〉，《歷史語言研究所集刊》第二本一分，1930 年。

95. 徐旭生，〈1959 年夏豫西調查"夏墟"的初步報告〉，《考古》1959 年第十一期。

96. 晏昌貴、江霞，〈楚國都城制度初探〉，《江漢考古》2001 年第四期。

97. 秦文生，〈殷墟非殷都考〉，《鄭州大學學報》1985 年第一期。

98. 秦簡整理小組，〈天水放馬灘秦簡甲種《日書》釋文〉，收錄於《秦漢簡牘論文集》，甘肅：甘肅人民出版社，1989 年 12 月。

99. 荊三林，〈試論殷商源流〉，《鄭州大學學報》1986 年第二期。

100. 陝西省社會科學院考古研究所鳳翔隊，〈秦都雍城遺址勘察〉，《考古》1963 年第八期。

101. 陝西省雍城考古隊，〈秦都雍城鑽探試掘簡報〉，《考古與文物》1985 年第二期。

102. 馬世之，〈關於春秋戰國城的探討〉，《考古與文物》1981 年第四期。

103. 馬良民，〈試論戰國都城的變化〉，《山東大學學報》1988 年第三期。

104. 馬承源，〈何尊銘文初釋〉，《文物》1976 年第一期。

105. 馬承源，〈何尊銘文和周初史實〉，收錄於《王國維學術研究論集》第一輯，上海：華東師範大學出版社，1983 年 9 月。

106. 國家文物局古文獻研究室、河北省博物館、河北省文物研究所、定縣漢墓竹簡整理組，〈定縣四○號漢墓出土竹簡簡介〉，《文物》1981 年第八期。

107. 張誠，〈試論夏都變遷地域〉，《鄭州大學學報》1996 年第三期。

108. 張文華，〈氣候變遷與中國古代史中的幾個問題〉，《丹東師專學報》2002 年第三期。

109. 張政烺，〈何尊銘文解釋補遺〉，《文物》1976 年第一期。

110. 張家山漢墓竹簡整理小組，〈江陵張家山漢簡概述〉，《文物》1985 年第一期。

111. 張國碩，〈商族的起源和商文化的形成〉，《殷都學刊》1995 年第二期。

112. 張博泉，〈關於殷人的起源地問題〉，《史學月刊》復刊號，1981 年 10 月。

113. 張學海，〈淺談曲阜魯城的年代和基本格局〉，《文物》1982 年第十二期。

114. 張鍇生，〈"偃師商城"爲夏桀都邑說〉，收錄於中國先秦史學會、洛陽市第二文物工作隊編，《夏文化研究論集》，北京：中華書局，1996 年 9 月。

115. 曹定云，〈北京乃商族發祥之地 —— 兼論北京"燕"稱之始〉，《北京社會科學》1998 年第一期。

116. 梁云，〈成周與王城考辨〉，《考古與文物》2002 年第五期。

117. 莊雅洲，〈古書中的北斗七星〉，《淡江大學中文學報》創刊號，1992 年 3 月。

118. 許倬雲，〈春秋封建社會的崩解和戰國社會的轉變〉，收錄於《中國上古史待定稿，第三本，兩周篇之一，史實與演變》，1985 年 4 月。

119. 連劭名，〈商代的日書與卜日〉，《江漢考古》1997 年第四期。

120. 陳昌遠，〈有關何尊的幾個問題〉，《中原文物》1982 年第二期。

121. 陳昌遠，〈商族起源地望發微：兼論山西垣曲城發現的意義〉，《歷史研究》1987 年第一期。

122. 陳國英，〈咸陽長陵車站一帶考古調查〉，《考古與文物》1985 年第三期。

123. 陳喜波，〈"法天象地"原則與古城規劃〉，《文博》2000 年第四期。

124. 陳夢家，〈西周銅器斷代（二）〉，《考古學報》第十冊，1955 年 12 月。

125. 陶正剛、葉學明，〈古魏城和禹王古城調查簡報〉，《文物》1962 年第四、五期。

126. 傅振倫，〈燕下都考古記〉，《地學雜誌》十八卷四期，1930 年。

127. 傅振倫，〈燕下都發掘報告〉，《國學季刊》三卷一期，1932 年。

128. 傅振倫，〈燕下都發掘品的初步整理與研究〉，《考古通訊》1955 年第四期。

129. 傅斯年，〈夷夏東西說〉，收錄於《慶祝蔡元培先生六十五歲論文集》，中央研究院歷史語言研究所，1935 年。

130. 傅筑夫，〈關於殷人不常厥邑的一個經濟解釋〉，《文史雜誌》第四卷五、六期。

131. 傅筑夫，〈殷代的游農與殷人的遷居 —— 殷代農業的發展水平和相應的土地制度和剝削關係〉，收錄於氏著，《中國經濟史論叢》，台北：谷風出版社，1987 年 12 月。

132. 景以恩，〈商族源於齊東新探〉，《學術月刊》1984 年第一期。

133. 湖北省博物館，〈楚都紀南城的勘查與發掘〉，《考古學報》1982 年第三、

四期。

134. 童書業，〈蠻夷考〉，《禹貢》半月刊第二卷第八期，1934 年 12 月 16 日。

135. 賀業鉅，〈試論周代兩次城市建設高潮〉，收錄於《中國建築史論文選輯，第二冊》，台北：明文書局，1985 年 4 月二版。

136. 馮時，〈殷卜辭四方風研究〉，《考古學報》1994 年第二期。

137. 黃中業，〈從考古發現看商文化起源於我國北方〉，《北方文物》1990 年第一期。

138. 楊寬，〈釋何尊銘文兼論周開國年代〉，《文物》1983 年第六期。

139. 楊寬，〈西漢長安佈局結構的探討〉，《文博》1984 年創刊號。

140. 楊寬，〈西漢長安城佈局結構的再探討〉，《考古》1989 年第四期。

141. 楊巨中，〈周豐邑鎬京城址考〉，《文博》2000 年第四期。

142. 楊富斗，〈侯馬西新發現的一座故城遺跡〉，《文物參考資料》1957 年第十期。

143. 楊錫璋，〈殷人尊東北方位〉，收錄於《慶祝蘇秉琦考古五十五年論文集》，北京：文物出版社，1989 年 8 月

144. 楊鍾健、劉東生，〈安陽殷墟之哺乳動物群補遺〉收錄於梁思永、夏鼐編輯，《中國考古學報，第四冊》，國立中央研究院歷史語言研究所，1949 年；台北：南天書局，1978 年 3 月再版。

145. 楊鴻勛，〈論二里頭遺址所反映的原始宮殿〉，收錄於氏著《宮殿考古通論》，北京：紫禁城出版社，2001 年 8 月。

146. 楊寶成，〈登封王城崗與"禹都陽城"〉，《文物》1984 年第二期。

147. 群力，〈臨淄齊國故城勘探紀要〉，《文物》1972 年第五期。

148. 葉萬松、張劍、李德方，〈西周洛邑城址考〉，《華夏考古》1991 年第二期。

149. 葉達雄，〈冊尊的啟示〉，《國立臺灣大學歷史學系學報》第七期，1980 年 12 月。

150. 詹鄞鑫，〈古代相地術〉，《文史知識》1988 年第三期。

151. 鄒衡，〈鄭州商城即湯都亳說〉，《文物》1978 年第二期。

152. 鄒衡，〈試論夏文化〉，收錄於《夏商周考古學論文集》，北京：文物出版社，1980 年 10 月。

153. 鄒衡，〈論湯都鄭亳及其前後的遷徙〉，收錄於氏著，《夏商周考古學論文集》。

154. 鄒衡，〈偃師商城即太甲桐宮說〉，《北京大學學報》（哲學社會科學版）1984 年第四期。

155. 鄒衡，〈西亳與桐宮考辨〉，收錄於北京大學考古系編，《紀念北京大學考

古專業三十周年論文集》，北京：文物出版社，1990 年 6 月。

156. 鄒衡，〈西亳與桐宮考辨〉，收錄於氏著，《夏商周考古學論文集（續集）》，北京：科學出版社，1998 年 4 月。

157. 暢文齋，〈侯馬地區古城址的新發現〉，《文物參考資料》1958 年第十二期。

158. 漢寶德，〈風水——中國人的環境觀念架構〉，《國立臺灣大學建築與城鄉研究學報》第二卷第一期，1983 年 6 月。

159. 裴明相，〈鄭州商代王城的布局及其文化內涵〉，《中原文物》1991 年第一期。

160. 趙芝荃、徐殿魁，〈1983 年秋季河南偃師商城發掘簡報〉，《考古》1984 年第十期。

161. 趙芝荃、徐殿魁，〈河南偃師商城西亳說〉，收錄於胡厚宣主編，《全國商史學術討論會論文集》，安陽：殷都學刊編輯部，1985 年 2 月。

162. 趙芝荃、徐殿魁，〈偃師尸鄉溝商代早期城址〉，收錄於《中國考古學會第五次年會論文集》，北京：文物出版社，1985 年 3 月。

163. 趙芝荃、徐殿魁，〈再論偃師商城始建年代〉，《中原文物》1999 年第三期。

164. 銀雀山漢墓竹簡整理小組，〈臨沂銀雀山漢墓出土《孫臏兵法》釋文〉，《文物》1975 年第一期。

165. 劉心健，〈關於殷墟與殷都——兼與楊升南先生商榷〉，《史學月刊》1994 年第四期。

166. 劉彩雲，〈中國古代高爐的起源和演變〉，《文物》1978 年第二期。

167. 劉運勇，〈再論西漢長安佈局及形成原因〉，《考古》1992 年第七期。

168. 劉慶柱，〈漢長安城佈局結構辨析——與楊寬先生商榷〉，《考古》1987 年第十期。

169. 劉慶柱，〈論秦咸陽城佈局形制及其相關問題〉，《文博》1990 年第五期。

170. 劉慶柱，〈再論漢長安城佈局結構及其相關問題——答楊寬先生〉，《考古》1992 年第七期。

171. 劉慶柱，〈漢長安城的考古發現及其相關問題研究——紀念漢長安考古工作四十年〉，《考古》1996 年第十期。

172. 劉慶柱，〈漢長安城未央宮形制初論〉，《考古》1996 年第十期。

173. 劉蕙蓀，〈宗周與成周——兼探何尊「隹王初鄼宅于成周」的含意〉，《人文雜誌》1984 年第一期。

174. 鄭光，〈二里頭遺址的發掘——中國考古學上的一個里程碑〉，收錄於《夏文化研究論集》，北京：中華書局，1996 年 9 月。

175. 鄭州市博物館，〈鄭州古滎鎮漢代冶鐵遺址發掘簡報〉，《文物》1978 年第二期。

176. 鄭杰祥，〈關於偃師商城的年代和性質問題〉，《中原文物》1984 年第四期。

177. 鄭杰祥，〈鄭州商城和偃師商城的性質與夏商分界〉，《中原文物》1999 年第一期。

178. 鄭洪春、蔣祖棣，〈1976～1978 年長安澧西發掘簡報〉，《考古》1981 年第一期。

179. 翦伯贊，〈殷族與史前渤海灣氏族的關係〉，《群眾周刊》1942 年第三期。

180. 橋本淳，〈關於新田都城的一點思考〉，《西北大學學報》1997 年第二期。

181. 謝錫益，〈燕下都遺址瑣記〉，《文物參考資料》1957 年第九期。

182. 韓偉、焦南峰，〈秦都雍城考古發掘研究綜述〉，《考古與文物》1988 年第五、六期。

183. 龐懷清，〈岐邑（周城）之發現及鳳雛建築基址年代探討〉，《文博》2001 年第一期。

184. 龐懷清，〈鳳雛甲組宮室年代問題再探討〉，《考古與文物》2001 年第四期。

185. 譚其驤，〈二千一百多年前的一幅地圖〉，《文物》1975 年第二期。

186. 嚴文明，〈中國新石器時代聚落形態的考察〉，收錄於《慶祝蘇秉琦先生考古五十五年論文集》，北京：文物出版社，1991 年 8 月。

187. 嚴文明，〈黃河流域文明的發祥與發展〉，《華夏考古》1997 年第一期。

188. 藺新建，〈商文化探源〉，《北方文物》1985 年第五期。

189. 顧頡剛，〈說丘〉，《禹貢半月刊》第一卷第四期，1934 年 4 月。

190. 嚴文明，〈殷人自西徂東札記〉，收錄於王宇信主編，《甲骨文與殷商史，第三輯》，上海：上海古籍出版社，1991 年 8 月。

191. 龔維英，〈商的由來淺說〉，《中學歷史教學》1985 年第二期。

## 四、外文部份（含譯著）

1. Joseph Needham, *"Science and Civilization in China"*, Vol. IV: 1，台北：新月圖書公司，1969 年。

2. J. Chadwick & W. N. Mann（trans），*"Hippocratic Writings"*, Penguin Classics, London, 1950, rep. 1983.

3. 伊滕道治，〈周武王と雒邑——何尊銘と逸周書度邑——〉，收錄於《內田吟風博士頌壽記念：東洋史論集》，京都：同朋舍，1978 年 8 月。

4. 宮崎市定，〈中國上代の都市國家とその墓地——商邑は何處にあった

か ——〉,《東洋史研究》第二十八卷第四號，1970 年 3 月。

5. 宮崎市定，〈中國上代の都市國家とその墓地（補遺）—— 商邑は何處にあったか ——〉,《東洋史研究》第二十九卷第二、三合併號，1971 年 12 月。

6. 許宏，〈曲阜魯国故城をめぐる諸問題について〉,《東洋學報》（東京）第七十七卷一、二號，1995 年 10 月。

7. 維特魯威著，高履泰譯,《建築十書》，北京：知識產權出版社，2001 年 3 月。

8. 【德】恩格斯,《家庭、私有制和國家的起源》，台北：谷風出版社，1989 年 1 月。

9. 【英】湯恩比著，陳曉林譯,《歷史研究》，台北：桂冠圖書公司，1984 年 4 月四版。

10. 【英】李約瑟著，陳立夫主譯，吳大猷、李熙謀、張俊彥譯述,《中國之科學與文明，第七冊》，台北：臺灣商務印書館，1980 年 8 月三版。

11. 【英】李約瑟著，陳立夫主譯，張一蘑、沈百先譯述,《中國之科學與文明，第十冊》，台北：臺灣商務印書館，1985 年 2 月四版。

12. 【韓】尹弘基著，沙露茵譯,〈論中國古代風水的起源和發展〉,《自然科學史研究》第八卷第一期，1989 年。